本书受教育部人文社会科学研究青年项目

"欧洲民粹主义兴起及对'一带一路'倡议的影响研究"（批准号 20YJCGJW008）资助

本书是安徽大学创新发展战略研究院"双一流"建设项目子课题

"'一带一路'与中欧关系发展机制研究"的阶段性研究成果

尹建龙 著

欧洲民粹主义的
兴起
及
影响

The **Rise**
and
Impact of
Populism in Europe

社会科学文献出版社
SOCIAL SCIENCES ACADEMIC PRESS (CHINA)

C目录
ONTENTS

引　言

一

民粹主义在欧洲具有悠久的历史。民粹主义最早出现在 19 世纪 60 年代的俄国，曾受到马克思和列宁的批判。20 世纪三四十年代，法西斯势力利用民粹主义的动员方式登上欧洲政治舞台，给人类带来了第二次世界大战的浩劫。冷战结束后，欧洲"新民粹主义"（Neo-Populism）在许多国家卷土重来。进入 21 世纪特别是 2008 年全球金融危机爆发以来，民粹主义思潮和政党在欧洲主要国家的影响力不断增强。法国民粹主义政党国民阵线（2018 年 6 月 1 日更名为"国民联盟"）领导人让-玛丽·勒庞（Jean-Marie Le Pen，以下简称"老勒庞"）和玛丽娜·勒庞（Marine Le Pen）父女多次参加法国总统选举，对主流政党造成了巨大威胁。在意大利，继 2008 年贝卢斯科尼领导的新民粹主义党派意大利力量党长期执政后，在 2018 年大选中迅速崛起的民粹主义政党五星运动党（成立于 2009 年）成为意大利议会第一大党，与主张排外的老牌民粹主义政党联盟党（Lega）建立了联合政府。从 2015 年起，深受债务危机困扰的希腊也迎来了由左翼民粹主义政党激进左翼联盟执政的新一届政府，并坚持到 2019 年 7 月任期届满。此外，民粹主义政党在奥地利、荷兰等国都成为执政党，中欧的匈牙利、波兰等国的执政党及领导人也具有较强的民粹主义色彩。在 2019 年 5

月结束的欧洲议会选举中，各国民粹主义政党取得了令人瞩目的好成绩，法国国民联盟和意大利联盟党在本国选举中占据上风，它们联合德国右翼民粹主义政党德国选择党（成立于 2013 年）等组成了包括 73 名议员的"认同与民主"（Identity and Democracy，ID）党团，成为欧洲议会第五大党团；由英国脱欧党等疑欧主义政党组成的"自由和直接民主"党团有 43 名成员，加上分散在其他党团内部的民粹主义政党成员和独立议员，进入欧洲议会的各国民粹主义政党成员总数在 150 名左右。尽管民粹主义政党没有达到通过控制欧洲议会进而改变欧盟的目的，但改变了中左和中右两大传统党团长期联合控制欧洲议会的局面。

欧洲民粹主义思潮和政党的兴起是伴随欧洲主流政党和传统政治精英的衰落发生的，在"互联网民主"带来"直接民主"政治实践可行性的同时，将不可避免导致欧洲政党政治的碎片化和政治极化趋势。由于民粹主义政党的"反全球化"倾向，欧盟和各成员国的经贸政策趋于贸易保护主义，对"一带一路"倡议和中欧经贸合作、人文交流等产生了不利影响。

二

民粹主义政党的崛起使得"民粹主义论题成为当代欧洲的关注中心"，进一步加剧了欧洲政治的极端化发展。欧洲民粹主义思潮和政党对全球化的质疑和对贸易保护的倾向将会对"一带一路"倡议产生何种影响，值得中国学术界加强关注和跟踪研究。

1. 国外研究状况

关于民粹主义的概念，西方学术界至今没有给予明确的界定。政治学家如吉塔·艾尼斯丘、欧内斯特·盖尔纳、保罗·塔格特（Paul Taggart）等人都认为民粹主义实际上是一个支离破碎的概念，其兴起是一种具有历史复发性的社会政治现象，其主要特征和主张是迎合"人民"反对精英统治。西方学术界认为当前的欧洲民粹主义，在根本上来源于"人民"对资本主义政党体制的批判与反抗、对民主合法性的反感、对公民身份的反思、对一体化的同质文化规范产生的危机意识等。

关于民粹主义，英国学者保罗·塔格特在专著《民粹主义》①中提出了 5 个特征：（1）对代议制政治持有一种敌意；（2）自认为代表"人民"，居于权力合法性之源的中心地带（heartland）；（3）缺乏实质性的核心价值，因此可以吸纳不同的意识形态；（4）是对极端危机感的一种反应；（5）具有自我局限的品质（the self-limiting quality）。据此塔格特认为欧洲民粹主义并不反对"民主本身"，且源于"民主的赤字"，民粹主义既是资本主义代议民主体制的必然产物，又是对这种政治运作方式缺陷的不满和挑战。曾经担任印度储备银行行长的芝加哥大学布斯商学院教授拉古兰·拉詹在《为何资本主义需要民粹主义》②一文中赞同并呼应了塔格特的观点。

冷战结束后，民粹主义成为欧洲学术界的重点关注对象。20 世纪 90 年代的《泰勒斯》（Telos）杂志刊载了几十篇关于民粹主义的论文（并且在 1991 年秋季号和 1995 年春季号推出了两个民粹主义研究专栏），从不同的角度和层面探讨了民粹主义与新自由主义、右翼政党、种族主义、民族主义、全球化等论题的关系，《泰勒斯》成为欧洲民粹主义研究的阵地。《泰勒斯》杂志的编辑和作者群体在理论光谱上偏向于西方左翼，以主编保罗·皮科内（Paul Piccone）为首的研究者们普遍对欧洲民粹主义持有较为包容乐观的态度，认为新民粹主义所倡导的地方自治、直接民主、反精英主义、反同质文化等基本观念是对"左派事业的延续"，可以发展为对新自由主义的批判理论，并且可以恢复对"西方马克思主义传统的批判精神"。③

但是，理论与现实之间存在较大差距。欧洲右翼民粹主义思潮和政党如法国国民联盟、奥地利自由党等是当前欧洲民粹主义的主流，也是西方

---

① 〔英〕保罗·塔格特：《民粹主义》，袁明旭译，吉林人民出版社，2005。

② 拉古兰·拉詹：《为何资本主义需要民粹主义》，《第一财经日报》2019 年 6 月 25 日，第 A11 版。

③ Paul Piccone, "Postmodern Populism," Telos, No. 103, Spring 1995, p. 79.

学术界和媒体关注的焦点。比较重要的研究成果包括戴克尔的《新右翼民粹主义》①、费西的《法西斯主义、民粹主义与法兰西第五共和国：在民主的阴影下》②、吕德格芬的《民粹主义的挑战：法国的政治抗议与种族民族主义动员》③、鲁扎的《重造意大利右翼：区域性政治、民粹主义与“后法西斯主义”》④、穆德的《欧洲的激进民粹主义政党》⑤、阿迪蒂的《自由主义边缘的政治：差异、民粹主义、革命与煽动》⑥、艾伯齐塔和麦克唐奈主编的《21世纪的民粹主义：西欧民主的幽灵》⑦等。其中，穆德在《欧洲的激进民粹主义政党》一书中认为民粹主义内在具有民主的时代精神，民粹主义话语已经成为当代西方民主国家的政治主流。阿迪蒂在《自由主义边缘的政治：差异、民粹主义、革命与煽动》一书中通过分析民粹与民主的关系探讨了民粹主义的生成机理，认为：（1）民粹主义可能是在政治景观化与大众传媒冲击下所出现的一种代议制特殊形态——在广播、电视、网络这些个性化大众传媒冲击下，传统依靠等级化组织机制进行政治动员的政党活动家与官僚逐渐被淘汰，而民粹领袖不失时机抓住并有效利用了这些变化；（2）民粹主义可能是参与式民主的一种特殊形态——右翼民粹主义者脱离了政治沙龙的成规，不用超出民主体制之外也能够扰乱并更新被政治精英操持的政治过程；（3）民粹主义可能利用“人民”对体制化政治运作程序的不信任、对主流政党政治腐败的不满、对国家权力合法性的质疑来攻击或威胁现存的民主框架，并有可能使用一些非民主的

① Frank Decker, *Der Neue Rechts Populismus*, Opladen：Leske und Budrich，2004.
② Catherine Fieschi, *Fascism，Populism and the French Fifth Republic：In the Shadow of Democracy*, Manchester：Manchester University Press，2004.
③ J. Rydgren, *The Populist Challenge：Political Protest and Ethno-Nationalist Mobilization in France*, New York：Berghahn Books，2004.
④ Carlo Ruzza, *Reinventing the Italian Right：Territorial Politics，Populism and " Post-Fascism "*, London：Routledge，2005.
⑤ Cas Mudde, *Populist Radical Parties in Europe*, Cambridge：Cambridge University Press，2007.
⑥ Benjamin Arditi, *Politics on the Edges of Liberalism：Difference，Populism，Revolution，Agitation*, Edinburgh：Edinburgh University Press，2007.
⑦ Daniele Albertazzi and Duncan Mcdonnell, eds., *Twenty-First Century Populism：The Spectre of Western European Democracy*, New York：Palgrave Macmillan，2008.

手段，进而越过民主的边界而成为民主的敌人。众多学者在《21 世纪的民粹主义：西欧民主的幽灵》一书中考察和分析了奥地利、意大利、瑞士、德国、瑞典、荷兰、法国、英国、爱尔兰 9 个国家的右翼民粹主义政党，认为在传统政党体制僵化无力、大失民望的情势下，右翼民粹主义政党广泛运用现代传媒带来的新型交流与动员方式，巧妙地把欧洲一体化和全球化浪潮所引发的就业压力、安全担忧以及种族和文化危机与民众对代议制民主的不满联结起来，从而迅速崛起成为影响欧洲政局走向的力量。①

国外许多智库也非常关注欧洲民粹主义。卡内基欧洲中心（Carnegie Europe）在 2016 年 6 月发布报告《欧盟能在民粹主义冲击下存活吗？》，报告指出在民粹主义冲击下欧洲各国主流政党对选民的吸引力下降，面临被边缘化的危机，民粹主义思潮和政党提出的反欧洲一体化、反全球化以及具有种族主义色彩的政策主张迎合了社会中下层选民的诉求；该报告还指出，为了应对民粹主义政党的竞争和冲击，欧盟和各成员国政府应当更加关注社会中下层民众的困难与诉求，扩大公民直接参与的范围，推动宽容和多元文化发展。②瑞典 Timbro 研究所从 2016 年开始发布专门的《欧洲威权民粹主义指数》，通过考察欧洲主要国家中进入国家议会（不包括欧洲议会和地方议会）的 206 个政党（不分左右，但至少获得 0.1% 的选票），揭示了 1980 年以来威权民粹主义政党影响力不断增强的态势。通过对历年《欧洲威权民粹主义指数》的分析可以发现，21 世纪以来，特别是全球金融危机爆发后，欧洲各国选民对威权民粹主义政党的支持度，远远超过了盛行于 20 世纪 30 年代的法西斯主义和纳粹主义。自 2000 年开始，投票支持威权民粹主义政党的欧洲各国选民数量稳步增长，2008 年金融危机发生后，欧洲各国选民对威权民粹主义政党的支持率攀升至 13%，2015 年欧洲难

---

① Daniele Albertazzi and Duncan Mcdonnell, eds. , *Twenty-First Century Populism: The Spectre of Western European Democracy*, New York: Palgrave Macmillan, 2008.

② Daniel Gros, "Can the EU Survive in an Age of Populism," CEPS, January 9, 2017, https://www.ceps.eu/ceps-publications/can-eu-survive-age-populism/.

民危机爆发后攀升到 18.7%，到 2019 年攀升到了 26%。①

此外，影响力很大的智库机构欧洲外交关系委员会（European Council on Foreign Relation）也发布了多篇关于民粹主义问题的研究报告。② 这些智库研究报告的时效性很强，其提供的数据和观点都很有参考价值。

2. 国内研究状况

在 2008 年全球金融危机爆发之前，中国学术界关于民粹主义的研究主要集中在马克思主义理论研究中对传统民粹主义的批判和国际政治研究中对拉丁美洲等区域民粹主义政治发展动向的关注等。随着欧洲民粹主义政党影响力的扩大以及 2016 年英国脱欧公投所产生的震荡，国内学术界日益加强对欧洲民粹主义发展趋势的研究，产生了大量颇有深度的研究成果。

中国社会科学院田德文研究员在《欧洲民粹主义兴起的原因与影响》一文中认为，欧洲民粹主义兴起的直接原因是欧洲人对"共识政治"状态下的主流政党失去了信心，深层原因是 20 世纪 80 年代后"自由资本主义"回归欧洲引发的社会反弹。在民粹主义的发展趋势上，该文预判在欧洲选举政治框架中，民粹主义政党一般会趋于"主流化"，但主流政党也会吸收很多具有民粹主义色彩的政策主张，出现"主流政党民粹化"的趋势，可能给经济全球化和欧洲一体化带来消极影响。③

清华大学史志钦教授、刘力达博士在《民粹主义的蔓延与欧洲的未来》一文中指出，民粹主义既是一种政治思潮，又是一种社会运动，还是一种政治策略，民粹主义的意识形态包括左、中、右三个维度，其目标是通过团结普通民众来反对腐败的精英及其追随者。该文指出欧洲民粹主义主要反对经济全球化、欧洲一体化、不同宗教信仰的难民和移民，核心诉求是重新强化国家主权。关于欧洲的发展趋势，该文认为民粹主义在欧洲

---

① "Timbro Authoritarian Populism Index，" https：//populismindex.com.

② European Council on Foreign Relation，https：//ecfr.eu/.

③ 田德文：《欧洲民粹主义兴起的原因与影响》，黄平、周弘、程卫东主编《欧洲发展报告（2016~2017）》，社会科学文献出版社，2017。

已呈燎原之势，不会在短时间内消失，在未来一段时间无论是主流政党执政还是民粹主义政党上台，都将使欧洲政治与社会进一步具有民粹主义倾向，欧盟的一体化进程也将遭到更大冲击。①

中国政法大学林德山教授在《民粹主义政党崛起对欧美政党政治的结构性变化的影响》一文中指出，民粹主义政党的崛起打破了原本左翼和右翼政党的平衡状态，引起欧美各国政党格局的结构性变化，使各政党的政策趋向民粹主义化。②

北京大学李强教授在中国欧洲学会 2018 年年会的主题报告中探讨了欧洲右翼民粹主义兴起的背景、原因与发展趋势，指出"欧洲右翼民粹主义成为对抗伊斯兰激进主义挑战以及进行社会动员的主导话语"，即使极右翼势力短期内无法在欧洲主要国家取得执政地位，但右翼民粹主义的意识形态和政策主张将在很大程度上影响社会舆论和政府决策。李强教授着重指出，由于右翼民粹主义的影响，贸易保护主义、逆全球化和经济民族主义发展难以遏制，安全、文化等冲突也不断加剧，在可见的未来，世界的不确定性已经超越了确定性，这使欧洲问题研究显得更加重要。③

中国社会科学院欧洲研究所冯仲平研究员在《欧洲民粹主义的兴起及影响》一文中结合 2019 年 5 月欧洲议会选举的最新动态指出，欧洲民粹主义不会昙花一现，在未来 5～10 年将成为影响和改变欧洲政治格局的重要力量，民粹主义政党可能发展成为欧洲很多国家的第一大反对党。关于民粹主义兴起对欧洲一体化的影响，冯仲平指出欧洲左翼和右翼民粹主义的普遍诉求是强化国家主权、追求本国优先，欧洲一体化在此后一段时间内陷入停滞甚至倒退的可能性很大，但是民粹主义不是一种颠覆性力量，

---

① 史志钦、刘力达：《民粹主义的蔓延与欧洲的未来》，《红旗文稿》2017 年第 8 期。
② 林德山：《民粹主义政党崛起对欧美政党政治的结构性变化的影响》，《党政研究》2017 年第 6 期。
③ 严少华：《"法德中心重启与欧洲一体化的未来"——"中国欧洲学会 2018 年年会"综述》，《欧洲研究》2018 年第 4 期。笔者全程参加了中国欧洲学会 2018 年年会，在会场聆听了李强教授的报告。

其目的不是颠覆欧盟，而是要对欧洲一体化的现有发展成果进行调整和改造。①

中国社会科学院马克思主义研究院张莉研究员在 2011 年出版的《西欧民主制度的幽灵——右翼民粹主义政党研究》一书中，以西欧政党格局和民主政治为背景，以右翼民粹主义政党为核心，分析概括了西欧右翼民粹主义政党崛起的历史背景、社会原因、政治影响以及未来发展趋势，总结归纳了西欧右翼民粹主义政党的共性和特性。②

天津师范大学高春芽教授在《政党代表性危机与西方国家民粹主义的兴起》一文中，从政党政治的角度出发，认为当前西方国家民粹主义的兴起，是主流政党代表性危机的结果。主流政党疏离社会、融入国家，由代表组织转变为统治机构，导致政治回应性的弱化，促使社会成员转向民粹主义的替代模式。为了控制政策议程，民粹主义政党仍然需要遵循选举政治的逻辑。民粹主义固然挑战了主流的民主模式，但它同样可以在调整国家与社会关系的基础上重构政党体制，扩展政治代表的渠道。只有客观地分析国家、社会与政党在代表性建构中的互动机制，才能准确地认识民粹主义的社会基础及其发展趋势。③ 在《民粹政党主流化与主流政党民粹化的双向运动——以西欧右翼民粹政党为例》一文中，高春芽认为在选民群体分裂和政治共识瓦解的背景下，民粹主义政党的主流化趋势还伴随着主流政党民粹化的反向运动，选举竞争的激励效应和执政实践的学习效应，是民粹主义政党主流化的推动力量。代议制民主的可持续运行，既需要正式制度的支撑，也需要社会心理的配合，右翼民粹主义政党对民主政治的冲击，并非直接从形式上改变代议制民主的制度结构，而是借助社会对抗心态的蔓延，逐渐削弱政治过程的民主效能。④

---

① 冯仲平：《欧洲民粹主义的兴起及影响》，中国欧洲学会微信公众号，2019 年 6 月 22 日，https：//mp. weixin. qq. com/s/qV_ peHjTW0cBUwN1qqyjCg。
② 张莉：《西欧民主制度的幽灵——右翼民粹主义政党研究》，中央编译出版社，2011。
③ 高春芽：《政党代表性危机与西方国家民粹主义的兴起》，《政治学研究》2020 年第 1 期。
④ 高春芽：《民粹政党主流化与主流政党民粹化的双向运动——以西欧右翼民粹政党为例》，《当代世界与社会主义》2020 年第 3 期。

　　中国政法大学丛日云教授在《从精英民主、大众民主到民粹化民主——论西方民主的民粹化趋向》一文中，从理论上分析了西方民粹主义兴起的逻辑必然性，他认为西方民主内含着民粹主义的基因，即平等主义与个体主义，因而具有向民粹发展的内在趋向。现代西方民主起源于中世纪，经历了从精英民主向大众民主的发展，从 20 世纪 60 年代的民权运动开始，西方民主深受"民粹主义三原则"的影响，形成了"越平等越好、越自由越好、越民主越好"的民粹化潮流，导致了西方国家民主制度、主流政治意识形态、政治文化的民粹化。丛日云认为西方民主制度的民粹化趋势不可扭转，必然导致西方民主的堕落和衰落。[①] 当然，丛日云教授所定义的民粹主义，更契合西方左翼民粹主义的主张，在许多观点上与学界普遍接受的观点存在较大差异，如丛日云教授认为美国前总统特朗普的主张不能称为民粹主义，而是美国白人保守主义的回潮，奥巴马和希拉里的主张才是民粹主义，等等。

　　此外，如郑永年等具有较大公共影响力的学者和政治评论家也就美国和欧洲民粹主义兴起的原因和影响等发表了评论，认为民粹主义的政策主张是力图解决当前西方资本主义所面临的经济和社会问题，实现资本和社会再平衡，修复资本主义体制。[②]

三

　　近年来欧洲民粹主义思潮的勃兴以及民粹主义政党在欧洲政治舞台上的异军突起，标志着冷战结束以来的欧洲政治生态和政党格局已然发生变

[①]　丛日云提出了"民粹主义三原则"：平等主义由有限平等发展为泛化的极端的平等，形成越平等越好的原则；个体主义突破各种限制走向放纵的个体主义，形成越自由越好的原则；民主由精英民主走向大众民主并进而滑向民粹化民主，形成越民主越好的原则。参见丛日云《从精英民主、大众民主到民粹化民主——论西方民主的民粹化趋向》，《探索与争鸣》2017 年第 9 期。

[②]　郑永年：《民粹主义与西方宪政危机》，《联合早报》2019 年 10 月 1 日；郑永年：《民粹主义的崛起与西方的未来》，2016 年 11 月 26 日在上海文汇讲堂的演讲，https：//www.sohu.com/a/120590417_ 460385。

化，这被认为是继苏联解体、新兴经济体群体性崛起之后的第三大巨变，对欧洲一体化和全球化都将产生深远影响。本书聚焦欧洲民粹主义思潮及政党崛起的社会背景、深层次原因、政治主张等内容，分析各国民粹主义政党对本国政治格局的冲击、对欧盟和各国内政外交的影响，预判欧洲民粹主义在中短期内的发展趋势。

从理论价值上看，欧洲民粹主义思潮和政党的崛起已经成为不可避免的现象，可能会对西方意识形态、欧洲一体化和经济全球化产生重要影响，值得中国学术界加强理论研究和跟踪研究。在意识形态层面，民粹主义兴起意味着欧洲新自由主义改革受到的阻力加大；在区域层面，欧洲一体化将会受到各国民粹主义力量的制约，一体化进程的深化和扩大都将面临困难；在全球层面，在民粹主义政党的压力下欧盟贸易保护主义抬头，也会对经济全球化产生消极影响。另外，欧洲民粹主义兴起的深层次根源是在全球化冲击下原本存在于经济与社会、资本与劳动、公平与效率之间的平衡关系被打破所导致的必然结果，这也是世界各工业化国家面临的共性问题。以上种种皆对主流理论观点提出了较大挑战，往往会导致国内学术界、理论界对欧洲问题的误判（如对英国脱欧公投的后果预估不足等），因此非常有加强研究的必要性。

从现实意义上看，欧盟是当今世界上最大的发达经济体之一，是中国最重要的贸易伙伴之一，也是"一带一路"倡议的重点区域，因此欧盟各成员国政治格局和政策走向的变化将对中国产生重要影响。研究欧洲民粹主义思潮对中欧政治经济合作以及"一带一路"倡议可能产生的影响，也是本书关注的重点。

本书坚持马克思历史唯物主义和辩证唯物主义的理论指导，认真学习领会习近平新时代中国特色社会主义思想以及习近平总书记关于"一带一路"倡议和国际问题的系列重要讲话精神，借鉴政治学、历史学的相关研究方法，从20世纪以来欧洲变革发展的脉络中去发掘欧洲民粹主义再次勃兴的基因密码，从2008年全球金融危机发生以来欧洲政治发展变化的动态中分析欧洲一体化和全球化对欧洲经济社会文化的深层次影响，从宏观角度思考欧洲民粹主义思潮和政党的共性特征和主张，从微观入手遴选并剖析具有样本价值的民粹主义政党的形成和选举历程、参政执政效果、发展趋势等，进而预判欧洲民粹主义思潮的总体发展趋势以及各国民粹主义政党的未来走向等。

第一章
欧洲民粹主义的兴起及影响

20 世纪 90 年代以来，欧洲国家的民粹主义影响力不断扩大，并在许多国家实现了从"思潮"向"政党"的形态转变。各种类型的左翼或右翼民粹主义政党以组织化的方式积极参与各层级的政治选举，在欧盟层面、国家层面、地区层面的影响力不断扩大，甚至在一些国家取得了执政地位。学术界普遍认为民粹主义将在未来一段时间成为欧洲乃至全球政治发展的主流。例如，郑永年认为"在全世界政坛上，民粹主义正在成为一种普遍性趋势"。[①] 鉴于目前中国与欧盟各国经贸文化交流和政治外交互动日益频繁、合作日益密切，加强对欧洲民粹主义思潮和政党的研究，既有理论和学术价值，也有比较迫切的现实需求和意义。

一 欧洲民粹主义思潮和政党兴起的原因

关于欧洲民粹主义思潮和政党兴起的原因，国内外学术界的研究非常

[①] 郑永年：《民粹主义的全球崛起会带来哪些影响》，搜狐网，https://www.sohu.com/a/74342680_ 355012。

丰富，众说纷纭。概括而言，从各位学者研究分析的视角入手，可以将各种观点分为三类，其一是国家的视角，其二是社会的视角，其三是政党的视角。

（一）民粹主义是对新自由主义"共识政治"的反弹

从国家视角出发分析欧洲民粹主义兴起的学者指出，欧洲民粹主义政党崛起的直接原因是欧洲各国民众对"共识政治"状态下轮流上台执政或联合执政的各大主流政党失去了信心与信任，认为这些主流政党虽然打着不同的"招牌"，但其政策主张大同小异，缺乏区分度，甚至存在"沆瀣一气"欺骗民众的嫌疑。新自由主义主导的福利制度改革弱化了对社会的保护，劳动者的传统权益因为市场风险的渗透而不断减少，由此出现了抗议精英政治的民粹主义运动。[1]

二战结束后的东西方冷战格局下，为了与以苏联为代表的社会主义阵营竞争，欧洲资本主义国家的左右翼政党达成了建设"福利国家"的共识，提高了劳动者的社会福利水平，形成了中产阶层占主体的社会结构，缓和了社会矛盾，维护了社会稳定。但是到20世纪七八十年代，以英国"撒切尔主义"为代表的欧洲右翼政党以"新自由主义"为号召，推进福利国家改革，打破了建设"福利国家"的共识。1997年英国工党在托尼·布莱尔领导下，大力宣传"第三条道路"的政策主张，击败连续执政17年的保守党；1998年格哈德·施罗德带领德国社会民主党（SPD）击败连续主政16年的联盟党总理赫尔穆特·科尔，成为德国总理；从2004年起西班牙工人社会党在萨帕特罗领导下也开始连续执政。这些左翼政党在上台执政后，对右翼政党推进的新自由主义改革基本认同，明确放弃实现"公有化"的目标，肯定自由市场的价值，在经济上主张解除国家管制、强化地方分权和降低税负等政策，与右翼政党的主要区别在于主张同时推进旨在增加劳动力市场弹性的社会政策改革，在新形势下重

---

① 张浚：《欧洲的国家转型及其政治图景——从欧洲民粹主义谈起》，《欧洲研究》2018年第3期。

建"劳资合作"。如英国布莱尔领导的工党政府延续保守党新自由主义改革的主要内容，但同时强调通过促进就业来改善中下阶层的处境。德国施罗德领导的社民党政府大力推进旨在削减"消极福利"的劳动力市场改革，建立用限制工资增长换取企业较少裁员的新型"阶级合作"模式。这标志着以"第三条道路"为特征的新型欧洲社会民主主义走上政治舞台，也标志着欧洲左右翼政党以推进新自由主义改革为前提，再次进入"共识政治"状态。

在 30 多年的新自由主义改革过程中，欧洲各国政府在经济上普遍放松国家管制，推动以增强国际竞争力为导向的政府职能转变与社会政策转型，削弱民族国家边界对经济要素流动的限制。到 2008 年全球金融危机发生时，欧洲民族国家内部在二战后形成的经济与社会、资本与劳动之间的平衡关系已被彻底打破，劳方失去了原来在民族国家范围内拥有的制约资本的能力。这种巨变使不少欧洲民众的既得利益受损，高失业率增加了社会心理压力，低薪的服务业岗位增加，低技术、高收入不再可能持续，欧洲国家以新的形式回归到较高程度的不平等的"历史常态"。

由于新自由主义改革在很大程度上已经成为欧洲主流政党的共识，利益受损的普通民众无法通过选举有效阻止改革。2008 年全球金融危机发生后，传统的欧洲左翼政党已经完全失去修正右翼政党政策的能力，在这种情况下，越来越多的欧洲普通民众对主流政党失去信心和信任，对政府解决自己最关切问题的意愿和能力都已不抱希望。民粹主义思潮和政党正是作为新自由主义改革共识之外的一种替代方案登上政治舞台的。因此，可以说目前欧洲民粹主义思潮和政党的崛起，是对抗欧洲各国"新自由主义共识政治"的结果。

（二）民粹主义是后物质主义时代认同政治的产物

从社会视角分析欧洲民粹主义思潮兴起的学者认为，健全的公民社会是民主制度可持续运转的前提条件，当公民因观念对立、认同冲突而丧失政治共识时，"激进多元主义"的社会倾向就会导致民粹主义的高涨。[①] 根据罗纳德·英格尔哈特提出的"后物质主义"理论，西方民主制度向民粹主义的转向，源于20世纪70年代发生的"价值观革命"，由强调经济和人身安全的物质主义价值观（materialism）转向强调自我表现、生活质量、和谐的人际关系与归属感、智力和审美满意度等精神性因素的后物质主义价值观（post-materialism）。[②] 由此导致在西方民主政治中，各种文化议题（诸如性别问题、同性婚姻、移民问题、恐怖主义等）取代经济议题，成为主导性内容，重新界定了政党和阶级，以阶级阶层为基础的政治极化趋势放缓，改变了以阶层为基础的投票方式——在今天西方国家的政党政治中，左翼政党的支持者大多来自中产阶层，工人阶级反而支持民粹主义政党。

李强认为，在后物质主义时代，个人及群体的身份认同，包括种族、民族、宗教、性别、性取向、文化等方面的认同愈来愈影响个人在政治上的选择，影响各类政治选举结果，影响国家的政治格局，推动西方国家的民主政治由利益政治向认同政治转变。认同政治的出现超越了利益政治对国内政治和全球秩序的定义方式，形成一种崭新的政治理念，并且逐渐发展为一种强有力的构成性原则。认同政治在世界范围内推动了以民族主义、种族主义、宗教极端主义等形式出现的右翼社会思潮和右翼政治势力的崛起。[③]

丛日云认为，西方民主制度内部存在强大的民粹主义基因，因而具有向民粹主义发展的内在趋向。在当前西方发达国家，民粹主义已经成为社会主流观念，不仅在民主制度和公共政策中存在明显的民粹主义因素，西方社会主流价值观和意识形态，也已经将民粹主义原则作为评判现实中的

[①] Marc Plattner, "Populism, Pluralism and Liberal Democracy," *Journal of Democracy*, Vol.21, No.1, 2010.

[②] 〔美〕罗纳德·英格尔哈特、〔美〕皮帕·诺里斯：《特朗普、脱欧与民粹主义的崛起：经济贫困与文化反冲理论》，王子帅译，高奇琦主编《西方民粹主义与自由民主的贫困》，上海人民出版社，2019。

[③] 李强：《右翼民粹主义兴起的社会与思想根源》，李强、段德敏主编《十字路口的欧罗巴：右翼政治与欧洲的未来》，商务印书馆，2019，第4页。

民主和规划未来民主改革的标准，因此西方民主制度本身滑向了难以逆转的民粹化轨道，民粹主义政治文化也逐渐形成。丛日云认为，民粹主义的突出特征是激进的平民立场，民粹主义不是一般地诉诸人民，而是以人民中的平民、下层或各种弱势群体代表人民，在大众民主的条件下，将下层平民（或弱势群体）神化并将其立场和利益诉求极端化，形成绝对化的道德判断标准的时候，就滑向了民粹式的民主。但丛日云也强调，一些按照经济标准判断属于精英群体，但按照文化标准判断属于弱势群体（如女性、同性恋群体、少数族裔、非基督教徒等）与经济上处于最底层的社会边缘群体（如依靠福利生活的人群、新移民、非法移民等）形成"合流"，热衷于"身份政治""差异政治"，要求更多的平等甚至弱势者的特权。精英操弄下的身份政治、认同政治的发展逐渐形成了"越平等越好、越自由越好、越民主越好"的原则，引导民主由精英民主走向大众民主并进而滑向民粹化民主，这导致朝向民粹主义的发展已经成为历史的惯性，几乎难以逆转。① 刘瑜从民主权利不断泛化导致精英主义反弹的角度来区分"左翼"和"右翼"民粹主义，她认为左翼民粹主义的土壤在于"权利观念"的不断泛化，而不断上涨的权利预期与精英主义之间的裂缝和张力越来越大。推动"权利观念"泛化的主要是左翼自由派，右翼民粹主义的兴起，在很大程度上是对左翼自由派在长线历史中地位不断上升的反弹。②

（三）民粹主义是主流政党代表性危机的替代品

从以政党为中心的研究视角出发，学术界侧重分析欧洲各国政党政治生态的改变与民粹主义政党兴起之间的辩证关系。卡斯·穆德等认为西方主流政党代表功能的萎缩，促使社会成员寻求"民粹主义代表"的替代模式。③

---

① 丛日云：《从精英民主、大众民主到民粹化民主——论西方民主的民粹化趋向》，《探索与争鸣》2017年第9期。

② 刘瑜：《民粹与民主：论美国政治中的民粹主义》，《探索与争鸣》2016年第10期。

③ Cas Mudde, Cristóbal Rovira Kaltwasser, *Populism：A Very Short Introduction*, New York：Oxford University Press, 2017, p. 61.

经济学家约瑟夫·熊彼特（Joseph Schumpeter）认为，现代民主是政治精英为获得领导权而争取公民选票的"方法"。[①]社会和经济发展必然形成具有不同利益取向的社会集团，围绕政治权利、资源分配等开展竞争和博弈，进而形成了各种类型的政党。现代政党作为社会与国家之间连接的纽带，既是人民的"代表者"，也是人民的"统治者"。代表功能体现为政党深入社会动员选民，将其政治偏好整合为公共政策；统治功能体现为政党依据选举程序进行竞争，保障领导权的和平转移。政党竞争和选举的目的不是强化冲突，而是将社会冲突制度化，以此实现国家的公共利益。从总体上看，政党发挥了协调利益表达和政策整合的功能，将公民社会的多元化利益诉求整合为公共政策，从而将公民、政府、政策相互"连接"。[②]但在政治实践中，主流政党为了实现选票最大化，倾向于针对中间选民的偏好制定彼此趋同的竞选纲领，导致大众选民难以识别和比较候选人，进而导致选举制度的激励失灵——公民只能以投票的方式向精英赋权，却难以获得及时的政策回应，选举不再是公民监控政党的制度化手段，反而成为保证政党统治合法化的工具。政党脱离了公民控制却合法地掌握了国家权力，"由社会的政党转变为国家的政党"，这预示着代表性危机的到来。[③]

二战后的西欧各国，由于国家权能的拓展和福利国家的建设，各国主流政党的"国家化"成为必然趋势，"政党国家化是指政党日益服从于国家的逻辑，不但其职能而且其组织形态，逐渐地与国家同构，从而丧失了政党作为政治组织和政治运动的特征"。[④]政党国家化导致主流政党与国家之间形成了封闭的共生关系，主流政党疏离社会而亲近国家，逐渐由"代

---

① 〔美〕约瑟夫·熊彼特：《资本主义、社会主义和民主》，吴良健译，商务印书馆，1999，第395~396页。

② Russell J. Dalton, David M. Farrel, Ian McAllister, *Political Parties and Democratic Linkage*, New York: Oxford University Press, 2011, p. viii.

③ 〔美〕拉里·戴蒙德、〔美〕理查德·冈瑟主编《政党与民主》，徐琳译，上海人民出版社，2012，第360页。

④ 汪晖：《代表性断裂与"后政党政治"》，《开放时代》2014年第2期。

表组织"转变为"统治机构"。① 政党选举成为领导权在精英内部自行转
移的自我保护机制,公民难以通过政治问责的方式获得有效的政策回应,
由此导致西方民主政治的蜕变——"结构可能是民主的而实际过程则是寡
头的"。② 在政党体制趋向封闭化的情形下,主流政党与人民之间就从原来
的代表和被代表关系蜕变为排斥和被排斥关系,这在话语上很容易转换为
普通大众与特权精英的对立。遭受政治排斥的社会成员,就成为民粹主义
政党潜在的动员对象。③ 民粹主义政党于是利用反全球化、限制外来移民
等议题动员选民,并借助比例代表制的支持不断壮大,冲击了主流政党的
传统地位。主流政党的代表性危机把普通公民推到了权力精英的对立面,
为民粹主义的兴起提供了土壤,民粹主义政党获得了生长的空间。

二　欧洲民粹主义思潮和政党发展现状

(一) 21 世纪以来的发展趋势

从欧洲民粹主义思潮和政党的发展历程来看,进入 21 世纪欧洲民粹
主义势力总体呈上升趋势,在 2006 年前后和 2010 年前后民粹主义势力发
展迅速,并在 2016 年再次出现蓬勃发展的趋势,但自 2018 年以来发展势
头受到一定程度的遏制。依据"欧洲社会调查"项目在 2002 年至 2018 年
所获得的调查数据,定量分析各国民众对民粹主义政党的支持,可以发现
从 2002 年至 2018 年,各国民众对民粹主义政党的支持率呈现总体上升趋
势。意大利、匈牙利、法国、德国这四个地理位置比较接近的国家的数据
走势有相对的一致性。四国民众对民粹主义政党的支持率都于 2006 年前
后进入高速攀升时期,并在后期始终维持着较高的水平。瑞典、丹麦、瑞

---

① Peter Mair, "Populist Democracy vs Party Democracy," in Yves Mény and Yves Surel , eds. , *Democracies and the Populist Challenge*, London: Palgrave Macmillan, 2001, pp. 86-87.

② 〔意〕G. 萨托利:《政党与政党体制》,王明进译,商务印书馆,2006,第 103 页。

③ 高春芽:《政党代表性危机与西方国家民粹主义的兴起》,《政治学研究》2020 年第 1 期。

士三国的数据则一直在高水平平缓波动，西班牙、奥地利、荷兰、芬兰、捷克等国家的民众对民粹主义政党的支持率在大部分时间内是提升的，虽然在 2018 年的调查中支持率有所下降或出现波动，但始终维持在较高水平。调查数据走势比较曲折的国家有匈牙利、波兰和斯洛伐克三个国家。匈牙利的数据在 2010 年以前总体上是快速上涨的，2010 年后出现小幅度下降，度过了 2012 年至 2014 年的平稳期后开始反弹回升，因此十多年来也算保持着上升趋势；波兰的波动更大，在 2006 年前后分别出现几乎同等幅度和速度的上升与下降，2008 年开始触底反弹，此后一直维持在较高水平；斯洛伐克在 2004 年至 2012 年经历了高速上升、平缓上升、急速下降和反弹回升四个阶段。从总体上来看，欧洲各国民粹主义政党的力量自 21 世纪以来不断增强。

（二）在欧洲议会的影响力不断扩大

欧洲议会作为欧盟重要的立法、监督、预算和咨询机构，也是欧盟唯一直选的议会机构，与欧盟理事会和欧盟委员会并称为欧盟的"三驾马车"。自 2009 年《里斯本条约》实施以来，欧洲议会的地位提高，作用和决策权力大为增强，在涉及移民、刑事司法、警察合作等方面的事务上，开始拥有立法权。此外，虽然欧洲议会在很多问题上只有建议权，通过的决议也不具有强制约束力，但考虑到欧洲议会是形式上最能代表整个欧洲层面公民诉求的机构，所以欧盟和各成员国在做出相关决策时非常重视欧洲议会的意见，以示对民意的尊重。①

2019 年 5 月选举产生的最新一届欧洲议会由欧盟 28 个成员国的 751 名议员组成，任期 5 年，由直接普选产生，各成员国可自行决定具体的选举方式，席位也按照各国人口比例进行分配。议员一旦当选后就不再按照国籍划分，而是根据各自的政治立场组成跨国联盟，以议会党团的形式进

---

① 王朔：《今年欧洲议会选举令人忧心》，中国现代国际关系研究院微信公众号，2019 年 5 月 20 日，https：//mp. weixin. qq. com/s/uQoSpmomVH43nngoY482Ng。

行相关活动。自 1979 年首次实行直接选举以来，欧洲议会党团的数量在 7 个和 10 个之间波动。2019 年欧洲议会选举后，传统的两大主流党团中右翼的人民党党团（EPP）和中左翼的社会民主党党团（S&D）的议席占比下降至 44.2%，在欧洲议会内首次出现两大主流党团议席达不到 50% 的状况，标志着传统主流政党影响力的衰落。

欧盟各成员国的民粹主义政党在 2019 年的欧洲议会选举中取得较好成绩，法国、英国、意大利、匈牙利和波兰的右翼民粹主义政党的得票率都在本国位居第一，扩大了欧洲议会中民粹主义党团的影响力。玛丽娜·勒庞领导的法国国民联盟在法国赢得了 23.3% 的选票，获得 20 个议席，以微弱优势击败了马克龙总统领导的中间派联盟，成为法国欧洲议会选举的第一大党；萨尔维尼领导的意大利联盟党击败了联合执政的意大利五星运动党，得票率为 34.33%，获得了 28 个议席（比 2014 年增加了 23 席），在本国夺得头筹；德国选择党的得票率稳步上升，获得了 10.1% 的选票，相较于 2014 年的得票率提高了 3.2 个百分点，分得了德国 96 个欧洲议会议席中的 11 个。

在法国国民联盟领导人玛丽娜·勒庞倡议下，欧洲议会中的"民族和自由欧洲"（ENF）党团改组为"认同与民主"党团，并吸纳部分政策主张相近的民粹主义政党的议员，如从"欧洲自由和直接民主组织"（EFDD）党团退出的德国选择党以及芬兰的芬兰人党、奥地利的奥地利自由党等民粹主义政党的议员。这让"认同与民主"党团的议员数量增加到 73 名，成为新一届欧洲议会的第五大党团，加速了欧洲议会政党碎片化的趋势。

除了上述民粹主义政党，还有一些民粹主义政党加入了其他议会党团，如波兰法律与公正党和西班牙呼声党（Vox，成立于 2013 年）的欧洲议会议员加入了"欧洲保守派与改革派"（ECR）党团。在 2019 年 5 月举行的欧洲议会选举中，波兰法律与公正党获得了波兰 45% 的选票和 25 个议席，进一步巩固了该党在波兰国内的政治优势。西班牙呼声党在 2014 年欧洲议会选举中未获得议席，在 2019 年欧洲议会选举中获得了 6.2% 的选票和 3 个席位。

匈牙利总理欧尔班领导的匈牙利青年民主主义者联盟在 2019 年欧洲议会选举中赢得了匈牙利 52.3% 的选票和 13 个议席,在欧洲议会内加入了传统主流中右翼的欧洲人民党党团,但该党在匈牙利的施政措施引发欧洲人民党党团内部其他国家议员的反对。

2019 年欧洲议会选举结果显示,欧洲民粹主义党团获得议席数量明显增加,有助于提高它们在欧洲议会内的话语权,进而影响欧盟在内政外交上的政策走向。

(三) 对本国政治影响力不断增强

自 2008 年全球金融危机爆发以来,欧盟各成员国的民粹主义政党不断增多,影响力不断扩大。新生民粹主义政党如意大利五星运动党、德国选择党、西班牙呼声党、西班牙"我们能"党等都在成立后获得发展,并在欧洲议会和本国议会选举中有出彩表现。一些成立时间相对早的民粹主义政党也顺应社情民意的变化,进行改革,提出一些更加迎合选民诉求的政策主张,扩大了选民基础和政治影响力。比较典型的如 2011 年玛丽娜·勒庞接手国民阵线的领导权后,对国民阵线的政策主张和宣传策略都做了较大调整,将国民阵线从边缘型的在野党转变为了主流反对党,2018 年又将其更名为"国民联盟",推动国民阵线实现了全方位的转型。

民粹主义对欧盟和欧洲各国产生重要影响的三大标志性事件分别是:2016 年英国全民公投决定脱离欧盟;2017 年法国国民阵线领导人玛丽娜·勒庞成功进入法国总统大选的第二轮选举并获得 33.9% 的选票;[1]2018 年 3 月意大利两大民粹主义政党五星运动党和联盟党在意大利议会选举中取得多数选票,并组建了西欧第一个民粹主义政府。

欧盟国家中曾经由民粹主义政党单独执政或主导执政的有意大利、匈

---

[1]　https：//www. interieur. gouv. fr/Elections/Lesresultats/Presidentielles/elecresult＿＿presidentielle-2017/（path）/presidentielle-2017//FE. html.

牙利、波兰、希腊等。2018 年 6 月至 2021 年 2 月，意大利政府由民粹主义政党五星运动党主导：2018 年 6 月至 2019 年 8 月五星运动党与民粹主义政党联盟党组成执政联盟；2019 年 8 月联盟党退出政府，五星运动党与中间偏左的民主党组成联盟继续执政。匈牙利自 2010 年起由青民盟执政；波兰自 2015 年起由法律与公正党执政；希腊在 2015 年至 2019 年 7 月由激进左翼联盟执政，2019 年大选后激进左翼联盟丧失了执政权。

在部分欧盟成员国，民粹主义政党与其他政党组建执政联盟，参与政府工作。2017 年 12 月至 2019 年 5 月，作为奥地利第三大党的奥地利自由党参与了由奥地利人民党组建的执政联盟，奥地利自由党主席施特拉赫出任奥地利政府副总理，并兼任公共服务和体育部部长。2020 年 1 月，西班牙"我们能"党与西班牙传统左翼政党工人社会党（PSOE）组建了联合政府，"我们能"党内共有 5 人为联合政府内阁成员——该党总书记巴勃罗·伊格莱西亚斯（Pablo Iglesias）担任第二副首相，其他 4 名党员出任政府内阁部长——"我们能"党第一次获得了联合执政的机会，获得了实践其社会公平理念主张的机会。

在欧盟各成员国的民粹主义政党中，法国国民联盟的国内外影响存在"倒挂"现象，呈现"墙内开花墙外香"的景象。自 1984 年以来，法国国民阵线在让-玛丽·勒庞和他的女儿玛丽娜·勒庞的先后领导下参加历届欧洲议会选举，都取得了不错的成绩，特别是在 2014 年和 2019 年的两届欧洲议会选举中成为法国得票率最高的政党。但是在法国国民议会选举中，法国国民阵线存在"叫好不叫座"现象。在老勒庞的领导下，国民阵线共参加过 9 次法国国民议会的选举，仅在 1986 年（35 个席位）、1988 年（1 个席位）、1997 年（1 个席位）的选举中获得席位。玛丽娜·勒庞领导下的法国国民阵线在 2012 年获得了 2 个席位，在 2017 年获得了 8 个席位（共有 577 个席位），虽然能够在法国国民议会组成独立党团，但势单力薄，不足以影响大局。但在 2022 年法国国民议会选举中，玛丽娜·勒庞领导的法国国民联盟表现出色，得票数在所有政治派别中位列第三，获得 89 个席位。欧洲部分国家民粹主义政党执政参政情况见表 1-1。

表 1-1　欧洲部分国家民粹主义政党执政参政情况

国别	执政党	参政党
意大利	五星运动党(2018~2022)	联盟党(2018 年 6 月至 2019 年 8 月)、民主党(2019 年 8 月至 2021 年 2 月)(中左)
匈牙利	青民盟(2010 年至今)	
波 兰	法律与公正党(2005~2007,2015 年至今)	波兰共和国自卫党
希 腊	激进左翼联盟(2015~2019)	
奥地利		奥地利自由党(2017 年 12 月至 2019 年 5 月)
西班牙		"我们能"党(2020 年至今)
芬 兰		正统芬兰人党(2015 年至今)

资料来源：整理自欧洲政党与选举网站，http：//www. parties-and-elections. eu/。

三　欧洲民粹主义思潮和政党发展趋势

特朗普在美国总统大选中的失败和下台，有部分评论家认为将带来美国民粹主义的退潮，并相继传导给欧洲。但由于引发欧洲民粹主义思潮的社会、经济、文化等因素并未消失，部分因素如文化冲突、种族冲突甚至有逐渐加剧的趋势，欧洲各国政府虽然采取措施纠正多元文化主义带来的不利影响，但在可预见的未来一段时间内，欧洲民粹主义思潮还将持续发展并对各国政党格局和政治生态产生深远影响。

（一）欧洲民粹主义影响力将持续扩大

欧洲民粹主义思潮和运动在未来一段时间内将成为影响和改变欧洲政治格局的重要力量。[1] 以"反西方、反全球化、反世俗化"名义出现的伊斯兰激进主义与极右翼民粹主义还将相互刺激，螺旋上升。[2]

---

[1]　冯仲平：《欧洲民粹主义的兴起及影响》，中国欧洲学会微信公众号，2019 年 6 月 22 日，https：//mp. weixin. qq. com/s/qV_ peHjTW0cBUwN1qqyjCg。

[2]　李强：《右翼民粹主义兴起的社会与思想根源》，中国欧洲学会微信公众号，2018 年 7 月 25 日，https：//mp. weixin. qq. com/s/XE2s7AGfrIkXCCSoZcN8Mg。

目前，欧盟所面临的难民危机虽然有所缓解，但这次难民危机中涌入欧盟各国的数百万名穆斯林难民，在安顿下来后可能会引发更严重更深远的社会冲突。加上各国已经存在的大量穆斯林，两者合流后必然壮大欧洲的伊斯兰激进主义力量。在伊斯兰激进主义挑战面前，已经彻底世俗化了的欧洲缺乏足够的精神和物质力量来保卫自身的制度与文化。在这种情况下，极右翼民粹主义思潮日益成为对抗伊斯兰激进主义、进行社会动员的主导力量。虽然欧盟各国相对稳定和完善的选举制度使得极右翼民粹势力短期内无法在主要国家取得执政地位，但民粹主义的意识形态和政策主张将在很大程度上影响欧洲各国社会舆论和政府决策。

欧洲难民危机爆发以来，西欧和北欧各国反对移民和难民的极右翼民粹主义政党力量迅速壮大。意大利联盟党在 2018 年大选中主打反对难民和移民的政策牌，赢得了 18% 的选票，并与民粹主义政党五星运动党组成执政联盟。联盟党党首萨尔维尼出任副总理兼内政部部长，立刻将其主张付诸实践。德国选择党的许多政策主张是"为了反对而反对"，刻意与主流政党唱反调，但其坚定反对带有伊斯兰背景的移民和难民的政策一以贯之。荷兰自由党、奥地利自由党等极右翼政党在反对移民和难民问题上的立场也非常坚定。这些民粹主义政党既把移民问题作为吸引选民支持的招牌，又通过各政党的渲染和宣传进一步强化了身份对立，激化了与欧洲穆斯林群体的矛盾。2019 年欧洲议会选举中部分民粹主义政党竞选主张见表 1-2。

表 1-2　2019 年欧洲议会选举中部分民粹主义政党的竞选主张

党派	移民和安全	经济和就业	欧洲一体化
德国选择党	减少非法移民及难民，加强对非欧盟移民的管理	支持市场经济，反对国家过度干预经济	欧盟组成的基础是各主权国家，反对欧盟过多干预各成员国管理权限，限制欧盟机构的权力，要求就是否退出欧元区进行公投
法国国民联盟	反移民和反伊斯兰化，加强边境控制	改革欧洲中央银行，要求欧洲央行关注就业	放弃法国脱欧的诉求，追求直接民主，反对布鲁塞尔官僚主义，削弱欧委会的权力

续表

党派	移民和安全	经济和就业	欧洲一体化
英国脱欧党	—	—	主张英国脱欧,成为独立自主国家
意大利北方联盟	反对非法移民,加速移民遣返	对欧盟财政实施紧缩政策,要求重新讨论意大利债务问题,保证贫困人口基本收入	谴责欧洲主流政党背叛欧洲一体化的初心,反对欧元为单一货币,推动欧盟财政改革
匈牙利青民盟	拒绝接收难民,加强边境控制	要求保护具有特殊意义的战略领域和市场	反对布鲁塞尔官僚主义,反对欧元,支持温和疑欧主义
波兰法律与公正党	反对移民,拒绝接收难民	支持欧洲经济一体化,反对政治一体化	支持温和疑欧主义,反对联邦主义,强调波兰国家利益

资料来源:整理自欧洲政党与选举网站,http://www.parties-and-elections.eu/。

(二)"民粹主义政党主流化"和"主流政党民粹化"的新趋势

欧洲各国政党格局和政治生态发生巨变,"民粹主义政党主流化"和"主流政党民粹化"同时发生,未来有可能以民粹主义政策主张为基础形成新的政治共识。[①]

首先,随着民粹主义政党影响力的增强,民粹主义政党通过选举进入欧洲议会和本国议会,这些民粹主义政党的政策主张、行为风格、组织结构等逐步受到现有政治秩序和规则的"规训",激进色彩逐渐消退,"民粹主义政党主流化"发展趋势明显。这是由于欧盟各国已经形成了比较稳固的代议制民主政治体制,从代议制民主的制度逻辑出发,民粹主义政党为了在竞争性选举中扩大社会支持,将文化议题之外的社会经济议题纳入政策纲领,包容性的政策倡议比重增大,原有的激进主义话语影响逐渐下降。部分国家的民粹主义政党虽然实现了选举突破,获得执政权,但由于缺乏执政经验,其提出的政策主张可行性不强,同时还会受到其他政治力

[①] 田德文:《欧洲民粹主义政党崛起的原因与走势》,《当代世界与社会主义》2017年第2期。

量的制约。为了执政，民粹主义政党必须在政策试错的基础上调整行动策略，推进联盟政党之间的协商合作。主流化趋势并非纯粹人为设计的结果，它显示了代议民主制度的自我矫正能力以及右翼民粹主义政党的适应性选择。①

到 2020 年底，不同类型的民粹主义政党曾经在希腊、意大利、奥地利、波兰、匈牙利、西班牙等国取得了执政地位或作为执政联盟成员参与执政，但其上台后实际发挥的"破坏性"作用似乎并不强。在获得执政地位后，民粹主义政党普遍体会到"家难当，事难做"，一般会趋于"主流化"，激进色彩逐步消退。比较典型的如希腊的激进左翼联盟在欧盟压力下放弃"退出欧盟"和"反对财政紧缩"的激进主张，接受欧盟的经济救助方案，继续执行财政紧缩政策，实现经济和社会发展。2018 年意大利五星运动党上台执政后的表现也中规中矩，在内政外交上大致延续了前几届政府的既定做法。匈牙利和波兰虽然长期由民粹主义政党执政，② 但其经济社会发展反而更加均衡，历次大选投票反馈良好，此二国的民粹主义政党似乎已经探索到了"符合本国国情的发展道路"。这些获得了执政权的民粹主义政党为了维护自身的执政地位并达成可行的政策方案，在政策试错的基础上，协调意识形态纯洁性与决策过程有效性之间的关系。以意大利联盟党为例，在经历了北方联盟（Northern League）时期与意大利力量党（Forza Italia）的失败合作和获得执政经验之后，就逐渐认识到从抗议党向执政党的转型将面对"不可避免的妥协"。③执政实践的学习效应，成为民粹主义政党融入主流政治的重要动力。

那些处于在野地位的民粹主义政党，为了扩大选民基础，争取选举胜利，也会选择"意识形态上的灵活性"，实现政策转型。最明显的是法国

---

① 高春芽：《民粹政党主流化与主流政党民粹化的双向运动——以西欧右翼民粹政党为例》，《当代世界与社会主义》2020 年第 3 期。

② 关于匈牙利执政党青民盟是否为民粹主义政党，国内学术界尚有争论，如中国社会科学院欧洲研究所刘作奎研究员不认为青民盟是民粹主义政党，参见刘作奎《2018 年大选后匈牙利的内政和外交走向》，《当代世界》2018 年第 6 期。

③ Daniele Albertazzi, Duncan McDonnell, *Populists in Power*, New York：Routledge, 2015, p.132.

国民联盟在玛丽娜·勒庞领导下大力开展"去妖魔化"运动，将老勒庞开除出党，尽可能地消除老勒庞各种极端言论引发的不良影响，打造亲民政党、大众政党、主流政党的新形象，提升了该党的政治支持率。[①]

此外，从欧洲各国政党运营所需经费来源来看，无论是主流政党还是能够进入各国议会的民粹主义政党，其维持政党运作所需经费的绝大部分来自国家公共基金，而不是各种募捐和党费。据统计，2007～2019年法国各政党接受的公共基金占总经费的72%，意大利是82%，奥地利是80%。[②]对公共基金的依赖，也推动了民粹主义政党向主流政党的转型。

其次，民粹主义政党的崛起促使传统主流政党为了争夺选民，在政策主张上向民粹主义靠拢，在民众动员方式上借鉴模仿民粹主义政党的做法，从而出现"主流政党民粹化"进程。

"主流政党民粹化"，首先表现为曾经由右翼民粹主义政党倡导的反移民、反全球化等激进议题，逐渐进入主流政党的政策纲领。在代议制民主实践中，政党参与领导权竞争的直接目标是选票最大化，它们"为了赢得选举而制定政策，而不是为制定政策去赢得选举"。[③]政党是否能成功设计竞选纲领，取决于相关的议题能否适应社会成员的政策偏好，能否有效地实现选举动员。民粹主义政党在选举中取得的成功，促使主流政党为了掌握执政权，将原本具有民粹主义色彩的激进议题纳入政策纲领。[④]主流政党为了既能够吸引新的选民支持又可以保持原有的选民基础，其提出的民粹主义议题或政策会相对理性和温和一些。[⑤]例如在2017年法国总统大选中，面对法国国民阵线咄咄逼人的势头，为了争夺右翼选民，右翼政党共和党候选人弗朗索瓦·菲永（Franois Fillon）提出的政治主张表现出向极右

① 田小惠、杨羽茜：《法国国民阵线的转型及原因探析》，《当代世界与社会主义》2018年第3期。

② José M. Magone, *Contemporary European Politics*, New York：Routledge, 2019, p. 276.

③ 〔美〕安东尼·唐斯：《民主的经济理论》，姚洋等译，上海世纪出版集团，2005，第25页。

④ Michael Minkenberg, "The Radical Right in Public Office：Agenda-Setting and Policy Effects," *West European Politics*, Vol. 24, No. 4, 2001, p. 3.

⑤ Giorel Curran, "Mainstreaming Populist Discourse：The Race-Conscious Legacy of Neo-Populist Parties in Australia and Italy," *Patterns of Prejudice*, Vol. 38, No. 1, 2004, p. 54.

翼靠拢的民粹化和保守化趋势，在其竞选纲领中提出要严格控制移民，并将移民数量缩减至最少，同时加大反恐力度，在经济政策上要求削减财政支出、延长劳动时间等。2017 年大选后上台执政的法国马克龙政府借鉴了国民阵线的部分政策主张，持续收紧移民和难民政策，在国家安全政策上强化国家权威，大规模扩充警察力量，新增情报机构和反恐部队，坚持世俗化原则，关闭以宗教为名传播极端思想的机构等，表现出了民粹化的鲜明趋势。有学者认为："勒庞虽然没有成为总统，却迫使传统的法国右翼政党'向右看齐'，在有关移民和国土安全的立场上日趋保守。"①

当然，移民和难民问题以及社会治安问题是法国社会关注的焦点，受到法国民众的关注，国民阵线的主张受到选民的欢迎，马克龙政府利用执政的优势地位，有选择地借鉴国民阵线的部分主张并将其付诸实践，以此赢得在这部分问题上的主动权，争取选民的支持，这也是西方政党政治的典型做法，在一定程度上挤压了民粹主义政党的生存空间。这也说明民粹主义理念并非必须借助民粹主义政党才能实现对民主政治的渗透。为了回应民粹主义政党的挑战，主流政党会在选举竞争的推动下，逐渐吸收具有民粹主义或民族主义色彩的政策议题。

"主流政党民粹化"，其次表现为主流政党逐渐采取反建制立场，最终转型为民粹主义政党。瑞士从 1959 年起就确立了大联合政府的政治治理模式，联合政府由包括人民党在内的主要政党按照特定的比例分配名额。大联合政府的目的是要超越"执政—反对"的竞争模式，以去政治化的协商方式谋求共识性决策。但 2008 年全球金融危机发生以来，瑞士面临的经济社会形势日益严峻，瑞士人民党领导人克里斯托弗·布劳赫公开指出，大规模的外来移民挑战了瑞士的文化特质，共识民主已经不能应对当前的社会危机。瑞士人民党虽然身处执政党的位置，却在网络媒体上公开

---

① 叶晓婷：《勒庞之女让法极右翼"微软"》，《中国青年报》2011 年 1 月 21 日，http：//qnck. cyol. com/content/2011-01/21/content_ 4114995. htm。

采取反建制立场，自我标榜为"瑞士人民唯一的真正代表"。瑞士人民党的民粹化转向形成了特殊的政党格局，使自身同时扮演了执政党和挑战党的双重角色。

由于各国的社会经济状况、代议政治的制度设计、政治文化和传统存在较大差距，在欧盟国家出现的"民粹主义政党主流化"和"主流政党民粹化"，也存在不同的表现形式，但是只要社会危机和治理难题不能得到有效解决，民粹主义政党就会获得政治动员的机会，主流政党也需要回应民粹主义政党施加的选举压力。

四　欧洲民粹主义思潮和政党发展的影响

欧盟各成员国民粹主义政党的崛起冲击了各国原有的政治生态，各国主流政党的影响力下降，加剧了政治碎片化局面，推动了欧洲政治的极化发展。

（一）欧洲主流政党影响力下降

二战结束以来，欧盟各成员国（特别是西欧国家）的政党政治基本经历了"建设福利国家"和"进行新自由主义改革"两大共识政治阶段，中左翼和中右翼两大主流政党体系构成了相对稳定的轮流执政模式，两大主流政党具备对政治局面的总体控制能力，各国政治总体上呈现一种相对的结构性稳定。2008 年全球金融危机爆发后，各主流政党应对金融危机的政策主张的效果并不明显，主流政党的政策取向日益趋同，新自由主义政治议程的盛行及其所导致的社会分化加剧，以及移民问题、多元文化政策带来的社会观念和文化冲突等不断加剧，导致大众对主流政党的不信任度日益上升，民众的求变、求新心态导致了各类新型政党迅速崛起，其中民粹主义政党的迅速发展最为引人关注。

欧洲主流政党的衰落以中左翼的社会民主党派别最为明显。在 2017 年法国总统大选中，总统奥朗德所在的法国社会党候选人得票率创下历史新低，同时在国民议会选举中也日益被边缘化，在 2017 年国民议会选举中，以社会党为核心组成的"左翼联盟"共获得了 44 个席位，得票率仅为 7.6%。自 2005 年中右翼的默克尔上台执政以来，中左翼的德国社民党在德国历次大选中都未能获胜，被迫与默克尔领导的中右翼联盟党组成大联合政府，这导致两党在政策主张上几乎趋同，成为执政党的伙伴，失望的选民只能投票给激进的德国选择党等民粹主义政党。其他国家的中左翼政党如希腊的"泛希腊社会主义运动"、英国工党等的影响力也在逐渐下降。

在 2014 年的欧洲议会选举中，民粹主义政党取得了意想不到的好成绩。在 2019 年的欧洲议会选举中，民粹主义政党在法国和意大利的得票率都稳居第一，英国独立党更是一枝独秀，打着变革旗号的亲欧中间派自由主义政党和主打生态主义的绿党也表现突出，席位大增。欧洲议会中的议会党团数量增多，传统主流政党力量被削弱，新兴政治势力增长，政治碎片化局面日益明显（见图 1-1、图 1-2）。

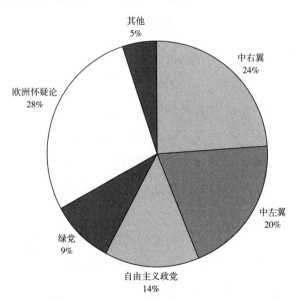

图 1-1 2019~2024 年欧洲议会政治立场分布

资料来源：https：//election-results．eu/，Last accessed on June 20，2019。

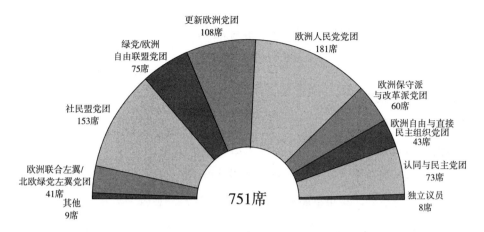

图 1-2　2019~2024 年欧洲议会党团组合和席位分布

资料来源：https：//election-results.eu/，Last accessed on June 20, 2019。

　　在欧盟各成员国内部，二战后长期形成的政治生态和政党格局也被打破，主流政党影响力下降，新兴政党崛起的态势非常明显。在 2017 年法国总统大选中，几乎是横空出世的政坛新秀马克龙击败传统左右翼两大主流政党候选人顺利当选，民粹主义政党国民阵线在法国总统大选和欧洲议会选举中的表现也远超主流政党。在德国，2013 年成立的德国选择党在左右翼政党的联合遏制下，保持了强劲增长势头，到 2019 年已经进入所有联邦州议会，并在 2017 年的选举中成为德国联邦议会第三大党和最大的反对党。西班牙民粹主义政党"我们能"党经过短短五六年的发展，迅速成长为该国第三大政党，并在 2019 年进入联合政府；右翼民粹主义政党西班牙呼声党成立于 2013 年，在 2019 年 11 月的西班牙议会大选中，呼声党高歌猛进，赢得 52 个议席，得票率高达 15.1%，成为位居中左翼执政党工社党（Partido Socialista Obrero Español，PSOE）（取得 120 个议席）、中右翼政党人民党（取得 88 个议席）之后的国会第三大党。意大利五星运动党更是从无到有，从小到大，在短短的十余年间迅速崛起成为该国议会最大政党和执政党，对意大利的政治生态形成了强烈冲击。

（二）欧洲政治极化发展趋势不可避免

欧洲民粹主义思潮和政党的兴起，使得欧洲政治极化发展趋势不可避免。首先，从民粹主义政党的组织方式来看，借助于便捷的互联网通信技术和各类新媒体的兴起，互联网成为这些政党的主要执政工具和舞台，不能迅速适应"互联网民主"的传统政治精英成为落伍者和失败者。

欧洲各国民粹主义政党的组织体制更加开放，更加扁平化，没有资金支持、没有办公地点，甚至不愿把自己称为"政党"。意大利五星运动党宣布该党的"总部"就是创始人格里洛的个人网站（https：//www.beppegrillo.it），五星运动党党员实践直接民主的重要渠道是以"直接民主之父"法国政治哲学家卢梭命名的专门网站卢梭平台（https：//rousseau.movimento5stelle.it/）。在这个平台上，五星运动党的党员可以自由表达观点、提出法案、对其他成员提的法案进行表决，提请五星运动党的议员关注大家共同关心的问题，对候选人的名单进行投票，集体决定五星运动党关于特定议题的政治立场，等等。西班牙"我们能"党的基层组织被称为"圈子"，是依托社交媒体形成的支持者共同体，在西班牙全境约有1000多个。该党势力的迅速上升与这种组织结构有直接关系，支持者可以在网上入党、捐助、讨论、策划行动，政治参与的便利化程度很高。"互联网民主"带来的是看似无形、实则力量强大不可控制的政治力量。网络传播信息的速度、广度无可比拟，煽动力和影响力极易被无限制放大，从而经常形成蝴蝶效应引发"风暴"，成为难以控制的力量。

其次，在民粹主义政党的推动下，"直接民主"的决策方式正在越来越多地出现在欧洲政治舞台上，无法获取全面信息的普通选民被赋予了决定国家民族命运的权力，相对多数票做出的决策可能并不符合国家社会和选民的利益，从而导致"黑天鹅事件"频频发生。最具代表性的是2016年英国脱欧公投和意大利宪法改革公投。在民粹主义政党的冲击下，未来欧洲政治中可能更加频繁出现类似英国脱欧那样的"黑天鹅事件"，主流政党执政的难度加大，决策效率可能进一步降低，国内改革更加举步维艰。

在"互联网民主"和"直接民主"的运作程序和游戏规则中，所有政党都面临"后意识形态化"甚至"后纲领化"的挑战，赢得选举的压力推动各政党选择"意识形态上的灵活性"，选民想要什么，政党就敢承诺什么。民粹主义政党由于其指导理论的"空心化"，适应这套游戏规则没有任何难度。与主流政党相比，欧洲民粹主义政党做出的首要姿态是保护本国公民的利益，对左右翼选民都投其所好，所以各国民粹主义政党提出的"菜单式"政策纲领往往超越了传统的左右翼政治分野。例如，在2017年法国总统选举中，玛丽娜·勒庞提出的政策主张包括：在经济方面，要求政府对法国企业进行"聪明的保护，以对抗劳动力成本较低国家的不正当竞争，并遏制法国工业外流"；在国家安全方面，反对移民，要求将合法移民数量从目前的每年20万人减少到10万人；在民生方面，提出为低收入者涨工资，下调天然气、电力和火车票价格，提高退休金，立法限制房贷和消费性贷款的利率等。玛丽娜·勒庞的前两点主张属于传统右翼政策，改善民生的主张却又属于左派政策。

问题是，民粹主义政党的这种所谓意识形态"灵活性"会根据欧洲和各国面临的具体问题而不断变化，很容易打破二战后欧洲确立的反对仇外、排外和种族主义的基本政治原则，甚至突破通向法西斯主义的政治藩篱。目前，在北欧的瑞典和挪威，南欧的希腊，中欧的匈牙利、波兰和德国等国都出现了各种"新纳粹组织"，它们的实力不断壮大。在欧洲难民危机冲击下，有些民粹主义政党已经在种族主义问题上、宗教问题上提出了各种极端化的政策主张，显露了政治极化的端倪。

（三）欧盟经贸政策趋向保护主义

民粹主义政党普遍反对全球化，可能促使欧盟及其成员国的经贸政策趋于贸易保护主义，给"一带一路"倡议和中欧经贸发展带来不良影响。

欧盟各成员国的民粹主义思潮和民粹主义政党的共同主张是保护本国公民的利益，反对欧洲一体化，反对经济全球化。尤其是在反对全球化问题上，各民粹主义政党的立场相对统一。20 世纪 80 年代以来，欧洲各发达国家普遍经历了一个"去工业化"发展阶段，大量制造业企业要么破产倒闭，要么搬迁到生产要素成本更低的发展中国家，导致本国第二产业的经济比重急剧下降，第三产业兴起。去工业化进程导致欧洲各国大量制造业工人失业，形成新的社会矛盾。有研究认为，去工业化使欧洲发达国家的主要社会分化"从之前基于经济阶级的低收入人群对抗高收入人群，逐渐转变成基于技能专有性的专用型技能劳工（制造业蓝领工人）对抗通用型技能工人（包括高收入的高端通用型技能工人，例如科研和咨询领域的从业者，以及低收入的低端通用型技能工人，如保安、保洁、保姆等'三保人员'）"。①

全球化通过商品的国际竞争和技术劳工的国际移民，提高了欧洲发达国家的劳动力市场风险。欧洲国家普遍实行的选择性移民政策带来了大量廉价的海外技术劳工，对本国的专用型技能工人形成直接冲击，失业风险提高。要求降低失业风险的技术工人群体在左翼政党处找不到解决方案，只能支持反全球化的民粹主义政党，从而将到底是应该对外开放还是封闭保守的"内外之别"凸显出来。目前来看，欧洲各国的民粹主义政党，无论政治光谱倾向度如何，基本采取了反对移民、难民和反对全球化的政治立场，这是对抗全球资本主义市场压力的必然选择。

欧盟各国民粹主义思潮和政党的兴起是欧洲"逆全球化"运动的组成部分，欧洲各国的民粹主义政党对经济全球化的看法总体比较负面，呼吁欧盟和各国政府在国际合作中更加重视保护本国"人民"的利益，强调"人民"在外交决策中的最高地位，提出了一些带有强烈贸易保护主义色彩的政策主张，对欧盟签署的带有全球化色彩的跨区域贸易投资协定等要求采取"全民公决"的方式予以审核批准。

欧盟是中国最大的贸易伙伴，欧洲各国是"一带一路"连通的西部终

---

① 蒙克：《"双重运动"的大转型：专用型技能劳工、选择性移民政策和民粹主义政党的崛起》，《清华大学学报》（哲学社会科学版）2019 年第 2 期。

端市场，2020 年 12 月 30 日，经过长达 7 年的漫长谈判，中欧领导人共同宣布如期完成中欧投资协定谈判。中欧投资协定将为中欧相互投资提供更大的市场准入、更高水平的营商环境、更有力的制度保障、更光明的合作前景，促进全球贸易和投资自由化便利化，增强国际社会对经济全球化和自由贸易的信心，为构建开放型世界经济做出中欧两大市场的重要贡献。

但是中欧投资协定还需要完成签署，并经中欧双方内部批准后才能生效，特别是在欧盟内部，该协定只有通过欧洲议会的批准以及各成员国的一致同意才能生效。鉴于部分民粹主义政党在欧洲议会和各国议会内的影响力不容小觑，它们届时可能会给中欧投资协定的批准制造障碍，对此我们需要保持密切关注，并提前做好应对措施。

第二章
法国国民联盟（RN）

一　国民联盟的发展变革历程

法国极右翼政党"国民联盟"（Rassemblement National，RN）的前身是成立于 1972 年 10 月的"国民阵线"（Front National，全称为"保卫法兰西统一国民阵线"），在党主席玛丽娜·勒庞的领导下，于 2018 年 6 月 1 日正式更名为"国民联盟"。

（一）让-玛丽·勒庞和国民阵线的兴起

法国国民阵线成立于 1972 年，创始人是让-玛丽·勒庞。在 20 世纪 70 年代，国民阵线只是法国数量众多、力量分散的庞大政党体系中的一个边缘极右翼小党。1973 年，老勒庞领导的国民阵线牵头成立民族主义右翼联盟，参加法国国民议会选举，并在政治宣传中攻击法国左翼政党，但未取得显著成效——民族主义右翼联盟推出的 133 名候选人平均只获得 0.5% 的有效选票，没有获得议会席位。1974 年后，国民阵线与同为极右翼政党的新力量党展开竞争，导致选民力量分散，在 1978 年和 1981 年两次国民议会选举中得票率均未超过 1%，未能获得议会议席。

直到 1983 年后，随着法国国民阵线内部组织建设的加强和地方党部工作的"深耕细作"，加之新力量党解体后初步实现了极右翼力量的统一，法国国民阵线在法国地方议会和国民议会选举中开始迎来春天。1983 年 9 月，法国国民阵线参加德勒市的市镇议会选举并获得 16.72% 的选票，赢得了该市镇议会的 7 个席位和 3 个市长助理席位。在 1984 年的欧洲议会选举中，国民阵线获得了 10.98% 的选票和 10 个议席，这是法国极右翼政党参加正式选举获得的最好成绩。[①] 为了应对 1984 年的欧洲议会选举，老勒庞出版了著作《法国人优先》，提出"国家至上"的竞选纲领，初步提出了"法国人优先"的政治原则。[②] 选举结束后，国民阵线开始有意识地建立一个专业化的政党，吸引了大量中产阶层以及知识分子加入，甚至成立了包括众多专业政治家和选举人的"骨干组织"。这些举措不仅为国民阵线带来了大量的政治资源，提高了政治曝光率，扩大了影响力，还大大加快了国民阵线从政治舞台边缘进入中心的速度。

国民阵线加强组织建设和专业化建设，影响力不断扩大。在 1986 年的法国国民议会选举中，国民阵线获得 9.8% 的选票，赢得 35 个议席。这是国民阵线第一次进入法国国民议会。1988 年后，国民阵线进入平稳发展期，长期保持法国第四大党的位置。在 1988 年、1993 年和 1997 年的法国国民议会选举中，国民阵线分别获得 9.7%、12.4% 和 14.9% 的选票。但是，国民阵线也似乎陷入了停滞状态。由于老勒庞言行过于激进，经常发表一些种族主义和反犹主义言论，在党内独断专行、排除异己，国民阵线的支持者数量无法实现突破，党内分裂不断加剧。最终在 1998 年底，老勒庞和副主席布鲁诺·梅格雷（Bruno Megley）分道扬镳，2/3 的党内骨干随梅格雷退党并创建"共和民族运动"，这使国民阵线元气大伤，也导致了法国右翼选民的分裂。在 1999 年的欧洲议会选举中，国民阵线的得票

① 项佐涛、黄震：《法国国民阵线的兴起探究》，《党政研究》2017 年第 6 期。

② Paul Hainsworth, "The Extreme Right in France: The Rise and Rise of Jean-Marie Le Pen's Front National," *Representation*, Vol. 40, No. 2, 2004, pp. 101–114.

率为 5.74%，而"共和民族运动"的得票率为 3.31%。①

2001 年，"9·11"事件让欧洲各国民众日益担忧伊斯兰极端主义和恐怖主义的威胁，法国国民阵线通过鼓吹宗教问题和民族问题，势力逐渐恢复，老勒庞重新向法国总统宝座发起冲击。在 1995 年的法国总统选举第一轮投票中，老勒庞赢得 15% 的选票，在所有候选人中居第四位。2002年 4 月，老勒庞再次代表国民阵线参加法国总统大选，在第一轮投票中得票率为 16.86%，略低于争取连任的总统希拉克 19.88% 的得票率，击败了社会党总统候选人利昂内尔·若斯潘（Lionel Jospin），与希拉克一同进入法国总统的第二轮选举。这让法国出现了极右翼政治家上台执政的可能性，引发法国左右翼主流政党的恐慌和集体抵制。老勒庞在第二轮投票中获得了 17.8% 的选票，虽然落败，但巩固了极右翼的基本盘，为法国和西欧其他国家敲响了极右翼政党崛起的警钟。

（二）玛丽娜·勒庞和国民阵线的改造

2011 年老勒庞的女儿玛丽娜·勒庞接任国民阵线主席后，着手进行大刀阔斧的改革，试图使国民阵线从边缘型政党转向主流政党。玛丽娜·勒庞在保留国民阵线政策内核的基础上，尽可能地消除老勒庞各种极端言论引发的不良影响，开展"去妖魔化"运动，打造亲民政党、大众政党、主流政党的新形象，这标志着法国国民阵线进入复兴阶段，法国各大媒体也开始用"新国民阵线"（Nouveau Front National）来概括该党的转变。

玛丽娜·勒庞的做法改善了国民阵线的形象，巩固并扩大了选民基础。在 2012 年的法国总统大选中，玛丽娜·勒庞在第一轮投票中获得 17.9% 的选票，仅次于法国社会党候选人奥朗德和争取连任的总统萨科齐，确立并稳固了法国第三大政治党派的地位。不仅如此，在 2014 年的法国大区议会选举和欧洲议会选举中，国民阵线的得票率均比上一次的选举有

① Laurent Kestel, "Le Front national et le Parlement européen," in Laure Neumayer et al. eds., *L'Europe contestée*, Paris: Michel Houdiard, 2008, pp. 210-212.

了显著提高。在 2014 年 3 月举行的法国大区议会选举中，国民阵线赢得了 1995 年以来首个市长席位，取得突破性进展，并在全国多个大区和城市获得议席。

在 2017 年的法国总统大选中，玛丽娜·勒庞作为国民阵线推举的总统候选人，在第一轮投票中获得了 7658990 张选票，得票率为 21.43%，马克龙获得了 8528585 张选票，得票率为 23.86%。在随后举行的第二轮选举中，虽然也面临法国主流左右翼政治力量的联合"围剿"，但玛丽娜·勒庞仍然获得了 33.9% 的选票，远远高出 2002 年老勒庞在法国总统选举第二轮投票中 17.8% 的得票率。[①]

在 2014 年 5 月举行的欧洲议会选举中，法国国民阵线获得了 25% 的选票和 24 个议席，击败了法国两大主流左右翼政党——社会党和人民运动联盟，成为法国在欧洲议会的第一大党。在 2019 年的欧洲议会选举中，国民阵线改名为"国民联盟"，在法国赢得了 23.3% 的选票和 20 个议席，以微弱优势击败了马克龙总统领导的中间派联盟。1984~2019 年法国国民阵线参加历届欧洲议会选举情况见表 2-1。

表 2-1　1984~2019 年法国国民阵线参加历届欧洲议会选举情况

年份	得票率(%)	席位(个)	排名
1984	11.00	10/81	4
1988	11.70	10/81	3
1994	10.50	11/87	5
1999	5.70	5/87	8
2004	9.80	7/78	4
2009	6.30	3/74	6
2014	24.86	24/74	1
2019	23.30	20/79	1

资料来源：相关数据来自国民阵线官网（http://www.frontnational.com）和欧洲政党与选举网站（http://www.parties-and-elections.eu/）。

---

① https://www.interieur.gouv.fr/Elections/Lesresultats/Presidentielles/elecresult_presidentielle-2017/（path）/presidentielle-2017//FE.html.

经过玛丽娜·勒庞的"去妖魔化"改革和建设正常化政党的努力，法国国民阵线的极右翼色彩逐渐淡化，笼罩在国民阵线头顶的"极端党派"的阴云已经开始消散，"主流化"取得了初步成功。根据 2017 年法国总统大选前后进行的民意调查，有 52% 的民众认为玛丽娜·勒庞与其他总统候选人一样，是一位正常党派的领袖，而非"法西斯和纳粹代言人"，47% 的民众对国民阵线的看法发生了改变，认为国民阵线和其他政党一样正常。①

2017 年的法国总统大选被认为是法国政党格局的一个分水岭，玛丽娜·勒庞与自称"非左非右"的"前进运动"候选人埃马纽埃尔·马克龙（Emmanuel Macron）一起打破了法国中左、中右两大主流政党轮流执政的传统，改变了法国的政党政治生态，政党格局的碎片化更加明显。② 同时，玛丽娜·勒庞领导的国民阵线凭借在 2017 年的总统选举和 2019 年的欧洲议会选举中的优异表现，已经具有了成为法国第二大政治势力的实力。如果说 2002 年老勒庞闯入第二轮总统选举只是各种因素交织导致的意外结果，那么 2017 年玛丽娜·勒庞在总统选举中的表现则使人们真正意识到，右翼民粹主义势力已经崛起，国民阵线入主爱丽舍宫并非天方夜谭。2018 年 6 月，国民阵线更名为国民联盟，既标志着该党发展进入了全新阶段，也预示着法国政治生态的改变。

2022 年 4 月举行的法国总统大选和选举结果，进一步强化了法国政治生态大变革的趋势，玛丽娜·勒庞领导的国民联盟也通过此次大选进一步确定了法国政坛最大反对党的角色和定位。在 2022 年 4 月 10 日举行的法国总统大选第一轮投票中，中间派共和国前进运动候选人、现任总统马克龙和国民联盟候选人玛丽娜·勒庞分别以 27.85% 和 23.15% 的得票率进入第二轮投票，极左翼政党"不屈法国"候选人梅朗雄以 21.95% 的得票率位居第三。在 4 月 24 日举行的法国总统大选第二轮投票中，马克龙获得

① https://fr.yougov.com/news/2017/05/04/resultats-du-barometre-yougov-france-le-huffington/.
② 田野、张倩雨：《全球化、区域分化与民粹主义——选举地理视角下法国国民阵线的兴起》，《世界经济与政治》2019 年第 6 期。

18768639 张选票，得票率为 58.55%，玛丽娜·勒庞获得 13288686 张选票，得票率为 41.45%。马克龙赢得选举胜利，连任法国总统。

但是在 2022 年 6 月举行的法国国民议会选举中，马克龙领导的中间派政党联盟未能获得议会绝对多数席位。根据法国内政部在 2022 年 6 月 20 日公布的最终计票结果，在法国国民议会共 577 个席位中，马克龙总统领导的中间派政党联盟"在一起"获得 245 席，距离国民议会绝对多数席位所需的 289 席还差 44 席；极左翼政党"不屈法国"党领导人梅朗雄所在的左翼联盟获得 131 席，玛丽娜·勒庞领导的极右翼政党国民联盟获得 89 席，右翼传统党派共和党获得 61 席。玛丽娜·勒庞领导国民联盟在 2022 年的法国国民议会选举中取得了前所未有的好成绩，成为国民议会第三大力量，打破了近 40 年来勒庞父女两人及其政党在法国总统大选中"出尽风头"，但在国民议会选举中"叫好不叫座"，赢不了多少议席的怪圈。从 2022 年法国总统大选和国民议会选举结果来看，由 2017 年总统大选所开启的法国政坛解构、重组进程在持续深化演变，法国的两大传统政党社会党和共和党进一步衰落，法国进一步远离左右对立的两极格局，形成中间派、极左翼和极右翼三足鼎立的政治新格局。

二 国民阵线的政策主张

法国国民阵线成立约 50 年来，在移民政策、欧洲政策、社会政策等方面提出了许多迥异于法国主流政党的政策主张，迎合并获得了部分极右翼民众的支持。

（一）"法国人优先"：排斥移民和难民

同英国的移民问题一样，二战后法国的移民问题，是对法国曾经拥有庞大的"法兰西殖民帝国"这一"光辉历史"的反噬，从某种意义上看，英国和法国的移民问题是殖民帝国解体后必然留下的"帝国遗产"。二战结束后法国的移民问题开始逐渐凸显，20 世纪 70 年代后成为社会关注的焦点问题。关注移民问题的选民数量逐渐增多，各政党对移民问题的态度和立场成了影响它们得票率的重要因素之一。2017 年 4 月法国总统大选期间举行的民调显示，移民问题是法国民众关注度第二高的社会问题，排名第一的是就业问题，排名第三的是社会福利问题，排名第四的是社会安全问题。这四个问题实际上都可以和移民问题联系在一起。超过 67%受访者将与移民相关度最高的问题列为最关心的政治问题。①

自成立之初，国民阵线就非常重视移民问题，不断宣扬移民对法国的危害，如：外来移民会侵占本国公民的社会福利和工作机会；导致社会治安恶化和犯罪率上升，破坏社会稳定；冲击法兰西文化，威胁法兰西民族的民族认同。老勒庞也迎合部分民众不满移民的心态提出了"法国人优先"的口号，他声称："国民阵线已经成为一个反对移民的非常积极的政治组织，其选举活动都是以此为基础的。"②

2001 年美国"9·11"事件发生后，恐怖主义成为西方世界的梦魇。特别是 2015 年发生于法国巴黎《查理周刊》总部的枪击案、巴黎一些穆斯林聚居区的骚乱事件等，强化了法国社会对多元文化主义政策的反感。国民阵线利用法国民众对伊斯兰极端主义和恐怖主义的恐惧心理，大肆攻击法国的穆斯林移民，渲染"伊斯兰威胁论"，反对多元文化主义和社会融合政策，要求加强对穆斯林移民的文化认同教育。

国民阵线反对多元文化主义，强调文化冲突论和文化差异论，认为文化只能通过侵蚀和吞噬的方式进行传播，否定了不同文化之间"求同存异"的可能性和必要性。因此，国民阵线将社会和文化多元化视为危害社会稳定的因素。

国民阵线关于移民和难民的主张主要包括以下几点。③

---

① 项佐涛、黄震：《法国国民阵线的兴起探究》，《党政研究》2017 年第 6 期。

② Alec Hargreaves, *Immigration*, "*Race*", *and Ethnicity in Contemporary France*, Chesham: Ponting-Green Publishing Services, 1999, p. 11.

③ "Je suis musulman, je fais le ramadan et je vote Le Pen," France 24, http://www.france24. com/fr/20120427-election-presidentielle-marine-le-pen-front-national-fn-vote-etrangers-immigration-temoignages/.

第一，"法国是法国人的法国"，主张严格控制并逐渐减少移民的数量，具体包括质疑申根计划，呼吁减少长期居留证的有效年限，重新协商难民庇护方面的人权条款，强力驱逐所有非法移民。

第二，"法国和法国人优先"，重新强调法国认同，提出将机会留给法国人，在社会公共服务项目中给予法国公民优先权。

第三，"要么爱法国，要么滚出去"，针对移民带来的高犯罪率等社会问题，主张加大法律对犯罪尤其是移民犯罪的处罚力度，甚至恢复死刑。

在移民问题上，国民阵线的政策主张独树一帜之处在于将一切社会问题归结于移民，带有浓厚的新种族主义和排外主义色彩，认为只有将所有移民"一刀切"，停止接收移民并遣返已在法国居留的移民，才是唯一的解决方案。新种族主义是对生理民族主义的最新包装，巧妙地回避了肤色、来源地等敏感因素，更加强调移民与法国文化之间"差异的绝对化"，因而也被称为"文化种族主义"。国民阵线强调法兰西文化和法兰西民族的纯洁性和特殊性正在面临外来移民的"侵略"，随着外来移民在法国总人口中比例的增加，法兰西民族将会瓦解，法国将会分裂为"白人的法国"和"阿拉伯穆斯林的法国"，因此应当采取措施将外来移民与法兰西民族完全隔离。

在 2017 年总统竞选中，玛丽娜·勒庞提出将法国接收合法移民的数量限制在每年 1 万人，无证移民在法国的逗留不再合法化，停止向非法移民提供免费医保；聘用外国雇员的雇主将缴纳金额较高的税费，自动驱逐在法国法庭被判刑的外国人；驱逐由情报部门提供的与伊斯兰激进组织有联系的外国人；关闭所有怀疑与伊斯兰激进组织有联系的清真寺；等等。玛丽娜·勒庞的竞选主张具有很强的针对性，对于那些不满移民问题，担忧就业、社会安全和社会福利的选民（包括拥有合法身份和已经入籍的穆斯林选民）来说有较强的吸引力。

2017 年法国总统大选期间的民调显示，在就业、移民、社会福利、社会安全四个关注度最高的领域，认可玛丽娜·勒庞是解决问题的最适合人选的民众比马克龙的支持者要多，尤其是在移民和社会安全领域，勒庞的支持率是马克龙的 2.5 倍。该民调还显示，移民问题和社会安全是政治倾向偏向于极右的人群最关注的问题，这部分人是国民阵线最稳固的票仓。[①]例如，近年来在法国社会引起争议的穆斯林头巾问题，法国政府根据"政教分离"原则严禁在公共场所穿戴穆斯林头巾等特殊服饰，Ifop-Fiducial 最新民调显示，66%的法国人表示家长在陪伴小孩出行时，不应该穿戴显示宗教信仰的物件或服饰，并支持通过立法去禁止这一行为。

在政治实践中，国民阵线在其执政的一些城市采取了一系列推动社会文化认同的措施。2014 年在其执政的 11 个城镇，国民阵线政府停止在学校里为穆斯林学生提供清真餐。虽然此举招致了部分社会批评，但是国民阵线在穆斯林选民中的支持率却越来越高，原因是他们认为国民阵线能够以强硬姿态对待那些破坏法国认同和社会治安的穆斯林"渣滓"。[②]

（二）"法兰西第一"：抵制全球化和欧洲一体化

从总体上来看，作为一个成熟的发达国家，法国是全球化的受益者，但是在社会福利领域和工业领域法国也受到全球化的较大冲击。2005 年以来，法国每年的经济增长率一直徘徊在 1%~2%，经济增长的潜力不足，活力下降。是通过提高税负以维持社会福利，还是降低税负以激发经济活力，一直是法国左右翼政党争论的焦点，也成为法国经济和社会难以挣脱的悖论。由于经济停滞、失业率升高、人口老龄化严重，法国的财政收入难以应对不断增加的社会福利开支，提高税负成为政府的必然选择。然而，天性追求利润的资本家在全球化的背景下冲破了主权国家的藩篱，投资者与企业纷纷将资本向劳动力成本低廉、税负较低的国家和地区转移以合法避开高额税负，降低工资水平，法国的税源和就业岗位因此大量流失。

---

① https：//fr. yougov. com/news/2017/05/04/resultats-du-barometre-yougov-france-le-huffington.

② "Je suis musulman, je fais le ramadan et je vote Le Pen," France 24, http：//www. france24. com/fr/20120427-election-presidentielle-marine-le-pen-front-national-fn-vote-etrangers-immigration-temoignages/.

例如在奥朗德执政时期，法国政府决定从 2013 年起向年收入超过 100 万欧元（约合 131.6 万美元）的个人征收税率为 75%的所得税以及提高财产继承税税率，许多法国富豪为了避税纷纷移民。法国奢侈品巨头路易威登（LV）公司董事局主席兼首席执行官、法国首富贝尔纳·阿尔诺于 2012 年 9 月正式向比利时移民局递交入籍申请，以主演电影《大鼻子情圣》走红全球的法国著名影星热拉尔·德帕尔迪厄也申请加入俄罗斯国籍。2014 年 4 月法国总理曼努埃尔·瓦尔斯（Manuel Valls）在采访中谈到了经济全球化对法国的不利影响："法国民众也清楚地知道，经济全球化为法国经济发展带来了诸多不利影响，例如工厂企业转向低劳动力地区，随之而来的工厂倒闭使大量民众失业。"① 法国的去工业化导致了失业率始终居高不下，在 10%上下徘徊。2016 年和 2017 年第一季度的失业率分别为 10.1%和 10.0%。

为了解决全球化带来的工业竞争力下降和工人失业问题，在 2017 年的法国总统大选中，玛丽娜·勒庞明确提出反对自由放任的市场经济，实行贸易保护主义的主张，具体包括：拒绝国际贸易协定，以便拉拢在经济全球化中受挫的中小型企业；禁止具有优势税率系统的外国公司准入；在"不公平的国际竞争"中支持法国企业；禁止外国投资者进入法国战略性工业部门；创建主权基金，保护法国公司免受"秃鹫"基金侵害和收购；在价格差距不大的情况下，公共采购将只针对法国企业开放；等等。②

反对欧洲一体化，反对向欧盟让渡主权是国民阵线一以贯之的纲领。在老勒庞时期，国民阵线曾经提出反对加入欧盟，反对使用欧元，反对加入申根区，攻击欧盟的官僚主义等一系列主张。老勒庞在 1997 年的总统竞选纲领中提出："布鲁塞尔和马斯特里赫特的欧洲是一个碾碎国家和人

---

① 刘博阳：《法国新任总理称经济全球化为法国带来不利影响》，中国网，2014 年 4 月 4 日，http：//news. china. com. cn/world/2014-04/04/content_ 32005365. htm。

② Le Pen，"144 Presidential Commitments，" http：//www. marine2017. fr/wp-content/uploads/2017/02/a4-144-engagement-eng-bd. pdf；Nicholas Vinocur，Marine Le Pen's Plan to Make France Great Again，https：//www. politico. eu/article/marine-le-pens-plan-to-make-france-great-again/。

民的机器；它制造失业、征税主义、政治官僚和经济衰退，权力被掌握在一小撮陌生的和不负责任的公务员手中。"[①] 老勒庞认为欧盟对民族国家主权的消融、对经济独立的侵蚀和对文化特性的同化，给法国带来了严重的负面影响。随着欧盟的发展，新加入欧盟的成员国分享了欧盟发展的成果，法国等成员国所承担的责任却在增加。在国民阵线的宣传中，欧盟和欧盟部分成员国成为影响法国经济繁荣的累赘和罪魁祸首。特别在2008 年全球金融危机爆发后，部分相对欠发达的南欧国家率先陷入债务危机，寻求欧盟的援助，影响了法国经济发展。

国民阵线希望通过重建法兰西的民族认同，提升法国人身为法国公民的自豪感来"抵抗欧洲一体化的侵略"。在 2017 年法国总统大选中，玛丽娜·勒庞针对欧洲问题提出：当选后将与欧盟展开 6 个月的会谈，意图从根本上改变法国的欧盟成员资格（即"Frexit"），并努力推进将欧盟转变为松散的国家间的合作，例如取消欧元、取消无边界区、拒绝欧盟预算规则和欧盟法律优先的原则；6 个月后，将发动关于欧盟成员国身份的公投。玛丽娜·勒庞主张如果不能从根本上改变欧盟，那么最大的可能将是退出欧盟。在精神层面上，国民阵线重申传统价值的重要性，注重天主教的价值，提出应当复兴建立在传统宗教文明基础上的道德观念。

（三）"人民代言人"：反建制和主张直接民主

反对现行体制，反对主流政党，主张直接民主是民粹主义政党的普遍特征之一，作为极右翼政党的国民阵线也不例外。国民阵线认为，法国精英阶层背叛了人民利益，由现行的代议制民主体制选出来的政党是精英利益的代表，造成了人民与权力之间的隔阂，直接民主才是民主真正且唯一的形式。国民阵线以"人民的代言人"和"沉默的大多数"利益的捍卫者自居，称将以维护人民利益作为国民阵线一切政策的出发点，并且主张全民公投来代替直接民主。1987 年，国民阵线将对全民公投的重视明确写

[①] 项佐涛、黄震：《法国国民阵线的兴起探究》，《党政研究》2017 年第 6 期。

入政治纲领。①

玛丽娜·勒庞在《为了让法兰西继续下去》中从多个方面攻击了代表中下层的左翼政党,认为左翼政党在争取种种自由时,"将资本主义体系看成一种根植在传统中的反动势力。于是,为了战胜资本主义,左翼政党便要把宗教、军队、学校和家庭这些根基统统清除",然而,由于这些根基的消失,"以前的公民、信教者、爱国者、学生、家长,现在一下子被裹挟进了商品体系,成为没有主见的消费者。这个体系,只注重利益最大化,而且还伴随着跨国企业和移民这两大支柱。……如此一种对所有价值进行颠覆的结果自然是,左翼政党慢慢置平民、普通百姓、受剥削的人不顾,一味地为第三世界的边缘人和黑户发声"。②

国民阵线在其政策和宣传话语中,将政治精英、利益集团和外来移民塑造为"人民利益"的对立者,也就界定了"人民",国民阵线要代表的"人民"正是除政治精英、利益集团和外来移民外的所有法国公民。在国民阵线的话语体系中,法国主流左右翼政党成员包括法国最具代表性的政治精英,自然是国民阵线所说的"人民"的敌人。20世纪80年代以来,法国左右翼主流政党不断曝出各种政治丑闻,涉案者不乏国家高级领导和党派首领,这为国民阵线反对"腐败"的主流政党提供了武器。前总理阿兰·朱佩因卷入"巴黎大区公共工程合同腐败案"被判处18个月监禁,另有40多名社会党和共和党高层受到调查。在2017年法国总统大选中,中右翼共和党候选人弗朗索瓦·菲永被曝出在担任总理期间为妻子安排公职且让其领取"空饷"。

与主流政党相反,国民阵线一直刻意塑造和宣传自身廉洁从政的形象,老勒庞表示国民阵线绝不会与"贪污腐化"的主流政党同流合污,将成为一个绝不腐败、真正民主的、唯一能够打破左右翼政党垄断的政党,一个懂得分享政治的变革性政党。在2017年的法国总统大选中,玛丽

①　张莉:《西欧民主制度的幽灵——右翼民粹主义政党研究》,中央编译出版社,2011,第124页。

②　Marine le Pen, *Pour que Vive la France*, Paris: Editions Militaires, 2012, pp. 148-150.

娜·勒庞指出"法国的所有政客都是腐败的",并宣称只有国民阵线才能拯救法国。[①]

法国民众对政治主张缺乏对比度、深陷腐败又缺乏危机感的主流政党感到失望,但苦于无法打破法兰西第五共和国成立以来左右两大政党轮流坐庄的政治格局,因此长期抨击主流政党的国民阵线、与两大主流政党没有深度牵连的政治新人马克龙都成为选民们寄予厚望的对象。法国选民这种"求新求变"的心态非常明显地通过民调显示出来。2017 年法国总统大选前 YouGov 网站进行的民意调查显示:58%的受访者认为"传统"政党已经没有前途,73%的受访者已经对法国的政治领导和民主质量丧失了信心。在回答"谁最可能做出改变"时,39%的受访者选择玛丽娜·勒庞,25%的受访者选择马克龙。[②]

2017 年进入法国大选第二轮的两个政党,分别是成立不到半年的中间党派"前进运动"和国民阵线,法国民众不满传统政党及其政策,希望求变的心理可见一斑。

综上分析,国民联盟充分利用了法国民众,特别是那些受到全球化、欧洲一体化影响的"失利者"和"失败者"的抵触心理,以"法国人利益的保护者"和"法国主权的捍卫者"自居,抨击"腐败的精英"无法捍卫人民的利益,强化自身的"人民的代言人"的形象,从而获得了大量支持者。

根据对 2017 年法国总统选举数据中有关投票选民的信息分析,投票支持国民阵线和玛丽娜·勒庞的选民主要包括:

(1)遭受劳动力市场危机冲击,"毕业即失业"的年轻人;

(2)"有工作的穷人",即在经济全球化中被边缘化、工作普通、受教育程度不高的劳动者;

(3)法国最北部和最南部的中小城市中,受经济持续衰退的影响,生

---

① "Teflon' Le Pen Unshaken as Corruption Plagues French Election," https://www. theguardian. com/world/2017/feb/24/teflon-le-pen-unshaken-as-corruption-plagues-french-election.

② https://fr. yougov. com/news/2017/05/04/resultats-du-barometre-yougov-france-le-huffington/.

活质量大不如前的中产阶层和公务员；

（4）对欧盟不断强大而法国不断衰落的情况不满，对失去民族认同抱有不安全感和担忧的民族主义者；

（5）质疑欧盟机构合法性，担忧欧盟操纵法国和担心被欧盟抛弃的普通民众。[①]

从国民阵线的支持者群体特性的分析中可以看出，在全球化过程中，法国的传统制造业在发展中国家同类产品的竞争下走向衰落，法国的非熟练/半熟练劳动力越来越难找到合适的工作，同时他们还面临来自南欧和北非的劳工移民以及近年来涌入的难民在就业机会和福利资源上的竞争。这种双重冲击使法国非熟练/半熟练劳动力产生了反全球化、反欧洲一体化、反移民的诉求。

受全球化和欧洲一体化冲击最为严重的是法国东北部"铁锈带"和地中海沿岸地区。远离城市中心的远郊区和规模较小的城市集中了更多的非熟练/半熟练劳动力。国民阵线因积极回应非熟练/半熟练劳动力的诉求而得到他们的政治支持，法国北部、东部和地中海沿岸的很多大区以及远离主要城市的郊区城镇和小城镇的选民成为国民阵线的主要票仓。[②]

三　国民联盟的未来发展趋势

（一）"主流化"转型取得一定成效

2011年玛丽娜·勒庞接手国民阵线的领导权后，国民阵线实现了全方

[①]　Gregor Aisch, Matthew Bloch, K. K. Lai and Benoit Morenne, "How France Voted," *New York Times*, May 7, 2017, https://www.nytimes.com/interactive/2017/05/07/world/europe/france-election-results-maps.html; Alice Foster, "French Election Results Map: How France Voted for Emmanuel Macron and Marine Le Pen," May 8, 2017, https://www.express.co.uk/news/politics/801662/French-election-results-map-how-France-voted-President-Emmanuel-Macron-Marine-Le-Pen.

[②]　田野、张倩雨：《全球化、区域分化与民粹主义——选举地理视角下法国国民阵线的兴起》，《世界经济与政治》2019年第6期。

位的转型。国民阵线从边缘性的在野党转向了主流反对党，政策主张和宣传策略都做了较大调整，逐渐抛弃了以往的过激姿态，转而采取更为温和的、传统的方式来赢得广大民众的认可和支持，同时，充分利用网络和新媒体的力量来达到扩大政治影响力的目的。国民阵线的转型取得了较为显著的成效，支持者的结构更加多样化、年轻化，对中产阶层和专业阶层人士的影响力不断扩大，女性支持者数量显著增加。国民阵线走出低谷，逐步攀升，在总统大选、国民议会、地区议会和欧洲议会的选举中得票率不断提升。

在老勒庞的领导下，国民阵线共参加过9届法国国民议会的选举，仅在1986年、1988年、1997年的三届选举中获得席位，其他六次选举，特别是2002年和2007年的选举都没有获得法国国民议会的议席。

玛丽娜·勒庞领导下的法国国民阵线在国民议会选举中席位稳定增加，在2012年获得了2个议席，2017年凭借参加总统选举的热度，获得了8个议席（共有577个议席），已经能够在法国国民议会组成单独党团，在体制内部对法国政府的各项施政措施产生影响。

但也有研究者认为，通过研究党纲和竞选纲领，玛丽娜·勒庞领导下的国民阵线并未从根本上改变其民粹主义、种族主义和民族主义色彩，其作为极右翼政党的基本的政党理念并未发生实质性改变。

另外，无论是国民阵线还是改名后的国民联盟，都面临一个挥之不去的阴影。从1972年成立以来，国民阵线的发展一直深受党内高层分裂的困扰，严重影响了该党的发展。2017年法国总统选举后不久，国民阵线立刻陷入了分裂危机，首先是玛丽娜·勒庞着重培养的接班人、2012年当选国民议会议员的外甥女玛丽安·马雷夏尔-勒庞（Marion Maréchal-Le Pen）宣布退出政界，不再参加2017年的法国国民议会选举。据传闻是因为其与玛丽娜·勒庞在一些政治问题上无法达成一致，这透露出了勒庞家族内部斗争的冰山一角。同时，国民阵线内部领导层发生分裂，党内二号人物弗洛里安·菲利波（Florian Philippot）宣布退党。菲利波曾经是玛丽娜·勒庞最得力的助手，他于2012年7月被任命为国民阵线的副主席，掌管战略与公关，在国民阵线"去妖魔化"的转型过程中发挥着至关重要的作用，菲利波的退党还带走了国民阵线将近 1/10 的骨干，大大削弱了国民阵线的力量。[1]

（二）加剧法国政坛"碎片化"

法国国民阵线的兴起改变了法国的政治生态，重塑了法国的政党体系，对主流左右翼政党形成了巨大挑战，加剧了法国政党体系的"碎片化"趋势，但是短期内难以摆脱被"围猎"处境。自 20 世纪 70 年代以来，法国主流执政党的号召力下降，法国政党政治出现了"碎片化"趋势，一些小党派开始得到选民的关注。国民阵线的兴起既是"碎片化"的结果，也进一步推动了"碎片化"。国民阵线在左右翼主流政党的夹缝中不断发展壮大，其政策主张吸引了原本支持主流政党的大批选民，成为削弱主流政党的重要推手。在 2017 年的法国总统大选第一轮投票中，由于党派内部分裂和前社会党高官卷入贪腐丑闻，法国总统奥朗德所在的左翼政党法国社会党候选人伯努瓦·阿蒙得票率仅为 6.36%，右翼共和党候选人弗朗索瓦·菲永得票率为 20.01%，仅比极左翼组织"不屈法国"的候选人让-吕克·梅朗雄的得票率（19.58%）高出不足 0.5 个百分点。左右翼主流政党推出的候选人都未能进入第二轮大选。

2017 年 6 月举行的法国国民议会选举结果进一步确定了法国政党"碎片化"的格局。除了支持马克龙总统的中间派联盟一家独大，获得了超过国民议会 60% 的议席外，两大传统主流政党联盟 以共和党为核心的右翼联盟仅获得 23.74% 的议席，以社会党为核心的左翼联盟仅获得 7.63% 的议席。极右翼的国民阵线获得 8 个议席，梅朗雄领导的极左翼组织"不屈法国"获得 17 个议席，法国共产党获得 10 个议席。

支持马克龙总统的共和国前进运动和民主运动两个新组建的政治团体

---

[1] "Marine Le Pen Aide Florian Philippot Quits Front National," https：//www.theguardian.com/world/2017/sep/21/marine-le-pen-aide-florian-philippot-to-quit-france-front-national.

虽然凭借"马克龙旋风"取得了骄人的选举成绩，但是否能够长期维持下去，经得起时间的检验，仍然是未知数。幸运的是，在2022年的法国总统大选中，马克龙赢得大选，连任法国总统。在国民议会选举中，他领导的中间派政党联盟"在一起"也以245个席位保持法国国民议会第一大党团的地位。如果马克龙总统能在第二个总统任期内加强政党联盟内部建设，打牢选民基础，培养并推出下一代领导人选，则能使中间派政党联盟摆脱对马克龙个人魅力的过度依赖，为该政党联盟的长期繁荣发展奠定坚实基础。

2011年以来法国国民阵线的再次崛起，既引发了法国社会的整体警觉，也冲击了传统主流政党的政治利益，引发主流政党的联合抵制和"围剿"。在2002年和2017年的两次总统选举中，当参选的老勒庞和玛丽娜·勒庞分别进入第二轮选举时，法国多地爆发了大规模的示威游行和抗议活动。法国中左翼政党在各层级选举中始终坚决抵制国民阵线，在2017年的法国地区选举中，为了防止左翼和右翼政党的竞争让国民阵线渔翁得利，社会党要求三个分别位于法国北部、南部和东部的大区中的左翼社会党候选团队放弃竞选并呼吁支持者投票给传统右翼政党共和党的候选人。①右翼联盟的各政党也拒绝与国民阵线进行任何形式的合作，并对部分倾向于国民阵线政策立场的重要成员提出警告。2017年法国国民议会选举情况见表2-2。

表2-2　2017年法国国民议会选举情况

党派	议席（个）	比例（%）	联盟比例（%）	议席（个）	政治光谱
共和国前进运动（REM）	308	53.38	60.66	350	马克龙阵营
民主运动（MoDem）	42	7.28			
民主与独立派联盟（UDI）	18	3.12	23.74	137	右翼联盟
共和党（LR）	113	19.58			
其他右翼（DVD）	6	1.04			

① 项佐涛、黄震：《法国国民阵线的兴起探究》，《党政研究》2017年第6期。

续表

党派	议席(个)	比例(%)	联盟比例(%)	议席(个)	政治光谱
其他左翼(DVG)	12	2.08			
社会党(PS)	29	5.03	7.63	44	左翼联盟
左翼激进党(PRG)	3	0.52			
国民阵线(FN)	8	1.39			极右翼
不屈法国(FI)	17	2.95			极左翼
生态主义者(ECO)	1	0.17			
法国共产党(PCF)	10	1.73			
法国崛起(DLF)	1	0.17			
地区主义者(REG)	5	0.87			
其他极右翼	1	0.17			
其他极左翼	0	0			
其他(DIV)	3	0.52			
总计	577	100.00			

资料来源：根据欧洲政党与选举网站（http://www.parties-and-elections.eu/）的数据整理。

在 2017 年第二轮总统选举中，在第一轮竞选中落败的左翼和右翼两大主流政党联盟候选人都呼吁支持者投票给马克龙，以阻止玛丽娜·勒庞当选。当然这仅仅是"两害相权取其轻"的权宜之计。法国作家达里波尔·弗里伍（Dalibor Frioux）号召第一轮中落选候选人的支持者投"灰色票"，意为把票"借给"马克龙，以阻止勒庞当选，并签署一份请愿书让马克龙明白自己的选票"资产负债状况"。"开放法兰西"（Open France）组织发起的向马克龙的电子邮箱发送虚拟选票的"第二选票"活动，以让马克龙知道他们并不是赞同马克龙的主张而投票支持他，希望马克龙能够珍惜执政的机会，推动法国的政治经济改革，为建立一个更好的法兰西做出贡献，不要辜负选民的信任。[①]

由此可见，法国的主流政治力量对国民联盟的崛起始终保持着清醒的

---

① 项佐涛、黄震：《法国国民阵线的兴起探究》，《党政研究》2017 年第 6 期。

意识和高度警惕；在法国的主流政治文化中，公开支持国民联盟仍然会被"污名化"。

（三）迫使主流政党"民粹化"

西方民主政治现在已经蜕化为典型的"选举政治"，一切政治活动的目的是赢得选举的胜利并上台执政，政党的政策主张和竞选纲领更多地是出于迎合选民喜好和竞争选票而设计的，不会局限于教条主义的条条框框。在民粹主义思潮方兴未艾的情况下，在选举政治压力下，主流政党为了争取选民支持，获得选举的胜利，在政策上会出现向民粹主义政党主张靠拢的情况。

在 2017 年法国总统大选中，面对国民阵线咄咄逼人的势头，为了争夺右翼选民，右翼政党共和党候选人弗朗索瓦·菲永提出的政治主张表现出明显的向极右翼政党靠拢的民粹化和保守化趋势，在其竞选纲领中提出要严格控制移民，并将移民数量缩减至最少，同时加大反恐力度，在经济政策上要求削减财政支出，延长劳动时间等。

2017 年大选后上台执政的法国马克龙政府的施政措施借鉴了国民阵线的部分政策与主张，出现了主流政党民粹化的现象。最显著的变化在移民政策方面，马克龙在 2019 年 9 月 16 日的讲话中指出："如果法国希望能够妥善接纳的话，它就不能接纳所有人……为了得体地接纳所有人，我们（法国）就不能成为一个过于有吸引力的国家。"[1] 马克龙政府的移民政策建立在"两个支柱上"：对申请政治庇护的人给予人道处理，对其他人则严厉地递解出境。但为了预防人潮抵达，"法国应该配备司法武器，以便应对大批移民抵达而引起的混乱情况"。

马克龙政府的安全和司法政策也受到国民联盟的影响。马克龙政府在安全问题上强化国家权威，提高国防预算至 GDP 的 2%，增加 1.5 万名警

---

[1] https：//www.ouest-france.fr/politique/emmanuel-macron/macron-sur-l-immigration-la-france-ne-peut-pas-accueillir-tout-le-monde-si-elle-veut-accueillir-bien-6536138.

察，新增情报机构和反恐部队；在监狱增设 1.5 万个囚位，专门关押外籍囚犯；加紧驱逐非法移民；加强同欧盟进行反恐合作，增加 5000 名欧洲边境警察；关闭以宗教为名传播极端思想的机构；坚持世俗化原则，要求移民"欲入法籍者必会法语"；等等。[①]

　　法国普通民众在经济全球化、欧洲一体化和文化冲突融合的过程中利益受到损害，产生不满和抗议，这是国民联盟等极右翼政党存在的根源。自 2017 年执政以来，马克龙政府在内政、外交、经济、安全等领域进行大刀阔斧的改革，但诸如社会福利制度、退休年龄等许多问题是长期积累形成的难题，改革面临强大的阻力。法国如果不能摆脱在经济全球化、欧洲一体化和多元文化冲突融合中的困境，陷入贫困和对现状不满的人数会不断增加，国民联盟的选民基础会逐渐扩大，其支持率将会继续上升，将对法国政治生态产生难以预测的影响。

---

① 周谭豪、李化人：《法国新任总统马克龙的执政理念探析》，《国际研究参考》2017 年第 7 期。

第三章
德国选择党（AfD）

一　德国选择党的创建和发展历程

作为反映民意的"晴雨表"，政党的兴衰直接反映了一国政治生态环境的变化。2012 年 9 月，德国经济学教授亚历山大·高兰德（Alexander Gauland）、贝恩德·卢克（Bernd Lucke）和记者康纳德·亚当（Konrad Adam）在巴纳海姆（Bad Nauheim）创建了政治团体"2013 年选举备选方案"（Electoral Alternative 2013，德语：Wahl Alternative 2013），反对德国关于欧元区危机的救助政策。为了参加 2013 年联邦选举，在 2013 年 2 月 6 日于柏林登记成立了德国选择党（Alternative für Deutschland，AfD，以下视情简称"选择党"），吸引了很多前基督教民主联盟（CDU）的优秀经济学家加盟，建党之初的三位核心领导人分别是卢克、高兰德、亚当。卢克是该党最知名的人物，曾是基民盟的成员，同时选定 5 名教授组成该党的科学咨询委员会，确定了财务主管，人员堪称高级别配备。①

2014 年有大批前极右翼政党共和国党、希尔党、德国自由党的成员加

---

① 参见德国选择党官方网站的介绍，https：//www.afd.de/partei/。

入了德国选择党，这导致党内排外倾向、反移民和反伊斯兰教政治力量不断增长，党内人员的意见分歧日渐突出。2015 年 7 月选择党创始人贝恩德·卢克以及 20% 的党员退党，此后该党日渐偏向右翼民粹主义。卢克退党后，选择党采取了双头领导制，选出的两位党主席分别是弗劳克·佩特里（Frauke Petry）和约尔格·莫伊滕（Jorg Meuthen）。由于部分选择党的极右派成员经常在公共场合发表民族主义和种族主义的观点，不利于选择党参加执政联盟，选择党主席弗劳克·佩特里试图遏制党员发表极端言论，但遭到了党内许多成员的强烈反对。在 2017 年 5 月的选择党代表大会上，遭孤立的弗劳克·佩特里辞去党主席职务，并在 2017 年联邦议会大选结束后，以当选议员的身份退出选择党。目前，该党的领导人是约尔格·莫伊滕和高兰德。在 2017 年的德国联邦议会大选中，选择党支持的主要候选人是联席主席高兰德和现任德国联邦议院党组领袖艾丽斯·魏德尔（Alice Weidel）。[①]

与意大利五星运动党和西班牙"我们能"党等重视互联网直接民主的民粹主义政党不同，德国选择党重视组织机构建设，与德国的选举制度相对应，成立了联邦、州、地区三个层面的组织机构。选择党正式成立后不久，就于 2013 年 3 月 31 日至 5 月 12 日在德国所有 16 个州（其中柏林、不来梅和汉堡为市州，其他为联邦州）建立了分支机构。在联邦层面上，德国选择党成立了联邦党代表大会作为最高权力机关，设立联邦理事会作为日常事务性领导机构，制定了党的纲领。为扩大在青少年中的影响力，2013 年 6 月成立了青年组织"德国青年选择组织"（Young Alternative for Germany）。

德国选择党的党员数量成立后基本呈持续增长的趋势，在 2013 年 4 月举行首届全国代表大会之前，该党有超过 7500 名党员，到 2014 年底，党员上升到 2 万人。2015 年 7 月党内部第一次分裂后，失去了多达 2500 名

① Alternative for Germany，https：//www.nytimes.com/2017/09/25/world/europe/germany-election-afd.html.

党员，但在 2015 年的下半年又迅速恢复到了以前的实力。2017 年底选择党官方宣布有 33500 名党员，770 万名选民支持选择党。[①]

自成立以来，德国选择党在参加欧洲议会、德国联邦议会、各州议会选举方面取得了令人瞩目的成绩。从 2013 年参加联邦议会选举未获得议席，到 2017 年参加联邦议会选举成功跃升为第三大党；从 2013 年拥有第一个州议会席位到 2018 年 10 月在德国全部 16 个州议会获得议席。在 2014 年和 2019 年两次欧洲议会选举中，德国选择党也取得了令人瞩目的成绩，成为欧盟右翼民粹主义政党大家庭中的重要成员。

二 德国选择党政治纲领的变化

从 2013 年成立以来，伴随着德国社会关注的焦点问题和政治形势的变化，德国选择党的政治纲领和主要议题发生了多次变化，德国选择党从建党之初的一个对欧元持怀疑态度的右翼自由主义政党和单一议题抗议型政党，逐步向具有排外民族主义和民粹主义色彩的激进右翼民粹主义政党转变。

(一) 2013~2014 年的"反欧元"纲领

德国选择党成立之初是一个对欧元持怀疑态度的右翼自由主义政党。2013 年前后正是欧盟部分成员国大规模爆发主权债务危机的时候，德国部分民众反对欧洲中央银行和德国政府在欧债危机中的救助政策，德国选择党提出的"疑欧"政策主张吸引了许多"抗议选民"的支持。在 2013 年 4 月举办的建党大会上，德国选择党明确提出了退出欧元区、重新引进本国货币等主张，抗议对南欧国家的金融和财政救助措施。但是，德国选择党在原则上不反对欧洲一体化，支持欧洲共同市场。德国选择党为参加 2013 年德国联邦议会大选所提出来的选举纲领只有 4 页，仅提出了三个主

---

① 阎永丽：《欧洲民粹主义浪潮下德国选择党的崛起及影响研究》，硕士学位论文，山东大学，2019，第 16 页。

要目标：第一，德国应该退出欧元区，重新恢复使用本国货币；第二，德国选择党要求放弃任何欧洲金融债务和可靠性共同体，反对救助受债务危机冲击的南欧各国；第三，德国选择党要求将执政和决策能力从欧洲层面转移到民族国家层面。①

德国选择党为参加 2014 年欧洲议会选举制定的竞选纲领中，反对欧元的主要立场没有变化，同时提出了实施更严格的移民政策的主张。此后，随着南欧各国经济状况的改善，反欧元话题在德国社会逐渐淡化。由于恐怖主义威胁以及欧洲难民危机的爆发，德国社会对民族身份认同问题的关注度提升，德国选择党在竞选纲领中逐步增加移民和难民话题的分量。2014 年底，为了应对东部各州的州议会选举，德国选择党的竞选纲领中关于反对穆斯林移民和指责移民对德国社会和福利体系构成威胁的内容占了很大比例。

2014 年德国选择党在欧洲议会选举和德国东部各州议会选举中的成功，证明了主打反移民选举策略的正确性，也吸引了大批右翼民粹主义政党如共和国党、希尔党、德国自由党的成员加入，德国选择党的部分领导人开始与以反伊斯兰化、反移民为主旨的"欧洲爱国者反对西方伊斯兰化运动"（简称"Pegida 运动"）建立联系，称这个极右翼组织为"天然盟友"。

（二）2015~2016 年的"反难民"纲领与党派分裂

2015 年，欧洲难民危机导致德国选择党内部的排外民族主义势力抬头，该党性质开始转变。部分右翼成员认为，难民危机和伊斯兰教问题有助于政治动员，如果能呼应部分民众的反移民与反伊斯兰教情绪，选择党便能获得更多的选民支持。但是，德国选择党右翼的排外主张引发了党内激烈争论。2015 年贝恩德·卢克退党后，该党日渐偏向右翼民粹主义，反

---

① Kai Arzheime, "The AFD: Finally a Successful Right-Wing Populist Eurosceptic Party for Germany?" *West European Politics*, Vol. 38, 2015, p. 545.

对默克尔总理对接纳难民数量不设上限的政策，要求默克尔下台，主张加强对外部边界的控制，实施更严厉的避难法。在当年举行的德国州议会选举中，选择党成功进入了位于德国西北部的汉堡州和不来梅州议会。到11月下旬，该党支持率已达9%。

从2016年开始，威权主义、排外民族主义、民粹主义成为德国选择党竞选纲领的主要内容。随着欧洲难民危机的全面爆发，德国默克尔政府对难民采取的包容政策既遭到执政联盟内部的抨击，也在德国社会引发了争论。德国选择党借助德国普通民众对难民和恐怖袭击的担忧，采取强硬的反移民立场来吸引对于执政党不满意的选民，突出了其排外民族主义的鲜明立场。同时，德国选择党在教育、财政税收、移民、国家安全、能源以及欧洲政策等方面，指责执政的主流政治精英为了自己的物质利益欺骗人民，选择党则自诩是被剥削和被剥夺权利的人民的捍卫者。

（三）2017年以来的右翼民粹主义主张

2017年，随着议题重心的转移，选择党内的保守势力进一步抬头，极右倾向更为明显。为了参加德国联邦议会选举，德国选择党发布了长达68页的《选举纲领》。其政策主张重点已转移到了难民政策和伊斯兰教问题上，反对移民是核心主张，"我们德国人"和"他们"之分是最主要的特征，全方位展示了民粹主义的理论立场和政策主张。在《选举纲领》的第一章至第三章中，选择党攻击默克尔政府实行的难民政策是非法的。第四章讨论德国国内安全，声称大多数有组织犯罪是由外国人实施的，因此移民和难民大多被视为犯罪的外国人。第五章专门讨论移民、庇护和国界问题，要求边境必须立即关闭，"希望给我们的后代留下一个仍然被承认为德国的国家"，"国家应完全由土著群体的成员居住，而非土著元素则从根本上威胁着同质民族国家"。第六章讨论"与我们自由和民主的宪法秩序相冲突的伊斯兰教"，选择党认为伊斯兰教的传播和生活在德国的500万名穆斯林使"我们的国家面临巨大的危险，我们的社会和我们的价值秩序都在遭受着冲击"，主张限制穆斯林信奉宗教的权利。第八章涉及教育政策，建议学校不应再给予穆斯林学生特权。第七章和第九章涉及德国文化和身份以及媒体，明确反对多元文化主义。第十一章涉及福利政策，认为移民是德国倒退的一个主要原因，声称不能再有移民进入国家的福利系统。

在 2017 年发布的《选举纲领》中，德国选择党声称自己代表"沉默的大多数民众"反抗"腐败政治精英"的压迫，人民的意志和人民的主权应该得到恢复，主张进行宪政改革，按照"瑞士模式"进行更直接的民主和全民投票。[①]

从 2013 年到 2017 年德国选择党竞选纲领的变化来看，该党已经从一个主要是单一议题的反对欧元的抗议型政党转变成充斥着排外民族主义和民粹主义的极右翼政党。

德国选择党为参加 2019 年欧洲议会选举制定的竞选纲领，更加充分证明了其已经成为右翼民粹主义政党。在移民和安全问题上，德国选择党提出要减少非法移民及难民，加强对非欧盟移民的管理。在经济和就业问题上，德国选择党支持市场经济，反对国家过度干预经济。在对待欧盟和欧元的态度上，德国选择党认为欧盟组成的基础是各主权国家，反对欧盟过多干预各成员国管理权限，限制欧盟机构的权力，要求就是否退出欧元区进行公投。

2019 年欧洲议会德国选择党竞选纲领的核心问题是移民和安全问题，德国选择党与欧盟其他成员国的右翼民粹主义政党加强沟通与协商，共同采取了对移民问题进行安全化的民族主义宣传策略，通过强调移民群体给欧洲社会带来的政治、经济及文化威胁，极力激发各国民众对移民群体的排斥心理，并以此为自身的反移民纲领争取更多选举支持。

在反欧洲一体化和反精英的政治动员中，德国选择党采取了典型的民粹主义政治话语和宣传策略，通过对"人民"进行具有排他性和对立性的界定，将本党派描述为"真正的人民"的代表，指责其他党派是"腐败的

---

① "Manifesto for Germany: The Political Programme for the Alternative for Germany," https://www.afd.de/grundsatzprogramm/#englisch.

政治精英"，只有支持右翼民粹主义政党，才属于"真正的人民"，这种极端化策略扩大了普通民众与政治精英之间的差距，也使德国选择党的政治影响力不断扩大。①

三 德国选择党的选举表现

（一）各州议会选举

德国各州的州议会选举是 5 年一次，从 2013 年选择党成立后首次参加黑森州议会的选举并获得议席开始，截至 2018 年 10 月底，德国选择党已经通过参加地方议会选举，在德国的所有 16 个州的州议会中获得了议席，实现了全覆盖。在 2017 年的联邦选举中德国选择党凭借 12.6% 的支持率进入了联邦议院，取得了二战以来德国民粹主义政党最好的选举成绩。

2013 年州议会选举。2013 年 5 月初，选择党在黑森州议会选举中获得了第一个席位；选择党没有参加 2013 年 9 月 15 日举行的巴伐利亚州议会选举。

2014 年州议会选举。2014 年 8 月 31 日，选择党在萨克森州议会选举中获得 9.7% 的选票，获得 14 个席位；2014 年 9 月 14 日，选择党在图林根州议会选举中获得 10.6% 的选票，在勃兰登堡州议会选举中获得 12.2% 的选票，在这两个州议会中各赢得 11 个席位。这标志着德国选择党在德国东部各州的胜利。

2015 年州议会选举。2015 年 2 月 15 日，选择党在汉堡市议会选举中获得 6.1% 的选票，获得 8 个席位，这是选择党在德国西部州议会里第一次获得席位。2015 年 5 月 10 日选择党在不来梅市议会选举中获得 5.5% 的选票，第一次获得该市议会的席位。

---

① Europawahlp Programm der Alternative für Deutschland für die Wahl zum 9, Europäischen Parlament 2019, https：//cdn. afd. tools/wpcontent/uploads/sites/111/2019/02/AfD_ Europawahlpr ogramm_ A5-hoch_ RZ. pdf.

2016 年州议会选举。在萨克森-安哈尔特州议会选举中，选择党获得了 24.2% 的选票，排名第二。在巴登-符腾堡州议会选举中，选择党以 15.1% 的得票率排名第三。在莱茵兰-普法尔茨州议会选举中，选择党以 12.6% 的得票率排名第三。在默克尔的家乡梅克伦堡-前波美拉尼亚州议会选举中，德国选择党获得了 20.8% 的选票，排名第二，基民盟排名第三。这是二战后德国右翼民粹主义政党获得的最好的战绩。德国选择党在梅克伦堡-前波美拉尼亚州的支持者既来自其他右翼政党，也来自左翼政党。德国社民党得票率较上次选举下降了 4.9 个百分点，基民盟下降 4.1 个百分点，左翼政党下降 5.2 个百分点，绿党下降 3.9 个百分点，国家民主党（NPD）下降 3 个百分点。绿党和国家民主党未能达到 5% 的门槛，未能进入梅克伦堡-前波美拉尼亚州议会。[①] 在 2016 年柏林市议会选举中，选择党第一次参加就获得了 14.2% 的选票，成为该市议会中第五大党。其选票来自基民盟和社民党，两党的得票率较上次选举分别下降了 6.7 个百分点和 5.7 个百分点。[②]

2017 年州议会选举。2017 年是德国的大选年，3 月在萨尔州的议会选举中，默克尔领导的基民盟仍然保持了第一大党的位置，选择党第一次参加该州议会选举，获得了 6.2% 的选票，绿党和自由民主党因低于 5% 的选票门槛而无缘进入州议会。5 月在石勒苏益格-荷尔斯泰因州议会的选举中，德国选择党的得票率是 5.9%，在北莱茵-威斯特法伦州议会选举中的得票率是 7.4%。在 10 月的下萨克森州议会选举中，德国选择党获得了 6.2% 的选票。至此选择党已在全国 16 个州中进入 15 个州的议会。社民党以 37.3% 的选票，在下萨克森州议会中位居第一，基民盟支持率下降，以 33.6% 的得票率屈居第二。

2018 年州议会选举。在德国人口最多的州巴伐利亚州议会的选举中，

---

① "Nationalists Overtake Merkel's Party in German State Vote," Fox News Channel, Associated Press, September 4, 2016.

② "Anti-migrant AfD Makes Berlin Breakthrough, as Merkel's Cdu Slumps," September 18, 2016, https://www.rt.com/news/359805-afd-cdu-merkel-berlin/.

德国选择党得票率为 10.2%，获得 22 个席位，首次进入该州议会。默克尔总理所在政党基民盟的盟友基社盟得票率第一，但比上次选举降低了 10 个百分点。①在黑森州议会的选举中，德国选择党获得 12.6% 的选票，成功进入黑森州议会。基民盟得票率为 27.6%，相比 2013 年下降了 10 个百分点，社民党的得票率排名第二。②

2019 年州议会选举。在萨克森州议会选举中，选择党则以 27.5% 的得票率位居第二，比上次选举时的得票率提高了 17.8 个百分点。默克尔总理所在的基民盟以 32.1% 的得票率名列第一，保住了在该州的第一大党地位，但与 2014 年州议会选举时相比，得票率下降了 7.3 个百分点。社民党在该州的得票率仅为 7.7%，位列第五。

在勃兰登堡州议会选举中，选择党得票率高达 23.5%，比 2014 年选举时的得票率提高了 11.3 个百分点，社民党以 26.2% 的得票率维持了第一大党的位置，但得票率比 2014 年下降了 5.7 个百分点，基民盟以 15.6% 的得票率排名第三，得票率比 2014 年下降了 7.4 个百分点。

在图林根州议会选举中，德国选择党凭借 23.4% 的得票率成为该州第二大党，在该州执政的左翼党凭借 30% 的得票率保持第一大党的优势，基民盟的得票率为 21.8%，位列第三，但得票率比 2014 年下降了 11.7 个百分点，为 1990 年来在该州最差选举结果。与左翼党联合执政的社民党和绿党也面临选票流失的状况，得票率下降，分别为 8.2% 和 5.2%。

在与欧洲议会同日举行的不来梅市议会选举中，社民党的得票率从 32.8% 跌至 24.9%，丧失了长达 73 年的执政权，基民盟的得票率上升，成为该州第一大党，基民盟获得 24 个议会席位，社民盟获得 23 个席位，德国选择党获得 5 个议会席位。

2020 年州议会选举。在汉堡市议会选举中，选择党的得票率为 5.3%，再次进入该市议会。

---

① "Avaria Election: Merkel's Conservative Allies Humiliated," *The Guardian*, October 14, 2018.

② "Merkel Suffers Another Election Setback in Key German State of Hesse," *The Guardian*, October 14, 2018.

2013～2020 年德国选择党在德国各州议会选举中的得票率和议席情况见表 3-1。

表 3-1　2013～2020 年德国选择党在德国各州议会选举中的得票率和议席情况

年份	州（市）	得票率（%）	AfD 席位/总席位（个）	基民盟/基社盟得票率情况	社民党/左翼党得票率情况
2013	黑森州		1		
2014	萨克森州	9.7	14/126		
	图林根州	10.6	11/91		
	勃兰登堡州	12.2	11/88		
2015	汉堡市	6.1	8/121		
	不来梅市	5.5	5/83		
2016	萨克森-安哈尔特州	24.2	25/87		
	巴登-符腾堡州	15.1	23/143		
	莱茵兰-普法尔茨州	12.6	14/101		
	梅克伦堡-前波美拉尼亚州	20.8	18/71	基民盟下降4.1 个百分点	社民党下降4.9 个百分点
	柏林市	14.2	25/160	基民盟下降6.7 个百分点	社民党下降5.7 个百分点
2017	萨尔州	6.2	3/51		
	石勒苏益格-荷尔斯泰因州	5.9	5/73		
	北莱茵-威斯特法伦州	7.4	16/199		
	下萨克森州	6.2	9/137	基民盟下降2.4 个百分点	社民党上升4.3 个百分点
2018	巴伐利亚州	10.2	22/200	基社盟下降10 个百分点	
	黑森州	12.6	19/110	基民盟下降10 个百分点	
2019	图林根州	23.4	22/90	基民盟 21.8%	左翼党 30%；社民党 8.2%
	萨克森州	27.5	38/119	基民盟 32.1%	社民党 7.7%
	勃兰登堡州	23.5	23/88	基民盟 15.6%	社民党 26.2%
	不来梅市	61	5/84	基民盟 26.6%	社民党 24.9%
2020	汉堡市	5.3	7/123	基民盟 11.2%	社民党 39.2%

资料来源：欧洲政党与选举网站，http：//www. parties-and-elections. eu/germany3. html，最后访问日期：2020 年 10 月 30 日。本书所涉及的德国政党选举数据均来自该网站。

（二）欧洲议会选举

每五年一次的欧洲议会选举是欧盟内部规模最大、影响面最广的政治活动，在 2019 年的欧洲议会选举中，共有 28 个成员国的 4.27 亿名选民参加选举选出 751 名议员。德国是欧盟人口最多的国家，约有 6100 万名公民享有欧洲议会的选举投票权，按照人口比例分配的欧洲议会议席中，德国有 96 个席位，是欧洲议会内拥有席位最多的成员国。同欧洲其他国家的民粹主义政党一样，德国选择党站在政治舞台上打响的第一枪也是从欧洲议会选举开始的，在这之前选择党参加了联邦议会的选举却未能成功进入议会，反而是在欧洲议会选举中崭露头角，为 2014 年在国内各个州议会的选举打开了良好局面。在 2014 年 5 月 25 日的欧洲议会选举中，德国选择党成为德国在欧洲议会的第五大党，获得 7.1% 的全国选票和 7 个欧洲议会议席。在进入欧洲议会后，选择党尽了最大努力，加入了主要由英国保守党议员和波兰法律与公正党代表组成的"欧洲保守派与改革派"党团，但是 2016 年因为宣布与极右翼的奥地利自由党合作而被勒令退出该党团，之后选择党加入了"欧洲自由和直接民主组织"党团。

在 2019 年欧洲议会选举中，德国选择党的得票率稳步上升，获得 10.1% 的选票，相较于 2014 年得票率提高了 3 个百分点，分得了德国 96 个议席中的 11 个。在此次欧洲议会选举中，选择党在东部地区获得高支持率，特别是在萨克森州、图林根州和勃兰登堡州，其支持率基本都在 20% 以上，在有的选区甚至超过 30%，远远领先于基民盟和社民党。选择党的影响力在东部地区的发展和巩固，有助于其在 2019 年秋季三个东部联邦州议会选举中顺利成为第二大党。德国总理默克尔所在的基民盟得票率为 22.2%，下降 7.3 个百分点；基民盟姐妹党基社盟得票率为 7.2%，上升 1.1 个百分点，两党所组成的联盟党得票率为 29.4%，较上届选举则下降了 6.2 个百分点，获得 29 个议席。德国社民党得票率下滑更为严重，仅获得 16.1% 的选票，较上届选举下降了 11.8 个百分点，获得 16 个议席。

主打环保议题的绿党以 21.2% 的得票率一举跃居第二大党，得票率比上届提高了 10 个百分点，获得 21 个议席。

2019 年欧洲议会选举后，德国选择党加入了主要由各国右翼民粹主义政党组成的"民族和自由欧洲"党团。不久该党团改名为"认同与民主"，该党团包括意大利右翼民粹主义政党北方联盟（28 个议席）、法国右翼民粹主义政党国民联盟（23 个席位）、德国选择党（11 个席位）、芬兰人党、奥地利自由党等政党，共 73 名议员，成为新一届欧洲议会的第五大党团。

（三）德国联邦议会选举

在 2013 年 9 月 22 日举行的联邦议会选举中，成立不久的德国选择党第一次参加全国大选就赢得约 200 万张政党名单选票和 81 万张选区选票，占德国选民总数的 1.9%，在该次选举中的得票率为 4.7%，但由于德国联邦议会所设立的最低 5% 的选举门槛，德国选择党未能进入联邦议会。[①]

2016 年德国选择党高层内部爆发了激烈斗争，担任党主席的弗劳克·佩特里批评该党极右翼的代表比约恩·霍克（Bjorn Hocke）有关二战战争罪责问题的挑衅性言论降低了民众对选择党的接受度，从而引发冲突，双方都试图将对方驱逐出党。在 2017 年 4 月的党代会上佩特里宣布不会成为 2017 年联邦选举的主要候选人。支持霍克的党内保守派代表亚历山大·高兰德取代佩特里成为选择党的两位党主席之一，并与较为温和的魏德尔搭档参加 2017 年德国联邦议会选举，赢得了 12.6% 的选票，获得了 94 个席位（见表 3-2），成为议会第三大党，并成为最大的反对党。[②] 2017 年德国

---

① "German Euroskeptic Party AfD Could Unravel After Election," Spiegel Online, September 25, 2013, https：//www. spiegel. de/international/germany/german－euroskeptic－party－afd－could－unravel－after－election－a－924498. html.

② "CDU/CSU Remains Strongest Parliamentary Group in the Bundestag Despite Losses," German Bundestag, September 27, 2017, https：//www. bundestag. de/en/documents/textarchive/election－2017－527284.

联邦议会选举各党得票率和议会席位比例见图3-1和图3-2。但议会选举结束后不久，德国选择党的当选议员弗劳克·佩特里和马里奥·米耶鲁奇（Mario Mieruch）相继声明退出该党，成为不隶属任何党派的独立议员，此后也发生多位当选议员退党的事情，到2020年1月德国选择党在联邦议会中的席位减少到89席（见图3-3）。

表3-2　2013年和2017年德国选择党参加德国联邦议会选举情况

选举年份	得票率(%)	议席数(个)	+/-	地位
2013	4.7	0/631	0	议会之外
2017	12.6	94/709	+94	反对党

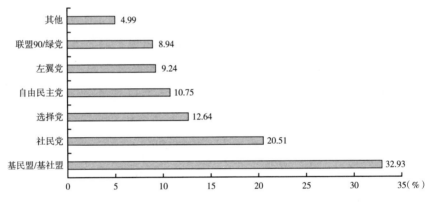

图3-1　2017年德国联邦议会选举各党得票率

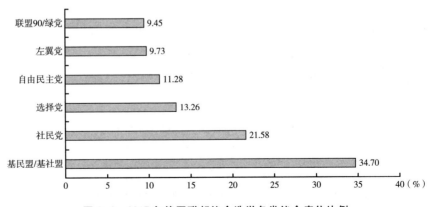

图3-2　2017年德国联邦议会选举各党议会席位比例

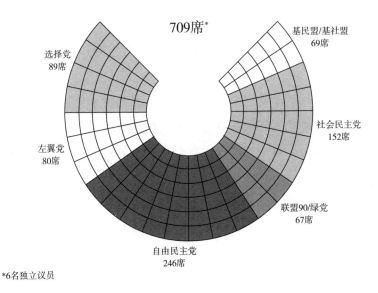

图 3-3 2020 年 1 月德国联邦议会各党派席位分布情况

资料来源：https：//www.bundestag.de/en/documents/textarchive/election-2017-527284。

近年来德国政治、经济、安全、社会、气候、文化等环境的变化引发了选民偏好的变化，为德国选择党提供了适应和塑造选民偏好的机会。

其一是现代化、全球化和欧洲一体化给德国发展带来了机遇，但也带来了负面效应，造成部分行业的从业人员转岗、失业或提前退休。因而在此过程中利益受损的民众会改变偏好，成为反全球化、反欧洲一体化和贸易保护主义的支持者。

其二是在连续遭遇欧债危机、难民危机、恐怖袭击等一系列危机后，德国民众对执政的主流政党的信任度降低，社会不安全感和心理不平衡感增强，民族主义和反欧情绪有所抬头。

其三是德国贫富差距变大、东西部地区发展不平衡，使得社会地位呈下降趋势的选民的偏好逐渐改变，其中之一就是要惩罚政策不力的执政党。

选择党很好地利用了这些偏好的变化，将民众的挫败感转化为集体愤怒，通过其政治纲领为民众描绘出重新制定游戏规则的愿景，而民众也在追随选择党的道路上找到了归属感。

四　德国选择党的发展趋势

按照尼德迈尔的政党周期理论，一个新兴政党从第一次参选到参与执政要通过不同阶段。德国选择党能够进入国家议院标志着该党已经进入自身发展的中期阶段。对于已经进入联邦议院的选择党来说，下一阶段的考验为组阁与参政。

德国选择党在进入联邦议院之后，其自身的二元结构问题日渐凸显。选择党内部的根本分歧来自自由经济派和右翼保守派之间的紧张关系。代表市场自由主义的德国西部自由经济派希望在 2021 年参加政治联盟，进入政府机构，向政治中心靠拢。而德国东部的右翼保守派则对"旧政党"和民主制度持怀疑态度，主张全面抗议。德国选择党内部这种二元结构，虽然有助于扩大选民群体范围，但不同政治策略和发展趋势带来的张力，对该党的团结统一构成了威胁。2017 年以来，德国选择党的政治主张有了较大的改变。

（一）疑欧态度不断软化

从 2013 年创建开始，德国选择党虽然打着反对欧元的旗号，但并没有提出退出欧盟的激进主张，该党对欧盟采取温和"疑欧"立场，对欧盟和德国的政策进行批评，建议欧盟进行改革。随着 2008 年全球金融危机、难民危机的缓解以及脱欧引发的英国政局混乱局面，欧洲各国的民粹主义政党纷纷缓和姿态、调低调门，对待欧盟的策略发生重大转向。例如在英国举行脱欧公投的 2016 年，至少有 15 个欧洲政党宣传鼓动本国举行脱欧公投，但到 2020 年，除瑞典民主党等为数不多的政党顽固坚持反欧立场外，其他民粹主义政党几乎都已不再明确宣扬本国脱欧，不再将终结欧盟作为政治目标，而是立足于欧盟现有机构，谋求对欧盟基础条约进行重新谈判，改变在它们看来十分糟糕的现状，从体制内部修正欧盟的未来发展方向。2019 年欧洲议会选举中的平均投票率为 50.7%，高于 2014 年的

42.6%，在比利时、卢森堡、马耳他、丹麦、德国、西班牙等多个国家均超过60%。这说明欧盟各成员国的选民对欧洲的认同感和对欧洲事务的兴趣普遍上升，支持一体化已然成为欧洲各国的主流民意。多数欧洲人期待欧盟为经济社会发展提供福祉和保障。根据"欧洲晴雨表"2019年8月公布的报告，欧洲人支持欧盟的比例进一步升至45%，而对欧盟持负面态度的比例（17%）则跌至十年以来最低点；61%的受访者对欧盟前途表示乐观，只有34%的人持悲观态度；62%的欧洲人支持欧洲经济货币联盟和欧元。根据2019年4月欧洲议会关于欧盟、各国政府和议会的信任度调查，42%的欧洲人信任欧盟，其信任度超过对各国政府（35%）和议会（35%）的信任度。同时，各国民粹主义政党也从英国脱欧的艰难过程中吸取了教训。2016年英国脱欧公投通过后，其实现过程进展不顺、久拖不决，政局动荡，加剧社会分裂和经济滑坡的风险，为其他追随英国的反欧疑欧力量敲响警钟，令其暂时打消脱欧念头。

（二）民粹色彩不断弱化

欧洲各国民粹主义政党为了跻身政治主流，进入议会发挥作用，甚至谋求进入各级政府参与执政，纷纷采取措施改变在公众当中的"妖魔化"形象，摆脱贴在其身上的种族主义、"新纳粹"、极端主义等负面标签。

2017年11月德国选择党分管卫生和对外政策事务的图林根州党部副主席、联邦议员罗比·施伦德在接受中国新华社记者采访的时候说，德国选择党的很多成员是知识分子和企业家，而且很多党员来自其他政党，选择党在政策主张上强调保护德国的精神财富和文化底蕴，是典型的保守主义政党主张，并非一些德国媒体所宣扬的"极右翼"政党。[①]

2017年以来，进入德国的难民人数大幅减少，移民问题与国内安全问题的重要性逐渐下降。选择党只有提出新的议题才能吸引选民，并在2019

[①]　http://www.xinhuanet.com/world/2017-11/21/c_129745183.htm.

年的欧洲议会选举和德国州议会选举中获得较高的得票率。由于德国选择党长期将难民问题、伊斯兰教问题、国内安全和传统家庭观念问题作为主导议题，因此会相对忽视德国国内的社会政策、卫生政策和住宅政策等与普通选民密切相关的民生议题。

德国选择党东部右翼保守派的领导人已意识到，打难民牌并非长久之计，在当前情况下，要尽快将社会政策这颗左派"皇冠上的明珠"纳入选择党的竞选纲领，通过提出完善的社会政策，尤其是养老保险政策获得选民的支持。因此东部右翼保守派提出来的竞选纲领开始"向左转"，与西部自由经济派的市场观念恰恰相反，这加剧了德国选择党两大派系在意识形态与政策议题上的分歧。德国选择党在 2019 年的东部三州（萨克森、勃兰登堡、图林根）的州议会选举中大获成功，成为各州议会第二大党，巩固了东部右翼保守派的优势。

德国选择党 2019 年 11 月底召开党代会举行换届选举，新领导层明确将上台执政作为该党的重要政策目标，希望突破政治发展瓶颈。为此采取的改变措施包括在难民和移民政策之外提出多元化议题，补齐只有单一议题的短板；与发表种族主义言论的政要或极右翼组织划清界限，避免极右翼分子入党；注重吸收政治、经济和军事等各界人士入党，集中力量动员对主流政党失望的中间阶层。

五 主流政党对德国选择党的态度和策略

德国选择党向主流政党靠拢的努力并没有受到其他主流政党的认可。无论是在联邦政府层面还是在各州政府层面，对德国选择党高度戒备的各主流政党都对其采取了孤立、排斥、联合打压的态度。

（一）主流政党的"去中间化"政治转向

德国选择党的迅速崛起严重冲击了德国的政治生态，针对中间路线已经濒临破产的政治现实，德国左右翼主流政党积极调整政治立场，放弃中间路线，向左翼或右翼政党靠拢。选择党的出现迫使政治立场已经十分接近的基民盟与社民党不得不回归原先各自偏右或偏左的政治立场。基民盟的姐妹党基社盟意识到选择党的挑战，为了先发制人，基社盟无论在国家层面还是在各州层面都积极推行更加保守的政策，试图以此保留住自己的保守派选民。

由于选择党的右翼保守派表面上越来越关注社会公正之类的传统左派议题，因此社民党不得不更加重视这些领域。除此之外，左翼党联邦议院党团主席萨拉·瓦根克内西特倡导组织一个跨左派政党的社会运动。其目的是扩大左派政党在德国的影响力，防止"右翼占据文化霸权"，以及将注意力从"身份认同政治"等所谓左翼自由派议题转向传统的左派议题，例如税收正义、减少贫困等，希望以此挽回曾把选票投给选择党的选民。

（二）主流政党联合抵制和排斥选择党

主流党派和政客们对德国选择党避之不及，坚决不与德国选择党合作已经成为德国政坛新的"戒条"。在联邦议院和各州议会，德国政党的左右翼主流政党达成共识，联合起来共同孤立和打压德国选择党。在德国联邦议院中，选择党虽然已经成为最大的反对党，但该党在议会的提案或重要人事安排时常被其他政党联手否决抵制。根据联邦议院的议事规程，每个议会党派都有权获取议院议长的席位，但是德国选择党提名本党成员出任副议长的努力全部遭到了其他党派的集体抵制。2017年10月德国选择党第一次提名有40年基民盟党龄的德国选择党创始人阿尔布雷克特·格拉泽（Albrecht Glaser，因批评伊斯兰教而于2012年宣布退出基民盟）为副议长人选，遭到了基民盟、社民党、绿党、自由民主党、左翼党的一致反对。此后德国选择党又两次提名格兰泽，三次提名玛丽安娜·哈德尔－库恩（Mariana Harder-Kühnel），两次提名杰拉尔德·奥滕（Gerald Otten）出任副议长，都遭到了失败。在2019年5月的秘密投票中，杰拉尔德·奥滕有205张支持票，399张反对票，26张弃权票。这已经是德国选择党的人选第八次在竞选联邦议院副议长时失败。①

除了联邦议院副议长的重要职位，德国选择党的议员在竞选加入一些敏感机构董事会职位时候也遭到了其他党派的集体抵制。这些机构包括"欧洲被害犹太人纪念基金会"（负责管理柏林大屠杀纪念馆）、"马格努斯希尔施菲尔德联邦基金会"（负责处理纳粹统治期间对同性恋者的迫害并旨在抵制对于男女同性恋者的社会歧视）。

在德国的州政府层面，特别是在东部的萨克森州、勃兰登堡州、图林根州，德国选择党已经成为州议会里的第二大党，但主流政党即使在州议会政党格局"碎片化"、组建政府日益困难的情况也不考虑与其联合执政，而是宁愿组建三党少数派政府这样极不稳定的执政联盟，谁也不敢承担将德国选择党引入执政联盟的后果。

（三）2020 年的图林根州州长选举风波

2020 年发生的图林根州州长选举风波就充分说了德国政界对德国选择党的坚决排斥态度。在 2020 年 2 月 5 日的图林根州州长选举中，左翼党是该州议会第一大党，希望蝉联执政的左翼党州长拉梅洛为了排斥州议会第二大党德国选择党，计划与社民党、绿党组建少数派州政府，但预计仅能获得州议会 90 个席位中的 41 席。然而，在州议会投票过程中出现了问题，由于基民盟联邦理事会发布了被称为"不可调和性决议"的禁令，不仅禁止基民盟的各州分部与被认为是极右翼的德国选择党合作，还禁止与带有民主德国统一社会党烙印、被认为是极左翼的德国左翼党合作。

作为图林根州州议会中的第三大党，基民盟在州长选举中支持自由民主党推出的州长候选人凯默里希，德国选择党则单独推出了本党的州长候选人，导致州议会投票分散，久拖不决。在 2020 年 2 月 5 日的第三轮投票中，德国选择党党员在没有任何协商的情况下，全部投票支持受到基民盟

---

① "Gerold Otten: AfD-Politiker scheitert erneut bei Wahl des Bundestags vizepraesidenten," https://www.welt.de/politik/deutschland/article193656531.

和自民党支持的自民党候选人凯默里希，让其以 45 票对 44 票的微弱优势击败左翼党候选人拉梅洛，当选为图林根州州长。

选举结果公布后，德国举国哗然，引发了德国联邦政府层面的政治危机。这首先是因为德国选择党图林根州分部的领导人霍克发表过否认纳粹大屠杀的言论，被主流政党视为异端。其次，在历史上图林根州曾经是德国纳粹党的发迹之地，1930 年希特勒领导下的纳粹党正是靠着在图林根州的两次地方选举中获胜，才从一个无名小党发展成为德国最重要的政党，并开启了德国悲剧的历史。历史的记忆让德国社会和主流政党预感到了历史重演的可怕性。

选举结果公布的当天，图林根州数万名民众走上街头表示抗议，首都柏林数千名抗议者聚集在自民党总部门示威，不少民众和政治家在社交媒体上抨击自民党和基民盟同"纳粹党"合作。德国媒体也一边倒地批评这种"合作"，德国电视一台在 2 月 7 日的报道中宣称这是战后德国民主政党第一次依赖极右翼政党的支持当上州长，新州长感染了"极右翼病毒"，"这是对民主的攻击"。《图林根日报》则表示，选举自由并不意味着任性，凯默里希唯一的成功就是主动辞职。当时正在南非共和国进行访问的德国总理默克尔也表示此事"不可原谅"，要求重新选举。[1] 基民盟主席卡伦鲍尔认为，新州长凯默里希缺乏执政的"稳固基础"。她批评图林根州的基民盟党员"公然违抗党的建议和要求，和德国选择党站到一起"。为了平息抗议，2 月 6 日德国自民党图林根州分部宣布凯默里希不愿让图林根州州长职位因受到德国选择党的支持而蒙羞，只当了 1 天州长的凯默里希宣布辞去州长职务，并宣布解散州议会。德国电视一台的民调结果显示六成德国民众欢迎这一决定。[2]

---

[1]　德国选择党则表示，默克尔这番言论违反了政府官员的中立原则，并因此向联邦宪法法院提出诉讼。德国选择党提交了数张默克尔在南非官方场合发表讲话的照片，以此证明默克尔当时并非以基民盟党员身份发言，而是在"履行政府职务"。2022 年 6 月 15 日德国联邦宪法法院宣布判决结果，认定 2020 年初总理默克尔关于图林根州州长选举结果的声明，违反了政党机会均等原则和国家官员应遵守的基本中立原则，侵害了德国选择党的权利。

[2]　《德国图林根州政坛地震激怒默克尔，新州长当选一天旋即辞职》，《环球时报》2020 年 2 月 8 日。

最终，为了使图林根州议会的决策不必依赖德国选择党的支持，该州议会第一大党左翼党与社民党、绿党联合组成少数派过渡政府，基民盟支持过渡政府，扮演"建设性反对派"角色，各方都同意在 2021 年 4 月重新举行州议会选举。这是为了反对共同的敌人——德国选择党——基民盟和上述三党达成的政治妥协。①

2020 年 2 月的图林根州州长选举风波给德国政坛敲响了警钟。基民盟在此问题上的处理不当，在联邦政府的执政联盟内部遭到社民党的强烈抗议，导致多名基民盟领导人先后辞职。联邦政府的东部地区事务代言人、图林根基民盟副主席克里斯蒂安·希尔特（Christian Hirte）最初曾赞扬这一选举结果，称维护了图林根政治的"中间路线"，但因不敌舆论和默克尔的高压，很快宣布辞职。图林根州基民盟主席迈克·莫林（Mike Mohring）虽然在稍后举行的地方党组织"信任案"投票中获得通过，但迫于联邦高层的压力，也宣布将于 5 月辞职。2 月 10 日，基民盟主席克兰普-卡伦鲍尔也宣布辞职。克兰普-卡伦鲍尔在宣布辞职的新闻发布会上宣布了"两个坚持"和"两个放弃"：第一是联盟党既坚持不与"极左翼政党"左翼党合作，也坚持不与"极右翼政党"选择党合作；第二是宣布自己为图林根州州长选举风波承担责任，在秋季放弃党主席职务和放弃作为总理候选人参加 2021 年的竞选。②

毫无疑问，2020 年 2 月 5 日的图林根州州长选举将被作为"民主的黑暗之日"载入德国史册，德国主流政党在处理此事中的坚决和不惜代价，表明像德国选择党这样的民粹主义政党在主流化道路上依然阻力重重。

对于已经进入联邦议院的德国选择党来说，下一阶段的考验在于如何参与执政。如果能消除选择党内两派的分歧，调整社会政策，避免言论继续极端化，保持其保守主义的核心立场，那么它很可能在州议会和联邦议

---

① 郑春荣：《欧洲政治碎片化与中欧关系走向》，《当代世界》2020 年第 6 期。

② Judith Mischke, Zia Weise, *Merkel heir Kramp-Karrenbauer to step down as CDU leader*, February 10, 2020, https：//www.politico.eu/article/merkel-heir-kramp-karrenbauer-resigns-reports/.

院中成为一股长期的政治势力，从而削弱甚至挑战基民盟的统治地位。相反，如果德国选择党进一步民粹化和排外化，那么党内右翼保守派与自由经济派的关系会进一步恶化，选择党可能会失去党内平衡而重蹈党派分裂与衰败的覆辙。①

---

① 何铭：《德国选择党：成为主流抑或走向衰败?》，《中国社会科学报》2018 年 10 月 11 日，http：//ex. cssn. cn/zx/bwyc/201810/t20181011_ 4667741_ 1. shtml。

第四章
意大利五星运动党（M5S）

一　五星运动党的起源与发展

意大利五星运动党（Movimento 5 Stelle 或 M5S）是意大利的新兴民粹主义政党，成立于 2009 年，由喜剧演员贝佩·格里洛（Beppe Grillo）和已故的互联网顾问吉安罗伯托·卡塞雷吉奥（Gianroberto Casaleggio）发起。五星运动党的"五星"是指该党关心的五个核心问题：水资源公共化、可持续交通、可持续发展、自由上网、环保主义。

五星运动党的创始人是意大利著名喜剧演员贝佩·格里洛。格里洛早期主要通过微博、脸书等网络方式进行自我宣传，经常通过街头演讲的形式宣传自己的政治理念和政党主张，受众以年轻人为主，形成了集聚式的爆炸效应，迅速凝聚和提升了该运动的人气。在 2009 年 10 月 4 日宣布成立意大利五星运动党，开始积极参与意大利政党政治活动。凡是意大利成年人都可以通过在网上填写一个表格成为五星运动党党员，这种极具开放性和互动性的方式很快吸引了大批年轻人和青年学生加入五星运动党，促使五星运动党迅速成长为意大利政坛举足轻重的政治力量。

2010 年五星运动党参加意大利地方选举，并在意大利北方的一些城市诸如皮亚琴察、帕尔马、热那亚、蒙扎等地获得的选票都超过了 10%，可谓锋芒初露。

2013 年五星运动党在意大利众议院选举中获得 109 个席位，成为众议院第一大党，在参议院选举中获得 54 个席位，成为参议院第二大党。五星运动党成为意大利国会中的一支重要力量。

在 2014 年 5 月欧洲议会选举中，五星运动党在意大利的得票率为 22%，居第二位。

2016 年五星运动党领导人格里洛及其领导团队调整了政党竞选策略，在意大利地方选举中势如破竹，成绩斐然。6 月 19 日意大利地方选举结束后，新任罗马市市长维吉尼亚·拉吉与新任都灵市市长阿彭蒂诺都是五星运动党成员，五星运动党在意大利五大城市中取得了两个城市的执政权。五星运动党在 2016 年地方选举中由于得票数量多、得票率高而成为意大利第二大政治力量。

在 2018 年 3 月意大利议会大选中，五星运动党获得了 32.7% 的选票，比 2013 年大选提高了 7 个百分点，成为意大利众议院最大的单一政党。2018 年 6 月 1 日，五星运动党和获得 18% 选票的联盟党（前北方联盟）组建联合政府，由中立派人士、五星运动党法律顾问朱塞佩·孔特（Giuseppe Conte）出任总理，五星运动党领导人迪马约出任副总理兼经济发展与劳工部部长，联盟党领导人萨尔维尼出任副总理兼内政部部长。在 18 名部长中，五星运动党占 8 名，联盟党占 7 名，此外还有 3 名技术官僚。这标志着民粹主义政党成为意大利政坛"新主流"，成为左右该国未来对内对外政策走向的关键力量。

2019 年 8 月初，联盟党领导人萨尔维尼宣布联盟党退出联合政府，并呼吁提前举行大选，意图取代五星运动党，成为下届政府的主导政党。该诉求被五星运动党否决，2019 年 8 月 28 日五星运动党与中间偏左的民主党达成协议，组成执政联盟和新一届联合政府，孔特再次担任总理。

二 互联网直接民主的实践和政治主张

作为一个在互联网时代崛起的民粹主义政党，意大利五星运动党的最大特点是以抗议者的姿态出现，对建制派精英大加鞭挞，从而把处于左翼或右翼不同立场的选民都吸引过来，因此该党的"左翼"或"右翼"意识形态色彩非常淡薄，无法用传统的政党光谱进行定位。五星运动党的创始人格里洛认为，五星运动"不是一种意识形态运动"，要追求"免于任何意识形态的自由"，不应该受意识形态的制约，试图以一种"超然"的形象来超越分歧。[①]

五星运动党一方面通过强调公平与福利的经济社会主张吸引左翼选民，另一方面通过本土主义的纲领来吸引右翼选民。更重要的是，五星运动党通过"互联网直接民主"这一独一无二的供给方案，为选民们提供了切切实实的对传统政治制度的替代选项。通过互联网平台，让左中右选民聚集在一起共同讨论、争辩和投票，以"问题"为导向，用协商民主的方式来处理意识形态差异，由于让不同立场的选民找到了存在感，五星运动党自然将立场迥异的选民都聚集在自己麾下。

2009 年五星运动党成立之初便公布了作为"党章"的"非章程"（Non Statuto）。其第一条规定：五星运动党是一个用于观点比较与协商的平台和工具，发源于格里洛的博客，并以其为中心，五星运动党的"总部"就是创始人格里洛的个人网站。第四条称五星运动党力图成为协商的工具，在众议院、参议院、大区和市议会选举时，通过互联网来识别和选择候选人。可见，互联网在选民加入五星运动党和参与政策协商、决策和选举过程中发挥核心作用，五星运动党以互联网为平台，为无处发声、不被代表、渴求变革的意大利选民提供了一个直接发出自己声音的平台，同

[①] Marianne Arens and Peter Schwarz, "Italy: Beppe Grillo's Inexorable Move to the Right," http://intsse.com/wswspdf/en/articles/2013/01/24/gril-j24.pdf.

时也试图证明在传统政党之外，不以代议机构为中介，公民仍能进行有效的观点交流和民主辩论。[①]

在"互联网民主"的实施渠道方面，格里洛的个人网站、博客、推特和脸书、卢梭平台（piattaforma Rousseau）以及 Meetup 等互联网空间成为五星运动党进行政治动员和发动群众参与政治的渠道。在 2016 年以前，格里洛的个人网站在五星运动党中发挥重要作用；2016 年 4 月，在联合创始人和互联网专家詹罗伯托·卡萨来焦（Gianroberto Casaleggio）去世的当天，以"直接民主之父"法国政治哲学家卢梭命名的专门网站卢梭平台正式启用，成为五星运动党员实践直接民主的重要渠道。卢梭平台的首页上写着："参与变革！让你的声音通过'卢梭'被听到"；"变革就在你手中，从这里开始"。

在推举政党候选人方面，其他政党提名全国大选候选人时都是自上而下进行的，而五星运动党是自下而上在线选举候选人。五星运动党的"非章程"第七条规定，每个候选人的身份都要通过网站公开，对候选人的讨论同样公开、透明，不经任何中介。

因此，五星运动党的政治候选人都是自己报名和提出申请，由党员通过互联网直接选举产生的。[②]甚至五星运动党的领导人迪马约也是通过卢梭平台由党员在线投票公开选举产生的。五星运动党这样宣称自己的候选人，"他们都是像你们一样的人。他们是你们的镜子"，"他们是你们的人民"。这向选民传达了支持五星运动党就是支持自己。[③]

五星运动党还通过"互联网民主"来决定本党的大政方针。例如，2019年 8 月由于联盟党退出执政联盟，五星运动党决定与民主党重新组建执政联盟并支持孔特继续担任总理，由于此次结盟涉及五星运动党未来的执政前

---

① Non Statuto, https：//www. politicalpartydb. org/wp － content/uploads/Statutes/Italy/IT ＿ M5S ＿ 2009. pdf.

② Roberto Biorcio, "The Reasons for the Success and Transformations of the 5 Star Movement," *Contemporary Italian Politics*, Vol. 6, No. 1, 2014, p. 43.

③ Liza Lanzone, Dwayne Woods, "Riding the Populist Web: Contextualizing the Five Star Movement（M5S）in Italy," *Politics and Governance*, Vol. 3, No. 2, 2015, pp. 59－60.

景，五星运动党领导人迪马约决定在卢梭平台进行注册党员在线投票。2019年9月3日，历时9小时的网络投票共有约10万人参与，其中79.3%的人赞同五星运动党与民主党联合执政。五星运动党顺利度过政治危机。

五星运动党的互联网直接民主还体现在制定竞选纲领和立法草案的过程中。在成立初期，五星运动党经常被批评连纲领都没有，"只会抗议，不会建议"。格里洛则反驳说，五星运动党早就有竞选纲领，它是通过在线汇集了数万条建议并在相关领域专家的帮助下起草而成的，是"第一个由公民们写就的纲领"。①

五星运动党参加2018年大选的竞选纲领是通过"众包"（outsourcing）的方式来拟定的，各个主题都通过卢梭平台在线讨论和投票并汇集，为此五星运动党宣称这是"意大利第一个也是唯一通过网络直接民主产生的政治纲领"。②

五星运动党在议会提出的立法草案也必须在互联网上投票决定。如果在网上投票中，一个新的立法建议得到超过20%的赞成票，五星运动党的议员就有义务将其提交议会表决。当五星运动党议员的意见和政党领袖的意见发生冲突时，也要通过投票来做最终决定。2013年10月，一些五星运动党的议会议员提出试图将"秘密移民"（clandestine immigration）非罪化的修正案，创始人格里洛担心该修正案会触怒反对移民的右翼支持者，因而提出反对意见。2014年1月五星运动党的注册党员对此举行网络投票，修正案获得了63%的支持率，否决了格里洛的意见。这就是五星运动党直接民主的体现。③

更为重要的是，尽管五星运动内部支持者的意识形态立场差异极大，但大家可以通过公开透明的民主协商，投票决定集体的政策立场，从而让最后

---

① 格里洛的博客，http：//www. Beppegrillo. it/programma-a-5-stelle。
② 五星运动党官网，https：//www. Movimento5stelle. it/programma/；https：//www. money. it/Mo vimento-5-Stelle-programma-elettorale-elezioni-politiche。
③ Fabio Bordignon，Luigi Ceccarini，"The Five-Star Movement：A Hybrid Actor in the Net of State Institutions," *Journal of Modern Italian Studies*，Vol. 20，No. 4，2015，pp. 457-458.

胜出的决议具有合法性——这是用技术手段解决理念差异的一次尝试。"互联网民主"也由此成为五星运动党最有创新性的元素，从而使其获得传统政党和其他民粹主义政党都未具备的比较优势。"互联网民主"就像一块磁石，把立场不同的选民聚拢在同一个平台，最终形成了五星运动党的混合民粹主义。[①] 2018 年意大利议会大选各政党的政策主张见表 4-1。

表 4-1　2018 年意大利议会大选各政党的政策主张

	中左翼联盟	中右翼联盟	五星运动党
债务	·维持财政赤字/GDP 在 3%的水平 ·降低政府债务/GDP 30 个百分点，并在 10 年内下降 100 个百分点	·维持财政赤字/GDP 在 3%的水平 ·降低政府债务/GDP 30 个百分点，并在 10 年内下降 100 个百分点	·废除 3%的财政赤字/GDP 规定 ·在未来十年将政府债务/GDP 降低 40 个百分点
税制	·降低税率，不支持单一税率	·降低税率，支持单一税率	·减少所得税等级划分，不支持单一税率
对欧盟的态度	·亲欧派，维持欧盟现状、欧盟公民身份，支持欧元区财政部	·温和疑欧派，不进行财政紧缩、修正欧盟条约、意大利宪法优先于欧盟法律	·极端疑欧派，与其他欧盟南部国家联合一同废除财政紧缩 ·废除 ESM 机制，改革重组欧盟
移民/难民	·推翻都柏林协议（协议规定该国需要照顾到达其领土的难民） ·要求对难民的支出与对欧盟的支出相联系	·结束意大利的难民支出，将难民遣送回本属国并实行边界管制	·重新编订都柏林协议，遣返非法移民，重新安置难民 ·雇用 1 万人进行快速核查移民们是否有权利留在意大利
公共支出	·增加对有孩子的家庭的支持 ·增加教师工资，加强学校建设 ·增加对残疾人的支出	·增雇警察并提高工资 ·增加国防支出 ·扩大公共医疗保险范围和增加对残障人士补贴 ·新增对无工作母亲的养老保险	·支出 170 亿欧元用以支持有小孩的家庭 ·雇用 1 万名警察 ·建立 2 座监狱

① Roberto Biorcio, "The Reasons for the Success and Transformations of the 5 Star Movement," *Contemporary Italian Politics*, Vol. 6, No. 1, 2014, p. 50.

续表

	中左翼联盟	中右翼联盟	五星运动党
养老	·对于延长退休年龄的"Fornero"法案进行温和修改	·力量党:提高最低养老金至1000欧元/月 ·北方联盟:废除退休法案	·废除"Fornero"法案 ·引进最低退休金(每人780欧元,每对夫妻1170欧元)
产业投资/经济	·对高科技产业、金融科技、基础建设和农业进行投资	·支持投资绿色经济、科技及创业公司	·发展绿色经济,进行本土经济保护(比如保护本土生产的商品)
劳动力市场	·为年轻劳动力设定最低工资——700欧元	·实施相应政策支持年轻劳动力	·提供20亿欧元,在回收行业设立20万个工作岗位

资料来源:《从移民政策到税收:意大利大选各阵营公布竞选纲领》,欧洲时报网,http://www.oushinet.com/static/content/europe/italy/2018-02-27/795969781332180992.html。

五星运动党非常注重塑造"草根"政党和"廉洁"形象,以此突出人民代表和人民政党的特色,同时利用民众对现有政治体制的失望、愤怒和不信任,让民众产生对建制派的反对和批判情绪。在2013年提出的竞选纲领中其宣称:"我们双方就像大卫和歌利亚。我们只有网络,只有Meetup,只有激情和我的集会。他们拥有其他的一切。我们是在末尾被排斥的、被嘲弄的。而这就是我们要胜利的原因。"同时,该竞选纲领明确要求"有犯罪记录的人没有资格竞选公职",号召"废除议员的任何特权"。五星运动党的伦理准则规定,本党议员能够每月接受的工资不应超过5000欧元(意大利居民年平均税后收入23406欧元,意大利议会议员年收入144084欧元,为人均收入的6倍多),超出部分应该返还给国家;议员应该报告每月与议会活动有关的开支,如果违反了这些准则,就要辞职;五星运动党党员担任议员不能超过两个任期,以免成为职业政客,靠政治牟利。①

---

① 田野、李存娜:《全球化冲击、互联网民主与混合民粹主义的生成——解释意大利五星运动的兴起》,《欧洲研究》2019年第1期。

五星运动党创始人格里洛带头践行这一理念，[1] 主动不做任何候选人，只做五星运动党的发言人和保证人。此举得到了广大党员的支持和拥护，促进了五星运动党的发展。五星运动党通过塑造自己的清白形象来衬托各传统党派的腐败，更加显示了自身的人民代表身份。

三　五星运动党执政效果评估

自 2011 年意大利陷入欧洲债务危机后，迫于欧盟层面的压力，意大利几任政府相继推出了几套财政紧缩计划，大幅度削减社会福利和各项公共支出，在意大利国内引发了强烈的反对。在 2018 年五星运动党和联盟党联合签署的"执政契约"中，宣称要放弃欧盟层面要求的财政紧缩政策，同时推翻前任政府推行的结构性改革的部分内容，如明确提出停止养老金体系改革。

自 2018 年以来，五星运动党主导的意大利政府实施了一系列宽松财政政策，其中最主要的两项是发放"普惠式"救济金和大幅减税。五星运动党主导推出"全民基本收入"计划，具体内容是自 2019 年起为符合标准的贫困人口和失业人员每人每月发放 780 欧元的生活补助金。减税措施则由联盟党主导设计，承诺自 2019 年起大幅调低个人所得税和增值税税率，将之前的四档税率简化为 15% 和 25% 两档。

在饱受争议的养老金体系改革方面，意大利政府宣称废除 2012 年由蒙蒂政府制定和通过的"福尔内罗改革"（主要内容是将退休年龄提高到 67 岁，同时提高领取养老金门槛），并采取新的"试验性"措施，包括：劳动者年龄与缴费年限之和达到 100 年即可退休，劳动者缴费满 41 年可不考虑年龄直接退休，继续保留女性退休年龄的灵活选择权，保证个人领取的养老金不低于每月 780 欧元，等等。

---

① 1981 年格里洛曾经和三个朋友驾驶吉普车发生车祸，导致其三个朋友在车祸中死亡，因此他曾经犯有过失杀人罪，所以该党清白从政的政治原则就把格里洛挡在了议员竞选的大门之外，无法担任议员的格里洛自然也无缘意大利总理的宝座。

在难民和移民问题上，受联盟党反移民立场影响，意大利政府态度日益强硬。近几年，意大利深受从西亚北非涌入的难民的困扰，难民移民安置问题成为该国与欧盟机构龃龉不断的另一焦点，也成为 2018 年该国议会选举期间各党派争论的重要议题。与传统政党对待难民移民问题所持的人道主义倾向不同，五星运动党和联盟党的态度更为强硬。新政府上台后，担任副总理兼内政部部长的联盟党主席萨尔维尼将管控难民和非法移民作为首要任务，上任第一天即宣布要"将 50 万名非法移民遣返回国"。2018 年 6 月，新政府上任后不久即公开禁止多艘地中海难民救援船停靠该国港口。7 月，萨尔维尼通过内政部下令，要求各地难民资格审查机构进一步严控难民居留许可的审批和发放。8 月，萨尔维尼宣布将彻底关闭沿海口岸，不再让任何难民船停靠。9 月，萨尔维尼下令关闭国内多家难民收容中心。最为引人关注的是，2018 年 11 月，意大利议会通过了由联盟党提出的《移民与安全法令》，主要内容包括废除此前的"人道主义居留许可"，代之以申请条件苛刻的"临时特别居留许可"，规定移民在被判重罪时可被剥夺意大利国籍，将国籍申请审批的最短时间延长至四年，设置移民来源地安全国家名单，为城市警员配备泰瑟枪，等等。这是二战结束以来意大利政府制定的最为严厉的移民法。虽然遭到意大利反对党和欧盟的批评，但意大利政府宣称这一法令的实施将有力地保护意大利的国土与民众安全。①

新冠疫情在意大利发生后，孔特总理领导的意大利政府采取了积极干预措施，并加强与中国的合作，取得了较好的效果。2020 年 5 月 16 日意大利政府正式颁布《重启法案》，逐步恢复本国正常的经济和生活秩序。意大利政府在抗击新冠疫情中的积极作为提升了民调支持度。意大利民调机构 EMG、德莫波利斯（Demopolis）和伊克谢研究所（Istituto Ixè）在 2020 年 5 月发布的最新民调结果显示，民众对总理孔特的支持率已升至 59%，对政府满意度为 58%。意大利第一大执政党五星运动党在疫情中一

---

① 李凯旋：《透视意大利民粹主义政党》，《当代世界》2018 年第 6 期。

改高调路线，该党前任领导人、意大利外交与国际合作部部长迪马约积极寻求国际援助，为五星运动党再次提高了民意支持率，迪马约的个人支持率上升了 1 个百分点，五星运动党在国家参议员、代理党魁维托·科里米（Vito Crimi）带领下，在此次抗疫中民意支持率已回升至 16.9%，扭转了此前的下滑态势，而执政联盟中的民主党则因口罩丑闻广受批评。①

四　五星运动党的发展趋势

作为民粹主义政党"家族"中的一个特例，意大利五星运动党呈现了一种糅合"左右"立场选民的"混合"民粹主义。其社会政策明显具有左翼色彩，而其移民政策、外交政策等则具有较为明显的右翼色彩，体现了现实主义的特征，类似情况也普遍发生在其他国家的民粹主义政党身上。因此，是否还能够使用传统的政党光谱来区分这些新兴的民粹主义政党，尚没有定论。但从政治实践上看，与其他传统政党相比，五星运动党通过互联网提供了"去中介化"的直接民主，为那些生活窘迫的失意选民，对传统政治参与渠道失望的政治冷漠者以及被劳动力市场排斥的年轻人，提供了替代性的政治参与渠道，使其直接表达对统治阶层的不满，对变革的要求，并能够进行政治参与，影响决策，从而满足了他们的部分需求，这不能不说是民主实践在互联网时代的一个进步。

通过互联网直接民主的形式，五星运动党能够回应左翼和右翼选民的需求，投其所好地进行"纲领供给"，从而赢得了不同立场的选民的支持。而为了调和内部的分歧，五星运动党强调"超越"意识形态，以"问题"为导向，通过互联网直接民主的供给，使立场不同的选民可以围绕具体议题进行探讨，以公开、透明、协商的方式来处理立场分歧，通过技术手段弥合政治理念上的差异，从而把左右选民都聚拢在一起。2013 年和 2018 年两次大选投票结果显示，五星运动党虽然成立时间最短，但已经成为意

---

① 《总理孔特支持率升至 59%！政府满意度 58%！》，《意大利邮报》2020 年 5 月 19 日。

大利"唯一真正的全国性政党"[①] ——从地域上看，五星运动党的得票率在意大利南部、中部和北部都很接近；从社会群体上看，传统上蓝领工人和失业者是中左翼政党主要的支持者，而企业主、经理、自雇人士等则主要是中右翼政党的支持力量，在 2013 年大选中，五星运动党不论是在蓝领工人和失业者中的得票率，还是在企业主、经理、自雇人士中的得票率都超过了其他单一主流政党，在 2018 年大选中，五星运动党在这些群体中的支持率均超过 30%，大幅领先于其他政党。[②] 这两次选举结果可以说明，五星运动党并非单靠粗俗的民粹主义话语来博眼球的浅薄"网红"党派，该党从政党纲领、群众动员、政党组织等方面都做出了突破性的创新实践，给传统政党带来了前所未有的冲击。

2018 年初联合执政以来，意大利五星运动党的治国理政风格和作为逐步打消了外界对这个欧洲最"不靠谱"的新兴民粹主义政党的疑虑，五星运动党在政策主张和内政外交的具体施政措施上都出现了"主流化"趋势。[③] 特别是在新冠疫情发生后，五星运动党的执政能力得到检验，意大利政府从 2020 年 1 月 31 日开始进入为期 6 个月的紧急状态以应对疫情，并采取果断措施，从 3 月 10 日起进入全国"封城"状态直至 5 月 3 日，基本控制住了疫情的蔓延；从 5 月 4 日起进入抗疫和恢复经济并行的"第二阶段"，疫情得到有效的缓解。从 5 月 18 日开始，意大利大幅放松疫情管控措施，商店、餐厅、理发馆、博物馆等重新开放，正常的社会经济生活得到恢复。[④]

意大利五星运动党政府在抗击新冠疫情中的形势评估、果断决策、政策执行和社会效果等都远远超过英国的保守党政府，同时也获得了较高的

---

① Nicolo Conti and Vincenzo Memoli, "The Emergence of a New Party in the Italian Party System: Rise and Fortunes of the Five Star Movement," *West European Politics*, Vol. 38, No. 3, 2015, p. 520.

② 田野、李存娜：《全球化冲击、互联网民主与混合民粹主义的生成——解释意大利五星运动的兴起》，《欧洲研究》2019 年第 1 期。

③ 田德文：《困境中的欧洲试图延续优势》，中国欧洲学会，2020 年 1 月 13 日。

④ 《意大利新冠疫情继续缓解》，新华网，2020 年 5 月 21 日，http://www.xinhuanet.com/world/2020-05/21/c_1126011809.htm。

民众支持度。2020 年 4 月意大利皮耶波利（Piepoli）研究所的一项民意调查显示，自新冠疫情发生以来，意大利民众对五星运动党政府的信任和支持正在与日俱增，总理孔特的支持率达到 68%，76% 的民众对政府所采取的防疫措施给予积极评价和肯定。从另一个角度看，意大利五星运动党领导抗击新冠疫情取得的成功，也将有助于推动民粹主义政党的主流化，推动欧洲政党政治重新走上平衡的道路。

第五章
波兰法律与公正党(PIS)

一 法律与公正党的发展历程

波兰法律与公正党（Prawo I Sprawiedliwosc，PIS）成立于 2001 年，创立者是波兰著名的双胞胎政治家卡钦斯基兄弟：哥哥雅罗斯瓦夫·卡钦斯基（Jaroslaw Kaczynski）和弟弟莱赫·卡钦斯基（Lech Kaczynski）。卡钦斯基兄弟从小接受爱国主义教育，曾作为积极分子进入瓦文萨领导的团结工会核心集团。1989 年波兰政权发生更迭，1990 年团结工会领导人瓦文萨当选波兰总统，卡钦斯基兄弟成为瓦文萨政府的高级幕僚和议会议员，后因经济改革问题与瓦文萨分道扬镳。

由于执政的"团结工会选举运动"丑闻不断，波兰经济形势堪忧，社会不满情绪上升，该党在 2001 年的大选中失败，此后"团结工会选举运动"宣布解散，卡钦斯基兄弟联合一些党派创立了法律与公正党，莱赫·卡钦斯基当选党主席。卡钦斯基兄弟希望"彻底改变波兰政治基调"，提出发展教育与经济、提高人民福利水平、打击贪污腐败、对农村进行结构性改革等主张，深得中下层百姓支持。在卡钦斯基看来，在波兰内部，波兰前共产党遗留势力依然通过各种手段控制与影响波兰；外部以德国为首的欧盟自由主义力量企图以自己的意愿改造波兰；同时，俄罗斯也妄想"恢复统治"，强调必须用积极的波兰传统价值团结波兰，反对过去20多年盛行的"耻辱教育方式"（指西方自由主义思想等），对波兰进行"全面改革"。①

波兰法律与公正党是一个将右翼民族主义、天主教传统价值观与偏左经济政策糅合在一起的混合型政党，政治光谱并不明确。该党在2005~2007年和2015~2019年、2019年至今三次赢得议会大选，上台执政，是1989年波兰政治转型以来第一个独立组阁的政党。

（一）2005~2007年第一次执政

在2005年的选举中，在经济政策相似的前提下，波兰法律与公正党与波兰自卫党等民族民粹主义政党达成协议，制定了具有浓厚民族民粹主义色彩的竞选纲领，通过宣扬爱国情感、宗教和传统价值观等，人为划分"我们"（人民）和"他们"（精英），刻意突出与竞争对手公民纲领党的区别；用"第四共和国"反对"共产主义—自由主义"，指责左翼的社会民主主义政党和右翼的自由主义政党都没有反对外国的干涉。

波兰法律与公正党赢得了2005年的大选，与民粹主义政党波兰共和国自卫党结成联盟上台执政。执政联盟在经济和社会改革方面缺乏成效，还被曝光利用中央反贪局监视、窃听政治对手；持疑欧态度，与欧盟、德国、俄罗斯关系日趋紧张。以波兰共和国自卫党党主席贪腐丑闻为导火索，波兰在2007年提前举行议会选举，法律与公正党败给公民纲领党，到2015年一直是在野党。

（二）2015~2019年第二次执政

2007年大选失利后，波兰法律与公正党加强对民情民意的调研，改进

---

① Henry Foy, "Jaroslaw Kaczynski: Poland's Kingmaker," http://www.ft.com/cms/s/0/8238e15a-db46-11e5-a72f-1e7744c66818.html.

政策主张，整合提出新的议题。法律与公正党意识到"城市以外的选民尚处于政治真空状态，是可以动员的"，^① 因此加大了对经济发展相对落后的波兰东部地区、农村地区的宣传和动员力度，争取中小城市居民和广大农民的支持，这些人普遍没有分享到经济发展、加入欧盟和大中城市繁荣带来的好处，反而受到加入欧盟所带来的劳动力流失和经济发展不均衡的影响。同时在社会和文化政策上，法律与公正党大力宣传天主教和传统的社会价值观，强调建立社会保障和社会福利体系，反对欧盟的移民政策，迎合了广大普通民众对安全感的需求。法律与公正党借此将自己塑造为波兰"草根"阶层和民族利益的代言人，在中小城市居民和广大农村地区获得了大量选票。

在 2015 年 5 月进行的波兰总统选举中，波兰法律与公正党推荐的候选人安杰伊·杜达获胜，出任波兰总统；在 2015 年 10 月举行的波兰议会选举中，波兰法律与公正党大胜，获得 37.58% 的选票，大幅领先前执政党公民纲领党 24.09% 的得票率，在波兰议会众议院的 460 个议席中最终获得 235 个席位（见表 5-1），超过了一半的绝对多数。

表 5-1 2015 年波兰议会选举结果

政党	得票率(%)	众议院议席数量(个)
法律与公正党(与统一波兰党、波兰在一起党、共和右翼党组成选举联盟)	37.58	235
公民纲领党	24.09	138
库奇兹'15党	8.81	42
现代党	7.60	28
统一左翼	7.55	0
波兰人民党	5.13	16
德意志少数民族	0.18	1

资料来源：欧洲政党与选举网站，http：//www. parties-and-elections. eu/poland. html。

---

① Marc Santora, Steven Erlanger, "Why Are Poland's Nationalists So Popular," https：//www. nytimes. com/2018/03/03/world/europe/poland-nationalists-law-and-justice. Html.

（三）2019 年以来的第三次执政

在 2019 年 5 月举行的欧洲议会选举中，波兰法律与公正党获胜，赢得了 45% 的选票，进一步巩固了该党在波兰国内的政治优势，为其赢得 2019 年议会选举增加了砝码。

在 2019 年 10 月举行的波兰议会大选中，法律与公正党获得了 43.59% 的选票，获得了众议院 460 席中的 235 席（见表 5-2），再次获得了绝对多数议席，继续保持众议院第一大党的地位，继续执政。同时，波兰法律与公正党在参议院继续保持多数席位。

在 2020 年 7 月举行的波兰总统第二轮选举中，法律与公正党候选人杜达以 51.2% 的选票击败竞争对手、公民纲领党候选人恰斯科夫斯基，顺利蝉联总统。[①]

表 5-2　2019 年波兰议会选举结果

政党	得票率（%）	众议院议席数量（个）
法律与公正党	43.59	235
公民联盟(公民纲领党)	27.40	134
左翼联盟	12.56	49
波兰联盟［波兰人民党和库奇兹运动（即库奇兹'15党）］	8.55	30
自由和独立联盟党	6.81	11
德意志少数民族	0.2	1

资料来源：欧洲政党与选举网站，http://www.parties-and-elections.eu/poland.html。

二　法律与公正党的政治纲领和政策主张

从 2001 年创建至今，法律与公正党共发布了五份竞选纲领和四份党

---

① 《杜达赢得波兰总统选举获得连任》，新华网，2020 年 7 月 13 日，http://www.xinhuanet.com/world/2020-07/13/c_1126232404.htm。

纲，反映了该党政治纲领的变化过程。①在 2001 年建党纲领中，该党提出自身"合法性"源于波兰的政治腐败和经济衰退。在 2001 年的竞选纲领中，该党更多地强调原则性的理念，如保护国内市场和建构强大国家、关注家庭和积极的社会政策，认同天主教价值观，等等。

在 2005～2007 年该党发布的两份竞选纲领中，重要的议题和政策主张包括：强调企业对国家经济安全的重要性，建立独立的国家银行；为家庭尤其是老年人增加福利；严禁堕胎、安乐死和试管婴儿；扩大国家和总统权力，控制媒体和司法机构，移除司法机构内的"精英"，成立反腐败机构；等等。其中 2006 年发布的党纲明确提出创建波兰"第四共和国"的规划，2007 年发布的党纲确定了规划的实施步骤。

在 2011 年党纲中该党提出了建设"现代、团结和安全的波兰"的主张。该党纲与 2011 年和 2015 年的竞选纲领相呼应，形成了一整套完整的理念和政策体系，主要包括：发展国有经济、消除社会不公正、强调国家主权等等。这些政策主张基本上代表了波兰民族民粹主义的理念主张。

根据对法律与公正党历年党纲和竞选纲领的梳理可以发现该党政策主张的理论基础。

第一，法律与公正党的基本逻辑和立党基础。

（1）现存体制是前共产主义和后自由主义体制的结合，是"共产主义精英"和"自由精英"的妥协，使波兰走向衰落。

（2）"民族"和"大众"既是自由主义的受害者，也是全球化与欧洲一体化的受害者，其主体是生活在波兰农村和落后地区的普通民众。

（3）要建构一个强大的国家和公正的社会，既不再恐惧俄罗斯，亦不再屈从于德国。

第二，法律与公正党的核心理念。

---

① 波兰法律与公正党历年竞选纲领和党纲资料请参见该党网站，https：//pis. org. pl/dokumenty? page＝2；亦可参见"政党宣言网站"，https：//manifesto-project. wzb. eu/。

波兰法律与公正党认为二战后成立的波兰人民共和国和 1989 年后成立的波兰第三共和国并不代表"人民",因而需要建立真正代表人民利益的"第四共和国"和"现代、团结和安全的波兰"。[①]

（1）将波兰的强大和民众的幸福、平等相结合。如党纲提出"为所有人伸张正义","让人民发展起来",使"幸福的人们生活在欧洲的中心"。

（2）区分"精英"和"大众",提出建立新的社会契约——让所有波兰人,不仅是最富有的一小群人,都必须从经济发展中受益。

（3）重建社会道德和民族认同。该党认为,天主教塑造了波兰的民族身份和文化认同,是波兰社会道德和秩序的基础;为了实现自由、公正而奋斗,塑造社会团结的价值观。

（4）将国家权力和经济正义相结合,建设"现代、团结和安全的波兰",其目标包括:快速和可持续的经济发展;使贫穷群体和落后地区共享发展成果;国家权力的正义性和优先性,强大的经济源于强大、有效的国家权力。

第三,法律与公正党的主要政策主张。

波兰法律与公正党提出的经济政策包括以下内容。一是反对使用欧元和实施紧缩政策;二是将国有化作为长期战略,实现对银行、媒体等重要行业的再国有化;三是尽量减少产业升级对国外资本的依赖;四是实行资本或外汇管制,采取保护主义措施;五是使资本服从民族主义或再分配目标;六是增加基础设施和公共支出;七是增加福利开支。

波兰法律与公正党提出的政治和社会政策包括以下内容。一是扩大执政党的权力,加强媒体管控;二是提出民主和现代化与民族和传统文化不矛盾,爱国主义等有利于现代化建设;三是人民共和国应反对"精英",使政治生活多元化、民主化;四是要以历史传统为基础,增强民族凝聚力。

---

① 来庆立:《试析民族民粹主义政党的兴起与意识形态建构——以波兰法律与公正党为例》,《国外社会科学》2019 年第 5 期。

三　法律与公正党推行的"新发展模式"

自 2015 年 11 月执政以来，法律与公正党在政治、经济、社会方面进行了一系列改革，形成了"新发展模式"。

（一）推动司法改革和强化政府管控

波兰法律与公正党执政后，挑战西方传统的三权分立、相互制衡的政治体系，强化政府管控力。该党凭借在议会两院都占有主导地位的优势，大刀阔斧地推行司法改革，强化政府控制司法权力的能力，以确保政府政令通畅。为消除被视为"政治遗产"的宪法法院的掣肘，率先推动宪法法院改革。2015 年 11 月 19 日波兰议会通过了《宪法法院法》，12 月 2 日波兰政府以违反民主原则为由，撤销了公民纲领党执政后期任命的 5 名法官，代之以法律与公正党推荐的人选，从人事上加强了对宪法法院的控制。《宪法法院法》重新规定了宪法法院的议事程序，废除简单多数原则，规定宪法法院的裁决必须按照 2/3 的绝对多数原则通过，且裁决时在场法官人数不能少于 13 人（共有 15 名法官），废除了此前的 9 人参加即可通过裁决的做法。此外，《宪法法院法》还赋予议会、总统及司法部门监督监管宪法法院的权责，并授予政府在必要情况下拥有解雇法官权力。[①]

波兰宪法法院认为《宪法法院法》的多处条款与波兰宪法相抵触，涉及违宪，遂向欧盟提出上诉，针对波兰的司法改革，欧盟委员会启动展开法治国家调查的程序，试图阻止波兰的"民主倒退"。

2017 年 7 月波兰议会通过了三项涉及司法改革的法案。根据这些法案，所有最高法院现任法官都要卸任，代之由司法部部长任命的临时接替者，继而再由其提名新法官，提交给全国司法委员会批准任命；议会有权

---

① 刘作奎、卡塔里娜·高里克：《2015 年波兰宪法危机根源、前景及对中波关系影响分析》，《欧洲研究》2016 年第 2 期。

任命全国司法委员会成员；司法部部长有权任免普通法院的首席法官。这三项法案引发了波兰部分民众的抗议。

2017年12月20日，因认为波兰的司法改革有悖于欧盟的价值观和标准，破坏法治国家和司法独立的原则，欧盟委员会以《欧盟联盟条约》第七条作为法律依据，宣布正式开启针对波兰司法改革的审查。面对欧盟制裁威胁，波兰政府强调作为主权国家，波兰有权对本国司法系统进行改革，又指其司法改革旨在"强化民主规范"，而非破坏法治原则，批评欧盟的举动"纯粹出于政治目的"。

作为对欧盟启动调查的反击，在7月已经签署了1项法案的基础上，波兰总统杜达又下令签署涉及最高法院及国家司法委员会的两项法案。法律与公正党敢于对抗欧盟的姿态，塑造了独立自主的形象，反而赢得了国内民众的支持。

（二）加强对媒体的监管和舆论引导

"新闻自由"也是西方推崇的政治价值观之一，1989年后波兰的媒体也越来越"开放、自由"，许多媒体还有外资背景。2015年法律与公正党执政后开始加强对媒体的监管和控制，波兰议会于2016年元旦前夜通过了新的《媒体法》，赋予政府任免波兰公共电台、电视台及各大通讯社所有工作人员的权力，规定其管理层及督察委员会均由政府任免。因该法被认为挑战了欧盟主张的言论自由和新闻自由，所以在欧盟内部引发轩然大波。波兰总统杜达不顾欧盟的告诫，于2016年1月7日签署了这部极具争议的法规。[①]

（三）加强国家对经济的引导和建设福利国家

1989年以后波兰经历了转向自由主义市场经济发展模式的变革，虽然带来了经济增长，但也产生了较大的不良影响，特别是区域发展不均衡、

---

① 李俊、王媛媛、刘晨：《波兰"新发展模式"解析》，《现代国际关系》2016年第6期。

过度依赖外资、贫富分化加剧和贫富差距扩大等问题。法律与公正党执政后改变了自由主义市场经济发展模式,总理希德沃提出"修补波兰"的口号,主张建立福利国家,具体包括:(1)鼓励生育;(2)改革教育制度,在学校加强爱国主义教育、增强民族认同感,防止人才流失;(3)提高退休人员待遇,降低退休年龄,增加退休金,并对75岁以上老人进行免费医疗;(4)提高中低收入者生活水平,如将个人所得税纳税标准从月824美元提升至2180美元,将增值税税率由23%降至22%,中小企业利润税税率由19%降至15%,同时提供低廉住房、提高最低工资,与企业合作,为青年人提供更多职业培训等。①

法律与公正党执政后还制定了《负责任的发展计划》(Strategia Odpowiedzialnego Rozwoju),因该计划由前发展部部长、现总理马特乌什·莫拉维茨基(Mateusz Morawiecki)实施,通常被命名为莫拉维茨基计划,于2016年2月获得通过。2017年又制定了《至2020年负责任的发展战略》,该发展战略认为波兰经济陷入五个发展陷阱(中等收入陷阱、不平衡陷阱、低利润陷阱、人口陷阱和制度薄弱陷阱),但可以通过创造五大支柱来修复,即重新工业化、推动企业创新、扩大投资规模与提高效率、推广国际市场、社会与地区平衡发展,旨在进行经济转型及升级,助力"本国企业崛起",避免"中等收入陷阱",实现可持续发展。②

在该战略中,政府高度重视波兰的创新、再工业化以及国家的可持续发展。这些规划在小城市和村庄实施,这与总理莫拉维茨基所提倡的相符:"我们努力促进较小的中心,即从这种极化和扩散的经济模式转向更加可持续发展的模式。"2016~2020年,波兰政府拿出约1.5万亿兹罗提(约3500亿欧元)投资公共领域(国内和国外),并拿出超过0.6万亿兹罗提(约1500亿欧元)进行私人投资。

---

① "Policy Statement by Prime Minister Beata Szydlo-Stenographic Record," https://www.premier.gov.pl/en/policy-statement-by-prime-minister-beata-szydlo-Stenographic-Record.html.

② "Responsible Development Plan?" https://www.mr.gov.pl/media/14873/Responsible-Development-Plan.pdf.

在经济方面，法律与公正党政府的经济发展战略推动了波兰经济的健康发展，2018 年标准普尔将波兰的评级从 2016 年的"BBB"级别升级为"A−"，前进了一大步。根据欧盟统计局的数据，2018 年波兰 GDP 年增长率达到 5.7%；根据波兰政府公布的数据，2018 年企业部门的平均工资增长了 7.2%，就业人数增加了 3.4%。国际货币基金组织发布的《世界经济展望报告》（World Economic Outlook）预测 2019 年波兰 GDP 增长率将有所降低，但仍将达到 3.5%。实际情况是 2019 年波兰的 GDP 增长率达到约 4%，失业率约 5%，企业部门的平均工资每年以 6.6%的增长率增长。

在社会保障方面，法律与公正党政府实施社会福利政策，力图建立完备的社会保障体制。为鼓励生育，从 2016 年 7 月开始实施"家庭 500+"计划，政府将为生育第二个及以上孩子的家庭提供每月 500 兹罗提的补助，只有一个孩子但人均月收入少于 800 兹罗提，或者收入少于 1200 兹罗提且孩子有残疾的家庭也可以享受该计划。该计划预计每年花费 220 亿兹罗提（约为 56 亿美元），将使 270 万户波兰家庭受益。此外，目前波兰 75 岁以上公民人数高达 300 万人，法律与公正党政府于 2016 年 9 月开始实施新医疗政策，将老年人的医疗和药品支出降低 40%，同时不断增加免费药品，波兰政府在 2016~2025 年将支出 83 亿兹罗提（约为 21 亿美元）为老人购买药品。

法律与公正党政府的社会福利政策导致政府财政支出迅速增长，引发经济界的担忧。在实施"家庭 500+"计划后，波兰政府的财政赤字率没有明显上升，经济没有出现反对派警告的下滑景象，相反，大幅增加的福利支出带动了波兰国内消费市场的繁荣，进而促进了国内市场就业率提升和经济发展，失业率下降。从 2017 年起，波兰农村地区的失业率也徘徊在 6%左右，农村地区是失业人口的重灾区，这更加获得了中低收入群体的支持。[①]

---

① Marc Santora, Steven Erlanger, "Why Are Poland's Nationalists So Popular," https：//www.nytimes.com/2018/03/03/world/europe/poland-nationalists-law-and-justice.Html.

四 法律与公正党选民基础和未来发展趋势

（一）法律与公正党的选民基础

根据对 2020 年 6~7 月波兰总统大选中不同区域、不同年龄群体、不同收入水平群体投票行为的分析可以看出，法律与公正党的主要支持群体是来自小城市和农村的居民，以及年纪偏大、文化程度较低和财富较少的人，例如在东部较偏远的卢布林省，约 66% 的选民支持法律与公正党的候选人杜达，支持公民纲领党候选人恰斯科夫斯基的仅占 34%。

相反来自大城市的富人、知识分子和年轻人大多投票给了公民纲领党候选人恰斯科夫斯基，例如在恰斯科夫斯基担任市长的首都华沙和杜达总统的家乡克拉科夫这样的大城市中，恰斯科夫斯基的得票率明显胜过杜达。在波兰首都华沙所在的经济较为发达的马佐夫舍省，恰斯科夫斯基也以 51% 的支持率超过杜达。

法律与公正党也积极扩大在青少年群体中的影响力，从 2015 年和 2019 年两次议会大选的投票结果来看，法律与公正党在青少年中的支持率一直在 40%~45%。极端民粹主义组织"全波兰青年"（All-Polish Youth）和"国家激进阵营"（National-Radical Camp）以及其他类似组织对波兰青少年影响很大，年轻的波兰人在选举中越来越保守和具有民粹主义倾向。[①]

（二）法律与公正党的发展趋势

在欧盟改革难以取得突围和难民危机影响在短时间内无法消除的情况下，同时受新冠疫情影响在全球经济发展前景并不明朗的大环境下，波兰国内宗教文化中的天主教保守主义传统、政治文化中作为波兰"第二天

---

① Volha Charnysh, "The Rise of Poland's Far Right: How Extremism Is Going Mainstream," Foreign Affairs, December 18, 2017.

性"的民族主义传统都将愈加浓厚，成为波兰民粹主义政党发展壮大的基础。①

从波兰国内情况来看，受人口外流和信息化时代经济发展的影响，城乡和贫富差距在短时期内难以缩小，占据波兰社会主流的中小城市居民以及占比 40%的农村居民将为民族保守主义和民粹主义势力的扩大提供原动力，各大政党为了赢得选举和上台执政，将导致主流政党的政策倾向更加对立和极化。

---

① G. Hosking, G. Schopflin, *Myths and Nationhood*, New York: Routledge, 1997, p.141.

第六章
希腊激进左翼联盟(SYRIZA)

一 激进左翼联盟的发展历程

(一) 包容性民粹主义政党

希腊激进左翼联盟的全称是"激进左翼联盟—统一社会阵线"(The Coalition of the Radical Left—Unitary Social Front,希腊语简写为 SYRIZA),最初是由希腊的一些激进左翼政党组成的一个竞选联盟,在 2012 年 6 月议会选举前转型为一个独立、统一的政党。

在卡斯·穆德等关注民粹主义研究的学者看来,作为一个左翼民粹主义政党,激进左翼联盟的政策主张具有"包容性民粹主义"(inclusionary populism)的特征,与极右翼政党的排外性民粹主义不同。卡斯·穆德认为希腊激进左翼联盟所构建的"人民"是一个主动的、包容的、民主的概念,而非被动的、种族的、专制或反民主的概念。[①]

① Cas Mudde and Cristobal Rovira Kaltwasser, "Exclusionary vs. Inclusionary Populism: Comparing the Contemporary Europe and Latin America," *Government and Opposition*, Vol. 48, No. 2, 2013, pp. 147–174; Yannis Stavrakakis and Giorgos Katsambekis, "Left-wing Populism in the European Periphery: The Case of SYRIZA," *Journal of Political Ideologies*, Vol. 19, No. 2, 2014, pp. 119–142.

在希腊激进左翼联盟的宣传话语中，"人民"主要是指承受紧缩政策后果的民众，因此号召民众共同参与反对紧缩政策的斗争，同时激进左翼联盟也是希腊政坛支持性别平等、同性恋平等权利、移民平等权利的最坚定的政治力量，从这些政策主张看，该党所提倡的民粹主义并不具有基于民族主义或种族主义的排外性。在激进左翼联盟的话语体系中，与"人民"相对立的"他们"（"精英"）或"敌人"，主要是指实施紧缩政策的特定政治集团——以泛希腊社会运动、新民党等为代表的国内建制力量，以国际货币基金组织、欧盟为代表的国际新自由主义力量。希腊激进左翼联盟吸纳了"广场运动"的核心政治诉求，提出了重新就希腊公共债务进行谈判、停止削减失业津贴与工资、重振经济、对银行等国有机构进行公共控制等措施。正如该党纲领所强调的："激进左翼联盟和左翼政府的目标是为大众运动指明政治出路和方向，这一新的政治和社会力量试图推翻旧体制力量，共同捍卫与强化我们的政党和政府。"[1]

与欧洲有些国家凭借危机和抗议迅速崛起，但很快丧失影响力的激进左翼政党不同，希腊激进左翼联盟的核心组织"左翼联盟"的前身是1968年从希腊共产党中独立出来的"希腊共产党（国内派）"，到2015年上台执政，左翼联盟稳定地存在了约50年。这标志着该党已经建立起有效的政党组织，在选民中打下了持久稳定的根基，应对选举波动的抵抗力和生命力很强，值得引起关注。[2]

从该党的发展历程来看，1986年希腊共产党（国内派）改组为"希腊左翼"，1989年与希腊共产党组建选举联盟"左翼与进步力量联盟"（SYN）并参加希腊大选，取得10%以上的选票，得以进入希腊国民议会和政府，成为参政党。受东欧剧变和苏联解体的影响，希腊左翼内部

---

① SYRIZA, Text of Policy Decision, adopted on 12-16 October 2016, https://www.syriza.gr/article/id/67313/Politikh-Apofash-2oy-Synedrioy.html.

② 〔英〕卢克·马奇：《欧洲激进左翼政党》，于海青、王静译，社会科学文献出版社，2014，第2页。

分裂，力量削弱，左翼与进步力量联盟在 1993 年大选后未能进入国民议会。2000 年后左翼与进步力量联盟、民主统一左派运动、捍卫社会和政治权利网、绿色政治（生态派）等政治光谱相近的希腊左翼政治组织联合组建了新的左翼政党联盟"左翼对话与共同行动空间"（The Space of Left Dialogue and Common Action），对希腊左翼政治力量进行了整合，为参加 2004 年的议会选举，左翼对话与共同行动空间进一步改组为以左翼与进步力量联盟为核心力量的激进左翼联盟。在 2004 年希腊议会大选中，激进左翼联盟获得了 3.3% 的选票和 7 个议席；在 2007 年大选中激进左翼联盟获得 14 个议席。①

（二）替代效应下的选举和执政历程

2009 年以后，受全球金融危机的影响，希腊自身经济社会发展陷入困境，经济严重衰退爆发债务危机，被迫向欧盟提出救助计划，但欧盟提出的前提条件是要求希腊政府在国内实施严苛的紧缩措施与进行系列结构性改革。提高个人所得税税率、减少福利、降低工资等紧缩条款引发了多波民众抗议，两大主流政党对此应对不力，激起选民不满。从 2009 年起，希腊政坛开始陷入动荡和混乱，政党轮替频繁，从 2009 年开始到 2015 年，希腊分别在 2009 年、2012 年 5 月、2012 年 6 月、2015 年举行了 4 次大选，更换了三届政府，分别是中左翼政党"泛希腊社会主义运动"（Pan-Hellenic Socialist Movement）的乔治·帕潘德里欧政府、帕帕季莫斯过渡政府、中右翼政党新民主党萨马拉斯领衔的三党联合政府。

在替代效应影响下，希腊国内选民对应对经济危机束手无策的主流政党倍感失望，主流政党选票大量流失，高调支持反紧缩政策并参与到民众抗议浪潮中的希腊激进左翼联盟的选民基础迅速扩大，激进左翼联盟迅速

---

① 于海青：《希腊"激进左翼联盟"的崛起与发展前景》，《科学社会主义》2013 年第 4 期；王聪聪：《欧洲激进左翼政党的欧洲一体化立场探析——以德国、希腊、葡萄牙、芬兰为例》，《国外理论动态》2016 年第 10 期。

崛起。在 2012 年 5 月和 6 月举行的两轮选举中，希腊两大主流政党表现欠佳，中右翼政党新民主党虽然保住了第一大党的地位，但实力大幅度下降，中左翼政党泛希腊社会主义运动的支持率大幅降低了 75 个百分点，沦为边缘政党。激进左翼联盟的选票数则增加了将近 6 倍，一举跃升为希腊议会第二大党和最大的反对党，打破了自 1974 年希腊实现民主化转型以来政坛长期由中左翼政党泛希腊社会主义运动和中右翼的新民主党轮流上台执政的局面。

2015 年 1 月 25 日，希腊因总统大选失败引发政治危机，再次提前举行议会大选，希腊激进左翼联盟赢得了 36.3% 的选票，但因 2 席之差未能获得单独组阁权。在拒绝与同为左翼政党的希腊共产党组成执政联盟后，希腊激进左翼联盟与极右翼政党独立希腊人党（The Independent Greeks, ANEL）组成联合政府，激进左翼联盟的领导人阿列克斯·齐普拉斯（Alexis Tsipras）出任希腊政府总理，组建了欧洲"重债"国家中第一个反对欧盟紧缩政策的政府。

经过 4 年半的执政后，在 2019 年 7 月举行的希腊议会大选中，中右翼政党新民主党赢得了 39.85% 的选票和 158 个议会席位，超过总共 300 个席位的半数，执政的激进左翼联盟赢得了 31.53% 的选票和 86 个议会席位，新民主党上台执政，来自希腊政治世家的建制派政客基里亚科斯·米佐塔基斯（Kyriakos Misotakis）成为希腊政府总理。[1]有学者评价说："希腊激进左翼联盟是欧洲首个上台执政的激进左翼政党，也是唯一一个在动荡多变的政党政治格局中完整结束任期，并保持了主流政党地位的政党。"[2] 虽然在 2019 年大选中希腊激进左翼联盟下野，但作为希腊目前的第二大党和最大的反对党，其值得加强研究与关注。

---

① 《2019 年希腊议会选举》，维基百科，https://en.wikipedia.org/wiki/2019_Greek_legislative_election。

② 周玉婉：《激进左翼政党的执政经验探析——以希腊激进左翼联盟为例》，《国外社会科学前沿》2020 年第 2 期。

二　激进左翼联盟政府的施政措施

（一）　领导希腊走完"奥德赛之旅"

2008 年受美国次贷危机影响而在欧洲部分国家引发的主权债务危机，被普遍认为是欧洲长期实行新自由主义经济政策导致的恶果。在危机爆发后，欧盟和欧洲主流大国试图通过控制公共开支和削减社会福利的方式，将危机转嫁给普通民众，从而引发了欧洲各国社会的撕裂和对抗。以希腊为例，在债务危机爆发前，希腊财政支出的 75% 消耗在公务员和退休公务员身上，普通人的社保、医保、教育等一切社会保障支出，乃至科研、投资等，加起来只占剩下的 25%。危机爆发前，希腊退休公务员领取的政府退休金平均每月为 1000 欧元，且每年领取 14 个月的退休金。在危机爆发后，为了压缩退休金支出，对退休金额在每月 1200 欧元以上的进行了小幅缩减，但平均还是达到了每月 959 欧元（比德国还高），每年发放 12 个月。然而，并没有削减领取人数（包括那些四五十岁提前退休的人）。

在危机前平均月领 350 欧元退休金的普通希腊劳动者，则被停发退休金。领钱多的退休公务员，退休金尽量保留；而领钱少的普通劳动者，退休金全部停发。削减额符合了欧盟的要求，但实际上和欧盟的救助方案是南辕北辙的，这也造成了希腊社会的分裂。

在此背景下，希腊激进左翼联盟高举反紧缩大旗上台执政，成为欧洲"重债"国家中第一个反对欧盟紧缩政策的政府。2015 年上台执政后，希腊激进左翼联盟政府面临的最紧迫问题是与欧盟、欧洲中央银行、国际货币基金组织这三大机构继续谈判救助协议，就欧盟向希腊提供的救助协议达成新的共识。希腊激进左翼联盟政府的目标是大幅削减希腊债务、放松紧缩政策以及推迟劳动力市场和社会安全改革与私有化的进程，以此兑现对选民的承诺。希腊激进左翼联盟政府的意图受到国内外干扰，政府面临很大压力。面对希腊债务危机的扩散，欧盟找不出有效的解决方案，但坚决拒绝更改紧缩条款与债务减免的要求。欧洲央行随时准备限制向希腊各银行提供流动性资金，从而遏制希腊经济发展，并压制挑战新自由主义秩序的希腊激进左翼联盟政府。在此背景下欧盟委员会主席容克提出 3150 亿欧元的经济刺激计划，涉及对希腊的救助，要求希腊政府进一步削减工资和养老金，继续实行财政紧缩政策。在国内，希腊激进左翼联盟政府也受到来自右翼政治势力的抵制，特别是新民主党掌控的媒体大肆宣扬应接受债权人的要求，鼓吹希腊应当接受欧盟的救助条件。

希腊激进左翼联盟政府与欧盟的谈判久拖不决，齐普拉斯总理甚至以希腊退出欧盟和欧元区为筹码，迫使欧盟同意希腊的谈判条件。2015 年 6 月希腊中央银行在一份声明中指出："达成协议的失败……意味着一段痛苦历程的开始。先是希腊破产，最终整个国家会脱离欧元区，而且很有可能脱离欧盟。与合作伙伴达成一致具有历史性的现实意义，我们不能忽视它。"[1]在欧盟中央银行停止支付一部分救助款项后，希腊国库近乎空虚，许多依靠救济金和养老金生活的希腊民众陷入"身无分文"的困境。2015 年 7 月 5 日希腊齐普拉斯政府举行全体公民投票，以决定是否接受欧盟、国际货币基金组织以及欧洲中央银行所提出的救助条件。希腊激进左翼联盟政府希望以希腊人民反对"容克计划"的汹汹民意作为要挟欧盟做出妥协的筹码。虽然公投的结果是拒绝接受欧盟的救助计划，但是欧洲央行再次停止向希腊中央银行提供信贷，导致希腊各银行的分行资金枯竭，走投无路的希腊激进左翼联盟政府还是被迫与欧盟机构签订了第三轮救助计划，违背大选中的诺言，实施之前反对的所有经济条款。这导致希腊激进左翼联盟内部分裂，激进左翼联盟政府的能源部部长帕纳约蒂斯·拉法扎尼斯（Panagiotis Lafazanis）和属于激进左翼联盟内部的"左翼论坛"的 25 名议会议员在 2015 年 8 月宣布脱离希腊激进左翼联盟。

在 2015 年 9 月举行的希腊议会选举中，激进左翼联盟再次以微弱优势

---

① 《希腊破产？希腊央行首次威胁退出欧盟及欧元区》，中新网，2015 年 6 月 18 日，https://www.chinanews.com.cn/gj/2015/06-18/7353557.shtml。

赢得选举，继续执政，承担起领导希腊走出债务危机的重任。在欧盟的监督下，从 2015 年 8 月到 2018 年 8 月的 3 年时间里，希腊政府严格执行财政紧缩措施并进行结构性改革。随着经济形势好转，2018 年 8 月齐普拉斯总理在爱奥尼亚伊萨卡岛发表电视讲话，宣称希腊结束了痛苦的救助计划，并将其称为"奥德赛之旅"。

（二）社会救助和财政税收改革措施

作为一个左翼政党，在执政期间，希腊激进左翼联盟通过向普通大众，尤其是最弱的社会群体提供广泛的社会服务、经济援助以及充分的政治权利来获得执政的合法性。希腊激进左翼联盟纲领的基本原则是支持弱势群体和低收入家庭。[①]在 2015 年执政后，齐普拉斯政府在施政措施上优先照顾受财政紧缩政策冲击最大的社会底层群体，具体措施包括：为失业的、不能支付电费和水费的家庭提供免费通道，并免除 2015 年 2 月至 2016 年 2 月的门诊费，向最脆弱人群提供医疗服务，向 200 多万名没有医疗保险的居民提供免费医疗来解决人道主义危机，为养老金领取者和低收入者提供社会团结收入（SSI）和租金及交通补贴，为移民儿童提供公民身份，废除高安保等级的监狱，为难民提供有尊严的生活，等等。

该党还通过累进税制分散财政负担，打击精英阶层的逃税行为，重建了被紧缩措施和右翼新自由主义教条严重破坏的社会，并首次制订了以再分配和社会公正为基础的经济发展计划。为实现欧洲机构要求的财政目标和基本预算盈余，该党最终实施了削减工资、养老金与提高税收的政策，最高个人所得税税率已达 42%，公司最高税率已经提高到了 29%，总体税收负担相当于国内总收入的 36.8%。这些政策的实施提高了弱势群体、被排斥者以及被边缘化人群的生活质量，但由于受制于国际机构的债务压力以及自身有限的执政能力，这些政策给希腊普通大众的生活带来的影响并

---

① "On Critical Issues of Historical, National Importance, We Are All Confronted with Our Values, Ideas and Conscience, but Above All with History," SYRIZA Political Secretariat, https://www.syriza.gr/page/international.html.

不算大。

在希腊激进左翼联盟政府的领导下，希腊的经济逐渐摆脱了停滞甚至负增长的低迷状态，实现了增长。根据希腊统计局的数据，希腊2018年第一季度的经济增长率为2.3%，是过去10年来最高的水平，2018年全年经济增长率达到1.9%，虽然略低于预期，但已经扭转了经济发展趋势。同时希腊的失业率也有所下降，截至2018年6月，希腊的失业率为19.1%，这是自2011年9月以来的最低失业率。所有年龄组人群的失业率都有所下降，尤其是受危机影响最大的15~24岁年龄组人群的失业率，由2017年6月的43.4%降至2018年6月的39.1%，25~34岁年龄组人群的失业率从27.3%降至3.2%。

2018年8月20日希腊政府发言人察纳科普洛斯宣称，希腊已退出救助计划，开始步入经济和社会发展的"新阶段"。救助计划刚结束，希腊激进左翼联盟就制订了后备忘录计划，包括制定最低工资标准，恢复集体谈判以及由新自由主义备忘录所破坏的劳动法保护机制；改革公共管理模式，充分实行法治，加快司法程序进程，执行针对国家和大公司的法庭判决，并确保高级公务员免受政治影响；在社会层面，养老金领取者和低收入者将获得年度红利，同时对中低社会阶层减税，以逐步扭转财政紧缩措施导致的不良局面。①

相比上述具体的施政措施，希腊激进左翼联盟也试图对困扰希腊多年的庇护主义政治和社会发展模式进行改革，改善普通民众与精英的对立关系。希腊在2009年主权债务危机中所受到的损伤及对危机的处理方式，与该国在1974年向民主化转型后形成的经济（腐败和表现不佳）、政治（庇护主义和民粹主义）和社会（阴谋论和暴力）间的结构性困境密切相关。② 作为激进左翼政党中的一员，希腊激进左翼联盟在尚未执政之时就旨在扭转希腊的系统性腐败和家族政治的局面，推动经济增长，同时以更

---

① 参见希腊激进左翼联盟官方网站国际版，https：//www.syriza.gr/page/international.html。
② Takis S. Pappas, *Populism and Crisis Politics in Greece*, New York：Palgrave Macmillan, 2014, p.45.

公平的方式重新进行资源配置，并将自由民主体制转变为可以表达民众需求的工具。在 2015 年执政后，希腊激进左翼联盟政府致力于清除在庇护主义体系下所形成的"裙带关系"与"寻租政治文化"，在政治代表领域用"新面孔"代替"遗留"下来的旧官员，去除公共管理的行政化，提高官员晋升和评估体系的透明度，并努力调查与政客有关的逃税和洗钱问题，同时推动政治经济变革，以更公平的方式重新进行资源配置。虽然在2019 年希腊新民主党上台执政后，很难评价激进左翼联盟政府对希腊庇护主义政治和社会模式的改革是否获得了成功，但至少让希腊人意识到庇护—附庸制度对国家生存的致命性破坏，也打破了自 1974 年以来造成结构性困境的稳定两党制模式，中左翼的泛希腊社会主义运动已经日益被边缘化，沦为无足轻重的小党。

希腊激进左翼联盟在上台之前对以欧盟为主的欧洲机构展开了强烈的批判，批评其在发展过程中以经济高效取代大众民主。该党经希腊人民选举上台，这本身就体现了新自由资本主义的民主危机，也意味着人民民主意志的回归，这是对二战后形成的欧洲精英主导政治的反击。该党是第一个在主权层面上试图颠覆冷战结束后形成的英美在政治经济领域的统治地位的政党，也是在危机中首个完成任期的政府，这不得不引起欧洲精英的反思。①

三　激进左翼联盟的未来发展趋势

（一）2019 年大选失利的原因

2019 年 5 月在希腊举行的欧洲议会选举中，在野党、中右翼的希腊新民主党获得总选票的 33.25%，执政党激进左翼联盟得票率为 23.82%，两

---

① 周玉婉：《希腊激进左翼联盟的政治崛起与执政实践研究》，硕士学位论文，上海师范大学，2019，第 68 页。

者之间有约 9% 的差距。在 2019 年 7 月举行的希腊议会大选中，新民主党获得 158 席，激进左翼联盟获得 86 席，由于新民主党的议席超过议会议席（300 席）的半数，能够单独组阁执政。

希腊激进左翼联盟在选举中的失败，是多方面原因促成的。从施政措施上来看，激进左翼联盟打着反对欧盟紧缩政策的旗号上台，但最后在欧盟的强硬逼迫下全盘接受了欧盟提出来的一揽子财政紧缩要求，无法兑现竞选承诺失去了部分选民的信任，也导致了左翼政治力量的分裂。激进左翼联盟政府在处理同北马其顿共和国关系上的做法也引发了希腊选民中民族情绪的反弹，2018 年 6 月希腊与马其顿共和国签署《普雷斯帕协议》，规定马其顿更改国名为"北马其顿共和国"，为持续近 28 年的马其顿国名争端画上句号，但与激进左翼联盟组建联合政府的独立希腊人党党魁、国防部部长帕诺斯·卡梅诺斯（Panos Kammenos）反对《普雷斯帕协议》，并退出联合政府，对激进左翼联盟形成了一定程度的冲击。另外，激进左翼联盟的社会政策在执行中也存在较大问题。这些政策不仅未能满足普通大众的需求，向弱势群体的倾斜似乎又走入另一个极端，即在国家债务压身的现状下，对弱势群体的社会救助是以牺牲精英阶层和中产阶层的利益为代价的，引发中产阶层的反感，正如在选举失败后的反思中，希腊激进左翼联盟的部分党员认为"我们忘了照顾深受税收影响的中产阶层。我们关注穷人，但在这个过程中忽略了社会的支柱"。[①]

从希腊选民的社会心理变化来看，在 2015 年的大选中，希腊主权债务危机期间所产生的民粹主义、疑欧主义、反建制主义成为民意的主流方向，助推了激进左翼联盟的胜利，但到 2019 年，随着希腊逐步走出危机、经济发展形势转好，民众希望有一个稳定和理性的发展环境。新民主党提出的减税、吸引外部投资、提高就业率、改革官僚体制等措施在很大程度

---

① Helena Smith, "Tsipras Rallies Faithful but Greece Is Set to Reject His Radical Dream," https://www.theguardian.com/world/2019/jul/07/alexis-tsipras-greece-election-reject-radical-dream.

上迎合了后紧缩时代希腊民众的诉求。① 正如雅典经济与商业大学教授乔治·帕古拉托斯（George Pagoulatos）评论："希腊已经亲身体验了经济上的民粹主义，现在正在摒弃它，转向实用主义。2015 年的选举充满了希望和绝望，然后理想主义崩溃了。现在，人们关注的是他们认为能够实现这一目标的人。"②

重振希腊经济的诉求，成为主导 2019 年希腊大选的决定性因素，作为传统主流政党，新民主党关于重振经济、免税、吸引投资的政策主张，乃至新民主党领导人基里亚科斯·米佐塔基斯本人的经济学专业背景都更具有说服力。当然，新民主党在 2019 年大选中的胜利，也标志着希腊普通民众对激进左翼联盟所代表的理想主义的幻灭，正如部分年轻选民认为的那样，投票给保守的新民主党并不是意识形态上的选择，他们在 2015 年支持了意识形态型政党，却没有看到任何变化，所以这次较之于意识形态，他们对经济指标更感兴趣。即便希腊普通大众选择了新民主党，他们依然将其视为最坏政党之一，只是"它是最坏中的最好的"罢了。③

（二）对执政成败经验的反思和总结

在希腊激进左翼联盟执政期间，该党不仅将关注点聚焦于贫困的少数群体，通过系列优惠政策帮助他们渡过难关，还为受困的难民、移民提供庇护和登记等紧急服务，并向欧盟呼吁制定更人道的难民政策。对于旧政权主导的新自由主义政策，该党也做出了一些改变，如扶持民营企业，反对部分国有企业私有化，要求富人承担更多的债务负担，等等。尽管最终结果不尽如人意，左翼盟友批评如潮，但该党仍是为了寻求新自由主义的

---

① 刘作奎：《在大众政治和精英政治之间：希腊政党政治的发展轨迹与前景》，《当代世界》2019 年第 11 期。

② B. Lana Guggenheim, "Marking the End of an Era, Syriza Loses to New Democracy in a Landslide," https：//www.southeusummit.com/europe/greece/marking-the-end-of-an-era-syriza-loses-to-new-democracy-in-a-landslide.

③ B. Lana Guggenheim, "Marking the End of an Era, Syriza Loses to New Democracy in a Landslide," https：//www.southeusummit.com/europe/greece/marking-the-end-of-an-era-syriza-loses-to-new-democracy-in-a-landslide.

政治和经济替代方案而进行民主斗争的象征。正如欧洲学者认为的那样，在物质、政治和象征意义上，希腊激进左翼联盟代表着参与和包容，它试图通过推动政治计划，以某种方式提高部分弱势群体和贫困社会群体以及移民的生活质量。①这也足以解释为何在 2019 年大选中，虽然希腊激进左翼联盟丧失了执政地位，但仍然获得了多达 31.53% 的选票，取得了议会第二大党和最大反对党的地位。

2019 年 7 月大选几个月后，希腊激进左翼联盟在国内政治中保持低调。选举失败需要进行自我批评和内部讨论，以使该党逐渐开始制定新的选举策略，帮助其赢得下一次全国大选。在此背景下，希腊激进左翼联盟邀请了 3 位经验丰富的政治工作者，包括前副总统扬尼斯·德拉格萨基斯（Yiannis Dragasakis）、航运部前部长西奥多罗斯·德里萨斯（Theodoros Dritsas）和教育部前部长阿里斯蒂德斯·巴尔塔斯（Aristides Baltas）组成委员会，对该党执政的 4 年半历程（2015 年 1 月至 2019 年 7 月）进行了回顾和总结，并写了报告。该报告于 2020 年 2 月初提交给希腊激进左翼联盟中央委员会审议，随后获得了通过并公布。该报告总结了希腊激进左翼联盟执政期间政策的得失，并认为目前更重要的是吸取经验教训并开始为赢得下一次全国大选做准备。该报告提出备选的关键要素包括：现代化的核心政府政策，更有效的审查机制，国家的民主转型，成员的登记，对社会开放以及对左翼人士的包容，以及可持续、积极的政策。②

在具有较强大众政治传统的希腊，希腊激进左翼联盟能否通过总结执政经验的得失，理性提出解决社会危机的办法，加强与中左翼党派的合作等提高民意支持率，从而再次获得执政机会，还有待观察。

---

①　Emmanouil Mavrozacharakis，"A Strategic Defeat of Populism in Greece（July 20，2019），" https：//ssrn.com/abstract = 3423322 or http：//dx.doi.org/10.2139/ssrn.3423322.

②　George N. Tzogopoulos：《对激进左翼联盟回顾的评价》，李佳祺译，https：//www.sohu.com/a/393887149_ 100021948。

第七章
匈牙利青年民主主义者联盟(FIDESZ)

一 青民盟的发展历程

匈牙利青年民主主义者联盟（FIDESZ，简称"青民盟"），创建于
1988 年，早期的创建者和参加者大多是持自由主义立场的青年知识分子。
出生于 1963 年的维克多·欧尔班（Viktor Orbán）是该党的创始人之一，
他从匈牙利罗兰大学法律系毕业后，获得匈牙利裔犹太富豪索罗斯的资助
到牛津大学留学，成为西方国家在匈牙利重点培养的青年领袖。青民盟成
立后积极推动匈牙利的政治转型，1989 年 6 月 16 日在布达佩斯英雄广场
举行的纳吉·伊姆雷①葬礼上，欧尔班发表了"要苏军撤出匈牙利"的著
名演讲，成为匈牙利的知名人物。1990 年 5 月，匈牙利第一届自由选举的

---

① 纳吉·伊姆雷是 1956 年匈牙利十月事件（Hungarian Event，Hungarian Revolution of 1956，
又译匈牙利事件或 1956 年匈牙利革命）中的关键人物，1956 年 10 月 23 日至 11 月 4 日，
匈牙利爆发了要求苏军撤离、进行改革的群众和平游行，后来在西方间谍煽动下引发武装
骚乱，纳吉在此期间出任匈牙利政府首脑，宣布结束一党执政、解散保安部队、退出苏联
主导的华沙条约组织等，苏联出兵匈牙利平息骚乱。1956 年 11 月 23 日纳吉被逮捕，1958
年 6 月 16 日以反革命罪被判处死刑，1989 年 7 月匈牙利最高法院宣布纳吉无罪，撤销
1958 年的判决。

国会成立，欧尔班作为青民盟代表成为议员，正式走上从政之路。1998 年青民盟赢得大选，35 岁的欧尔班出任政府总理，成为匈牙利历史上最年轻的政府首脑。在 2002 的大选中青民盟失败下野。

2010 年欧尔班带领青民盟再次赢得大选，并在 2014 年、2018 年连续获得大选胜利，且获得了议会 2/3 以上的席位，欧尔班两次连任总理职务。特别是在 2018 年的大选中，欧尔班领导青民盟创造了"双高"的选举纪录：一是议席数量较上一届有所增加，青民盟获得议会全部 199 个席位中的 134 席，比 2014 年多了 3 席；二是投票率再创新高，在中东欧各国普遍的低投票率情况下，青民盟在 67% 高投票率（2014 年投票率是61.7%）的背景下实现了高得票率。2018 年大选后，青民盟控制的议会席位超过了 2/3，意味着青民盟政府可以在不需要其他党派支持的情况下做出重大决策，巩固了其在国家决策体系中的优势地位。[1]

在 2022 年 4 月举行的匈牙利议会大选中，匈牙利选民的投票积极性非常高，超过 68.7% 的合格选民参加了投票活动。选举的结果超出了外界的预测，青民盟—基民盟获得 290.2 万张选票，得票率为 54.01%；反对党派联合阵营获得 181.8 万张选票，得票率为 34.35%；新成立的极右翼政党"我们的祖国运动"党（Our Homeland Movement，简称 MI HAZÁNK）获得了 32 万张选票，得票率为 5.9%，获得了进入议会的资格。在匈牙利议会的 199 个议席中，青民盟—基民盟获得 136 席，反对党派联合阵营获得 55 席，"我们的祖国运动"党获得 7 席。[2] 需要指出的是，反对党派联合阵营是为了打败青民盟—基民盟的执政联盟拼凑而成的，2018~2022 年进入匈牙利议会的其他所有反对党都加入了这个联合阵营，杂糅了匈牙利社会主义党、尤比克党、民主联盟、运动力量党以及其他两个倡导环保主义的小党。青民盟—基民盟控制的议会席位超过了 2/3，欧尔班再次蝉联总理，确保了匈牙利内政外交政策的稳定性和延续性。

---

① 刘作奎：《2018 年大选后匈牙利的内政和外交走向》，《当代世界》2018 年第 6 期。

② 选举数据来源，参见 http://www.parties-and-elections.eu/hungary.html。

二　欧尔班的非自由主义政治理念

欧尔班是青民盟的创始人之一，也是该党最重要的领导人，欧尔班个人的政治理念对青民盟的政党纲领具有全面影响。在 1989 年前后匈牙利进入政治转型时期，作为一名受到美国和西欧支持的自由主义青年政治领袖，欧尔班的政治理念带有更多的自由主义色彩，但匈牙利实现政治转型和加入欧盟后社会经济发展的现实，促使欧尔班和青民盟对自由主义发展模式进行反思，从而探索寻求符合匈牙利本国国情和利益的更加现实主义的政治经济发展道路。

欧尔班的政治理念可大致归纳为下几个方面。

（一）超越"左"和"右"的"非自由主义"政治理念

20 世纪 90 年代初期欧尔班领导的青民盟奉行自由主义，坚守右翼政党的定位，坚决拒绝与社会党等左派政党的合作。但随着匈牙利右翼政治力量的不断削弱和"左强右弱"政治生态的形成，从政党发展前景和意识形态的角度出发，青民盟逐渐超越了传统党派的左右翼光谱，在政党理念和指导思想上发生了重要变化。这主要体现在欧尔班提出的"非自由主义"（illiberalism）和"非自由国家"建设。

2014 年 7 月 26 日，欧尔班在罗马尼亚图什纳菲尔德举办的第二十五届巴尔瓦纽什自由大学和学生夏令营上发表讲话，反思 2008 年全球金融危机发生以来世界经济和政治格局的变化。欧尔班在演讲中指出，1989 年后成长起来的一代人由于没有亲身经历，已经不把变革制度当作参照点，有价值的历史经验可以利用，但更重要的是要审视世界上正在发生的变化，要以 2008 年开始显露的世界经济和世界权力改组为出发点，思索自己的人生。欧尔班说，福利国家和社会制度已经耗尽了自己的储备，注定要破产，因此需要改变。地方主义是对西方的模仿，现在应该跨越。匈牙利应该达到这样的目的：让世界所有的重要势力都乐见匈牙利的成功，这应被视为匈牙利民族的外交政策。关于匈牙利的未来发展，欧尔班认为"必须与自由主义的社会组织原则和方法决裂"，以前自由主义的匈牙利不能捍卫集体的财产，不能保护国家免于欠债，也不能防止匈牙利的家庭成为债务的奴隶，匈牙利民族是一个共同体，需要组织、强化和建设。①

在欧尔班看来，匈牙利政治转型后建立的政府和国家体系仍然受1989年以前政治体系的遗产影响，需要建立一个既非自由主义又非福利国家模式的新型国家体系。欧尔班关于"非自由民主国家"的言论，以及建立非福利国家模式的新国家体系的讲话，都是他这一理念的体现。2010年重新执政后欧尔班推动了修改宪法、政府体制改革，正是为了实现这个目标。

（二） 加强对媒体的监督和控制

2002年大选落败，欧尔班将失败的原因认定为社会党控制了大多数社会机构、企业和媒体。青民盟只有建立自己的智库、媒体、学校，才能与社会党在同一平台竞争。2010年以来欧尔班政府推动媒体法等法律的修订，加强对媒体的控制。

（三） 加大政府对经济的干预和控制力度

2008年全球金融危机导致欧洲经济发展停滞，这使欧尔班开始怀疑自由主义经济在匈牙利的可行性。2010年上台执政后，欧尔班政府面临匈牙利经济衰退的窘境，开始反思自由市场经济的效果，决定加大政府对经济的干预和控制力度，实行关键企业的国有化。欧尔班认为，如果不采取措施，匈牙利经济不可能好转，如果采取紧缩政策，将会很快失去选民的支持。他需要寻求既不失去选民又能偿债的方法，即向银行业征税、改革养老金制度、发行移民国债。

---

① 贺婷：《"欧尔班现象"初探》，《俄罗斯学刊》2017年第6期。

（四）在东西方之间寻求平衡的外交政策

2010 年执政之初，欧尔班向欧盟寻求帮助解决国内问题，但欧盟没有立即伸出援手，而是提出各种条件。欧尔班认为，应该靠自己的方式来改善匈牙利的经济状况，而不再一味依赖西方。欧尔班政府近年来积极探索欧盟以外的合作机会与战略伙伴，发展与俄罗斯、中国以及中亚和东南亚等国的关系，寻求更广阔的发展路径，这是出于国家发展的实用主义战略，但匈牙利的根本立足点始终是依托欧盟，正如欧尔班曾经比喻的："我们坐在欧盟的船上，但需要来自东方的劲风。"①

三 匈牙利青民盟政府的改革措施

欧尔班领导下的青民盟自 2010 年至今连续赢得了三次大选，确保了一系列政治经济改革的连续性。西方学术界将 2010 年以来欧尔班政府内外政策的集成称为"欧尔班现象"，包括在政治上通过建立新选举制度强化执政党地位，同时加强对公共媒体和一些社会组织的控制；在经济政策上，实施各种改革措施，把政府干预作为刺激经济复苏的积极手段；在外交上，从偏重西方转向东西方平衡，提出"向东开放"政策，加强与中国、俄罗斯等东方大国之间的经贸合作；强调捍卫成员国民族国家权益，并联手维谢格拉德集团其他三国（波兰、捷克、斯洛伐克）与欧盟的难民政策针锋相对。尽管欧尔班的执政理念和政策受到了欧盟和一些国家以及本国反对派的批评，但相关政策成效明显，自实行以来，匈牙利经济发展形势较好，青民盟支持率较高，实现了连续执政。青民盟的改革措施主要包括以下几个方面。

---

① "Orban and the Wind from the East," https：//www. economist. com/eastern-approaches/2011/11/14/orban-and-the-wind-from-the-east.

（一）政治改革

2010 年执政后，欧尔班政府利用青民盟在国会拥有 2/3 多数席位的优势，推动通过了新宪法，实行司法体系改革，出台新媒体法等，力图强化政府权威。对此，欧盟认为部分法律改革违背了民主价值，破坏了权力制衡机制，匈牙利出现了"民主倒退"。[①]

1. 通过和修订《匈牙利基本法》

2011 年 4 月 18 日匈牙利国会通过了新宪法《匈牙利基本法》。2011 年 7 月 5 日，欧洲议会通过了谴责《匈牙利基本法》的决议，认为该法违反了构成欧盟基础的民主价值和自由权利，决议指出欧盟建立在民主和法治、尊重基本权利和自由的价值观基础上，这对包括匈牙利在内的成员国均有约束力，呼吁匈牙利政府修改新宪法并在制定重要法律时遵守欧洲准则。在新宪法生效后的短短一年多内，匈牙利相继通过了四个宪法修正案，涉及宪法过渡性条款、央行以及土地产权。其中 2011 年 12 月 30 日匈牙利国会通过了与新宪法相配套的一系列法律，一些条款被认为削弱了中央银行、司法和数据保护机构的独立性，再次引起了欧盟关注。[②]

2013 年 3 月 11 日，匈牙利国会通过了第四个宪法修正案，共 14 条，涉及此前被匈牙利宪法法院认定违宪的一些过渡性条款。该修正案引起争议的内容包括：宣布宪法法院基于旧宪法所做的决议无效；全国法院行政管理局主席有权改变案件的审判地点；重新界定家庭的概念，家庭只能建立在异性婚姻和父母子女关系之上；宗教组织的官方认可须得到国会 2/3 以上赞同票；竞选期间政党只能在公共媒体上做宣传；无家可归者在公共场所生活将可能被起诉；获得国家奖学金的大学生必须承诺毕业后在国内

---

① 贺婷：《"欧尔班现象"初探》，《俄罗斯学刊》2017 年第 6 期。

② "European Parliament Resolution of 16 February 2012 on the Recent Political Developments in Hungary，" http://www.europarl.europa.eu/sides/getDoc.do? pubRef = -% 2f% 2fEP% 2f% 2fNONSGML%2bTA%2bP7-TA-2012-0053%2b0%2bDOC%2bPDF%2bV0%2f%2fEN.

工作若干年。①

2. 制定和通过新媒体法，加强对媒体的监管

2010 年欧尔班政府执政后，制定和通过了新的媒体法，并于 2011 年 1 月 1 日开始生效。该法加大了政府对媒体的监管力度，依照这项法律，所有广播、印刷品和网络媒体传播的内容，如果被当局视为有攻击性、不公平以及 "不符合公众利益"，相关媒体将会受到重罚。匈牙利新媒体法实施以来，遭到国内外诸多批评。匈牙利全国记者联合会与匈牙利出版业协会认为新媒体法有碍言论自由和新闻自由，涉嫌违宪。时任欧盟委员会主席巴罗佐致信匈牙利政府表示担忧。在欧盟的施压下，2011 年 2 月 16 日匈牙利和欧盟就媒体法修改问题达成一致，包括对新闻报道的审查仅限于广播，但必须遵循有关审查的法律；新媒体法不再适用于外国媒体，但外国媒体需要在 60 天内到相关部门进行登记；此前的媒体法不允许传播暗含侮辱个人或团体的内容，现在这个要求只限于煽动仇恨和歧视行为。②

3. 制定和通过新的选举法，创造有利于自己党派的选举条件

主要内容包括以下几个方面。（1）2012 年生效的新选举法改变了传统的选区划分方式，对原有选区的边界区域等进行了重新分割，使左翼政党丧失了大量作为票仓的选区，增加了其竞选难度。（2）新选举法授予境外匈牙利族人投票权，而这些境外匈牙利人大多支持青民盟，这帮助青民盟与基民盟组成的联盟所获得的议席从 132 个增至 133 个，这多增加的一个席位决定了其拥有再次修改宪法的权力。（3）新选举法规定 "竞选期间媒体必须免费播放政治广告"，执政党可以利用其控制的公共电视台增大竞选广告投放量，而主要通过商业电视台投放竞选广告的反对党则大受影响，此外青民盟作为执政党控制了媒体监管机构，也容易造成不公平竞争。青民盟在 2014 年、2018 年连续获得大选胜利，遭到了外界较多抨击，欧洲安全与合作组织发布有关匈牙利国会选举的报告，认为新选举

---

① 贺婷：《"欧尔班现象"初探》，《俄罗斯学刊》2017 年第 6 期。

② 《欧盟与匈牙利就媒体法修改达一致 大减审查限制》，http://gb.cri.cn/27824/2011/02/17/2805s3155411.htm。

法和匈牙利政权对媒体的控制对执政党的连任有帮助，选举是自由但不公平的。[①]

从新宪法及其配套法律使政府权力扩大和对权力制衡的减弱，到新媒体法加强对媒体的控制和限制言论自由，再到选举法有利于青民盟的连任，欧尔班政府利用对国会多数席位的控制，借用法律手段，加强权力控制，保证青民盟在选举中胜出。

欧尔班政府的上述举动受到反对党、部分民众、欧盟和欧洲以外一些国家的批评与指责，被认为有悖民主自由的原则，有悖欧盟价值观。而他关于"非自由民主"的言论，很容易理解为在意识形态上偏离西方自由民主。这是欧尔班政府备受指责的主要原因。

（二）经济改革

匈牙利在转型后一直对加入欧盟抱有很高的期待，认为加入欧盟就意味着现代化，但是加入欧盟 20 年的发展经历与普通民众的期望之间存在较大的差距。匈牙利的经济和生活水平与欧盟老成员国相比依然差距显著，经济私有化和市场开放使得银行、电信、能源、媒体等行业几乎被外国资本垄断，许多国内企业在竞争中被淘汰。《马斯特里赫特条约》对欧盟成员国赤字低于 3%、债务不超过 60% 的要求，迫使匈牙利历任政府都采取了紧缩的财政政策，削减对教育、医疗等关键民生领域的投入。特别是 2008 年以后欧洲债务危机对匈牙利经济造成严重冲击，匈牙利成为第一个申请国际金融援助的中东欧国家，民众将福林贬值、个人负债和失业率飙升都归咎于外资和欧盟，认为欧盟只强调统一市场，维护资本，却忽视甚至损害了民众的利益。世界银行 2006~2010 年对欧盟成员国进行的民调显示，匈牙利是成员国中生活满意度最低的国家之一，72% 的匈牙利人

[①]　Hungary, Parliamentary Elections, April 6, 2014, Final Report, https：//www.osce.org/files/f/documents/c/0/121098.pdf; Hungary, Parliamentary Elections, April 8, 2018, Final Report, https：//www.osce.org/files/f/documents/0/9/385959.pdf.

认为自己经济方面的处境还不如社会主义时期。①

欧洲债务危机为欧尔班政府推行改革政策提供了更多活动空间。2010年重新执政以来，欧尔班政府实施了一系列"非正统"经济政策。

1. 实现对关键行业和银行业的国有化

2010年以来欧尔班政府采取了一系列重大措施，逐步对事关国计民生的关键行业和重要银行实行国有化。2011年，欧尔班政府从俄罗斯苏尔古特石油天然气公司以18.8亿欧元的价格购买匈牙利石油和天然气公司21.2%的股份。2012年收购德国能源巨头意昂集团（E. ON）。2013年收购塞切尼银行和格拉尼特银行的股份。2014年从德国巴伐利亚银行手中全面收购匈牙利外贸银行。2015年2月购买奥地利埃尔斯特银行匈牙利分行15%的股份。2015年6月从通用电气资本公司手中以7亿美元购买布达佩斯银行100%的股权。匈牙利政府通过这些收购举措加大了对本国战略部门的控制力度。

2. 加大对中小企业的支持力度

1989年以后匈牙利按照自由市场经济的要求进行改革和转型，外资大量涌入并收购主导了许多企业，导致匈牙利经济对西欧大型跨国企业的依赖度较高，本国中小企业没有得到发展壮大。欧尔班执政后加大了对中小企业的支持力度，力图增加就业，繁荣经济。2012年欧尔班政府推出促进中小企业发展的增长计划，在接下来的一年里为中小企业提供了28亿美元的贷款，2014年提高至80亿美元，2015年启动了第二阶段方案，向中小企业提供6600亿福林（约23.76亿美元，1福林＝0.0036美元）贷款。

3. 推进养老金制度改革，通过养老金体系的国有化，达到充裕国库缓解国债压力的目的

2010年12月13日匈牙利国会通过一项养老金制度改革法案，强制要

---

① "Hungary Dissatisfied with Democracy but Not Its Ideals," Pew Research Center, http://www.pewglobal.org/2010/04/07/.

求私人养老基金的投保人在私人养老金和国家养老保险体系间做出选择——留在私人养老金体系或是返回国家养老保险体系。通过这项改革，政府从养老金体系获得了约 140 亿美元的资金，缓解了面临的国债压力。

4. 推行税收改革，增加政府收入，降低债务风险

欧尔班政府推行税收改革的指导思想是简化和降低个人和企业的所得税率，以鼓励创业和消费，但同时提高服务业增值税率，以增加国库收入。2011 年欧尔班政府将此前分为 18% 和 36% 两档的个人所得税简化为 16% 的单一税率，2016 年又将单一税率降至 15%。2017 年将企业所得税率下调至 9%。为增加税收，2012 年将金融业、通信业等服务性行业的增值税税率由 25% 提至 27%，2013 年将金融交易税税率由 0.3% 提至 0.6%，银行转账等非现金交易税税率由 0.2% 提至 0.3%，将固定电话与移动电话通信税由每分钟 2 福林提至 3 福林，公司通话税每月上限由 2500 福林提至 5000 福林，个人通话税每月 700 福林上限维持不变；将矿产、油气、地热等矿业税税率由 12% 提至 16%，对个人利息类收入征收 6% 的健康捐助金，针对烟草生产和销售企业征收 4.5% 的流通税。

5. 提出"向东开放"战略，在维持与欧盟贸易关系的同时，加强与中国、俄罗斯、印度等新兴市场经济体的贸易联系

欧尔班政府认为维持匈牙利与其他欧盟成员国的紧密经济关系至关重要，但同时加强与中国的经济关系以减少对西方的贸易依赖也很重要。

欧尔班政府在 2011 年推出了"向东开放"政策，加强与中国、印度、韩国、日本、土耳其以及东盟国家、阿拉伯国家和苏联国家的贸易和技术往来。中国与匈牙利的合作领域不断扩大，欧尔班政府积极参与"16+1"合作，参与匈塞铁路等合作项目，2018 年中国与匈牙利的双边贸易额为 93.2 亿美元，同比增长 15.2%。欧尔班政府与俄罗斯在能源和核能领域的合作不断加强。2014 年 9 月两国签署了关于匈牙利境内帕克什（Paks）核电站合作的协议，该核电站为匈牙利全国提供了 40% 的电力，电站扩容有助于降低电费，保障国家能源安全。匈牙利与俄罗斯在天然气领域的合作也取得一定的成就，匈牙利 75% 的天然气来自俄罗斯，2017 年 7 月 5 日，俄罗斯天然气工业股份公司与匈牙利签署了通过土耳其管道向匈供气的协议。

匈牙利与韩国和日本的经济联系也日益密切。2019 年韩国首次取代德国成为匈牙利的最大投资国，2019 年匈牙利接收的外国直接投资额为 53 亿欧元，其中约一半来自两家韩国公司；1/3 的新增就业岗位来自中国、日本和韩国企业。2010~2019 年，匈牙利对"向东开放"政策涉及国家的出口额增长了 24%，进口额则增长了 29%。①

6. 大力改善就业状况

金融危机发生后，匈牙利失业率居高不下，导致了大量社会问题。2010 年后欧尔班政府创造了大量短期公益性就业岗位，以降低失业率，2014 年匈牙利政府提供了 20 万个短期公益性就业机会，2015 年提供 25 万个。根据欧盟统计局最新发布的数据，匈牙利为欧盟失业率最低的国家之一，2013~2016 年匈牙利失业率持续下降，2016 年失业率为 4.5%，仅高于捷克（3.5%）和德国（3.9%），较欧盟平均失业率低 3.8 个百分点，较欧元区平均失业率低 5.1 个百分点。

7. 改善国际投资环境

2010 年欧尔班政府执政以来，匈牙利的国际投资环境不断改善，成为国际资本市场青睐的投资目的国。2016 年 5 月，惠誉评级机构将对匈牙利的评级从 BB+ 提高到 BBB+，为建议投资等级。2016 年 9 月标准普尔将对匈牙利的主权信用评级从 BB+ 上调至 BBB-。2016 年 11 月穆迪投资者服务公司将对匈牙利的评级从 Ba1 调高到 Baa3。至此，国际三大评级机构都已陆续将匈牙利的评级调高至"可投资等级"。2017 年 2 月，标准普尔将对匈牙利长期和短期外币及当地货币的主权信用评级维持在 BBB-/A-3，这表明匈牙利投资环境稳定。

欧尔班政府自 2010 年以来进行了一系列经济改革措施，通过将养老金国有化、对银行业和通信业等行业征收高额税等措施控制财政赤字；通

---

① 《2020 年匈牙利外交政策面临新挑战》，中国—中东欧研究院微信公众号，2020 年 4 月 9 日。

过对能源等战略资产进行国有化、对银行业的部分资产进行国有化，增强
国家对这些行业的控制力；通过创造就业机会降低失业率；通过刺激中小企
业发展和调整对外贸易方向，推动经济持续发展。欧尔班政府的经济政策促
进了匈牙利经济复苏和增长。2013 年以来，匈牙利经济连续 7 年保持增长趋
势（见图 7-1 和表 7-1），年均增长率在 4%左右。匈牙利外贸进出口总额不
断增长，连续多年实现贸易顺差，改变了此前长期贸易逆差的局面，例如
2016 年匈牙利外贸进出口总额为 1766 亿欧元，出口额为 933 亿欧元，同比
增长 3.1%，进口额为 833 亿欧元，同比增长 1.7%，贸易顺差达 100 亿欧元。

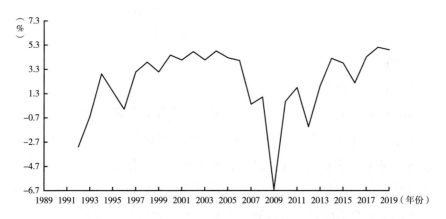

图 7-1　1989~2019 年匈牙利 GDP 增长率走势

资料来源：https://www.ceicdata.com/zh-hans/hungary/gross-domestic-product-annual-growth-rate。

表 7-1　2008~2019 年匈牙利 GDP 增长率

单位：%

年份	GDP 增长率	年份	GDP 增长率
2019	4.93	2013	1.96
2018	5.09	2012	-1.47
2017	4.32	2011	1.82
2016	2.20	2010	0.66
2015	3.85	2009	-6.70
2014	4.20	2008	1.06

资料来源：https://www.ceicdata.com/zh-hans/hungary/gross-domestic-product-annual-growth-rate。

欧尔班政府的经济改革措施取得了良好成效，在 2008 年全球金融危机发生后，匈牙利在欧盟各国中率先摆脱困境，实现经济的恢复性增长，匈牙利普通民众也分享到了经济发展的红利，对青民盟和欧尔班的支持率提高，让青民盟能够在 2014 年、2018 年的大选中取得压倒性胜利，选举结果也证明了"欧尔班现象"并非如部分西方媒体所描述的那么负面和可怕。

（三）"向东看"的外交政策和应对难民危机

2010 年再次执政后，欧尔班政府的外交政策由亲西方转变为在东西方之间寻求平衡。一方面加强与俄罗斯和中国等国家的合作，另一方面作为欧盟成员国，匈牙利在难民重新安置的配额问题上与欧盟针锋相对。

匈牙利与俄罗斯的合作主要集中在能源领域。由于对俄能源的依赖以及与俄贸易关系的紧密，在欧盟针对乌克兰危机而对俄罗斯采取制裁措施时，匈牙利采取了较为中立的立场，多次呼吁停止对俄制裁。

在与中国的合作方面，匈牙利欧尔班政府积极参与中国—中东欧合作，推动匈塞铁路项目进展，双方召开的联合工作组会议讨论了中国"一带一路"倡议，匈牙利加入了亚洲基础设施投资银行。2017 年 5 月欧尔班总理应邀出席在中国北京举行的"一带一路"国际合作高峰论坛，中匈双方建立了全面战略伙伴关系。双方全面展开在"一带一路"倡议及其框架下的中国—中东欧合作，取得丰硕成果。

在欧洲难民危机问题上，欧尔班采取较强硬的立场，反对欧盟的难民政策和难民配额。2015 年欧洲难民危机爆发后，鉴于难民问题在经济、安全、文化等方面可能带给匈牙利社会巨大的压力，匈牙利和波兰等部分欧盟成员国坚决反对接收难民，欧尔班政府把难民问题列为政府需要面对的头号问题。一方面通过向欧洲法院递交诉讼状，反对欧盟按照配额强制分摊难民，坚决抵制难民配额等，另一方面采取封锁边界、设置边界围栏等措施，防止难民涌入本国。2016 年又通过举行全民公决和修改宪法等措施，表明坚决反对难民进入匈牙利和欧盟难民安置措施的强硬立场，积极安抚匈牙利选民对难民的恐惧。2009~2018 年欧盟和匈牙利接收难民的数量见表 7-2。

表 7-2　2009～2018 年欧盟和匈牙利接收难民数量统计

单位：人

	2009 年	2010 年	2011 年	2012 年	2013 年	2014 年	2015 年	2016 年	2017 年	2018 年
欧盟	263835	259630	309040	335290	431095	626960	1322845	1260910	712235	638240
匈牙利	4665	2095	1690	2155	18895	42775	177135	29430	3390	670

资料来源：Eurostat，http：//appsso. eurostat. ec. europa. eu/nui/show. do？ dataset = migr ＿ asyappc tza&lang = EN。

欧尔班政府的反欧盟难民政策，虽然遭到了欧盟和德国等国家的制裁和抨击，但契合了国内百姓的关切，多个欧盟国家后来跟进欧尔班的做法证明了其"先见之明"，如今欧洲各国对匈牙利的各项措施普遍表示认可。欧尔班政府通过打难民牌，表明有能力让国家"稳定、安全和繁荣"，有能力维护国家利益和安全。[①]

四　匈牙利青民盟政府与欧盟的关系

（一）在合作与对抗中调适与欧盟的关系

匈牙利"欧尔班现象"在欧盟成员国中并非个案和特例。自 2008 年全球金融危机爆发以来，欧洲一体化进程步履艰难，乌克兰危机、难民危机、新冠疫情等突发因素对欧盟这样一个超国家机构应对危机和外部挑战的能力提出了更高的要求，也激化了成员国与欧盟之间的利益冲突，出现了英国公投脱欧这样的极端事件，使欧洲一体化进程面临严重倒退。就最晚加入欧盟的中东欧国家而言，加入欧盟是一种实用主义的选择，一方面希望享受欧盟的资源和援助，另一方面又想最大化本国的利益，不愿意承担共同的责任或者反对西欧国家提出的要求。这些国家对欧盟缺乏价值认

---

① 李家懿：《非"神"非"魔"的民粹主义——"欧尔班现象"的社会转型视角分析》，《党政研究》2019 年第 4 期。

同的深厚基础，所以试图从内部改变欧盟的游戏规则，并联合呼吁给予"成员国更多的自治"，弱化自由主义和人道主义的色彩。① 这也解释了近些年匈牙利、波兰在欧盟的难民摊派、预算等问题上采取强硬立场。

匈牙利毕竟是个小国，作为欧盟成员国，青民盟和欧尔班政府的各种政治和经济改革都要受到欧盟各层面的监督和制约。例如，针对青民盟和欧尔班政府借政治改革增加党派利益、违反选举公平和公正原则的指控，2018 年 9 月 12 日，欧洲议会以 448 票赞成、197 票反对的超 2/3 票数，通过了由一名欧洲议会议员起草的报告，指控匈牙利政府对媒体和学术自由的严格管控、打击非政府组织、否认少数民族和移民所享有的权利，同时决定依据《欧盟条约》第 7 条对匈牙利展开"破坏民主制度"的调查和启动制裁程序。② 这是欧洲议会第一次投票决定对一个欧盟成员国实施援引自《欧盟条约》第 7 条的惩罚措施。2017 年 12 月，欧盟委员会也曾使用其权力展开对波兰的调查。德国总理默克尔和欧盟委员会主席容克在议会投票当日发言，两人批评了欧盟内部不断扩张的民族主义思潮，以及民主法治的逐渐退化。容克指出欧盟委员会将"反对任何针对法治的攻击"，且他本人也"十分担忧近来某些欧盟成员国的动向"。③

2020 年 4 月由比利时、捷克、丹麦、芬兰、希腊、立陶宛、卢森堡、荷兰、挪威、斯洛伐克和瑞典等国家的 13 名欧洲中右翼政党领导人签署联名信要求欧洲人民党党团主席图斯克将匈牙利总理欧尔班领导的青民盟"逐出党团"，该联名信指出："匈牙利议会 3 月 30 日通过法案，允许匈牙利政府无限期延长紧急状态，并允许总理欧尔班通过法令进行

---

① Patrick Kingsley, "Hungarian Right Does Not Want to Leave the EU, It Wants to Subvert It," *The Guardian*, October 2, 2016, https：//www. theguardian. com/world/2016/oct/02/hungarian - right - does - not - want - to - leave - the - eu - it - wants - to - subvert - it.

② Michael Birnbaum, Griff Witte, "EU Parliament Votes to Punish Hungary for Backsliding on Democracy," *The Washington Post*, September 12, 2018, https：//www. washingtonpost. com/ world/europe/amid - threats - to - rule - of - law - in - hungary - european - lawmakers - vote - to - start - sanctionsproc eedings/2018/09/12/4ba20fe8 - b63d - 11e8 - ae4f - 2c1439c96d79_ story. html.

③ 李家懿：《非"神"非"魔"的民粹主义——"欧尔班现象"的社会转型视角分析》，《党政研究》2019 年第 4 期。

统治，这明显违反了自由、民主和欧洲价值观的基本原则。与新冠疫情的斗争需要采取广泛的措施，但是，病毒不能作为无限期延长紧急状态的借口。我们担心欧尔班总理将利用他新取得的权力，进一步加强政府对民间社会的控制。"信中最后说："我们呼吁根据《欧洲人民党章程》第9条，将青民盟驱逐出欧洲人民党党团。"这使得匈牙利青民盟的欧洲议会议员在欧洲人民党党团处于"冻结"状态，无法正常参加活动。

（二）强化维谢格拉德集团的合作

以匈牙利为核心的维谢格拉德集团已经成为欧盟内部一个重要的次区域国家集团，国际社会一般把维谢格拉德集团四国视为中东欧地区经济社会转型的成功典范。作为欧洲重要的新兴经济体，该集团的经济实力不断增强，按照2016年的GDP总额计算，该集团为世界第16大经济体，其6400万人口在欧洲排在第四位（比法国略少）。该集团的合作越来越多关注跨区域议题，如能源、防务合作、欧洲东部伙伴关系、交通基础设施等。

作为一个次区域集团，其在欧盟治理结构中的作用日益重要。四国在难民问题上采取的一致立场日益突出了欧盟与新成员国的结构性矛盾。2016年6月，欧尔班提出，欧盟的民主合法性只能来自成员国，欧盟的基础不在于其机制，而在于成员国；欧盟的民主特点只能由成员国来强化，欧盟机构和成员国之间的关系必须得到改善。以匈牙利为代表的维谢格拉德集团国家要求对欧盟治理结构进行改革，并提高民族国家地位。一方面，它们在欧盟范围内争取国家利益的最大化（如欧盟结构基金的分配），另一方面，又抵制欧盟出台的其认为不利于国内社会稳定和经济增长的政策措施（如难民摊配）。[①]

随着一体化的日益深入，欧盟面临更加严重的认同危机，尽管部分政治精英不断地自上而下推动着一体化进程，但各成员国的普通民众对一切

---

① 刘作奎：《2018年大选后匈牙利的内政和外交走向》，《当代世界》2018年第6期。

都由布鲁塞尔决定的超国家主义仍然心存疑虑，普通民众和欧盟政治精英对欧盟未来发展的看法有很大的差异。匈牙利执政党青民盟的领袖欧尔班与波兰执政党法律与公正党领袖卡钦斯基在政治理念和执政思路上有很多共同点，都带有较强烈的民粹主义和民族主义色彩，他们支持"多数民主"，也希望在各自国家推行符合国情的新发展模式，而不仅仅是追随西欧国家的脚步。

从欧盟和匈牙利的未来发展来看，匈牙利青民盟政府的执政措施获得了国内民众的大力支持，有望长期持续执政。

尤比克党是匈牙利另一民粹主义政党，其具体情况如下。

附录　匈牙利尤比克党（Jobbik）

（一）尤比克党发展历程

匈牙利尤比克党的前身是 1999 年成立的"为了更好的匈牙利运动"（Movement for Better Hungary，Jobbik），2003 年该运动决定成立自己的政党组织，由加博尔·沃纳（Gabor Vona）领导。在其成立宣言中，尤比克党将自己描述为一个有原则的、保守的、激进爱国的基督党，其主要目标是维护匈牙利的价值和利益。尤比克党成立后积极参加匈牙利国内政治选举和欧洲议会选举。

在 2006 年举行的国会选举中，尤比克党与反犹的极端右翼匈牙利生命与正义党结成选举联盟，仅获得 2.2% 的选票，没有达到进入议会的 5% 的门槛，该党处在匈牙利的政治边缘。

在 2011 年匈牙利大选中，尤比克党提出了反对腐败、反建制、反对欧盟和罗姆人的政治纲领，帮助其赢得了 12.2% 的选票和 47 个席位。

2014 年匈牙利大选尽管实行了有利于青民盟的新选举法，但尤比克党仍然获得了 23 个席位，更重要的是尤比克党在 41 个直接选区中成为得票率较高的第二大党。2015 年 4 月，尤比克党首次在塔波尔卡选区的补选中胜出，议会席位上升到 24 个。在 2014 年 5 月举行的欧洲议会选举中，尤比克党获得了匈牙利 15% 的选票，表现之好超出意外。在 2019 年 5 月的欧洲议会选举中，尤比克党的支持率下降，仅获得 6.44% 的选票和 1 个席位。

在 2018 年的匈牙利议会大选中，尤比克党赢得了 26 个席位，比 2014 年多了一个席位，成为议会的第二大党和第一大反对党。匈牙利中左翼反对派支持率出现明显下降，从 2014 年的 38 席下降到 30 席，其中匈牙利社会党（MSZP）只赢得了 20 个席位，尤比克党取代了匈牙利社会党成为第二大党。[①]

2018 年后，尤比克党开始逐渐摆脱极右翼政党形象，向中间路线转型，这导致一部分坚持极右翼民族主义立场的成员退党，组建了新的"我们的祖国运动"党。分裂后的尤比克党对选民的吸引力下降，在 2022 年的议会大选中，尤比克党获得 19.1% 的选票和 9 个议席，相较 2018 年的 26 个议席，大为减少。"我们的祖国运动"党则获得了 5.9% 的选票和 7 个议席，得以进入匈牙利议会。有评论者认为尤比克党成为 2022 年匈牙利议会选举中最大的输家之一。[②]

（二）政治纲领和排外主张

尤比克党自称代表匈牙利人民，既反对现行政治秩序，又反对腐败的政治精英，既反对共产主义的继承者社会党，又反对青民盟代表的新自由主义。其政策纲领主要是加强政府干预、实行左翼的经济政策、加强法律与秩序的权威。这是尤比克党与西欧右翼民粹主义政党的不同之处。

在 2003 年发布的《创立章程》（Founding Charter）中，尤比克党指

---

① 相关数据参见欧洲政党与选举网站，http：//www. parties-and-elections. eu/。

② Csaba Moldicz，"Hungary Political Briefing：Landslide Victory for the Governing Party in the Hungarian Parliamentary Elections，" *Weekly Briefing*，Vol. 50，No. 1，2022，https：//china-cee. eu/2022/04/25/hungary-political-briefing-landslide-victory-for-the-governing-party-in-the-hungarian-parliamentary-elections/.

出："对社会问题缺乏敏感的后共产主义左翼是为银行家和精英阶层的利益服务的。为了维护自己的权力地位，它利用媒体垄断来操纵和践踏生活水平低下的人。公民政治权利联盟（青年民主主义者联盟—匈牙利公民党）具有自由主义的根源，其目标是成为排他性、垄断的政治角色，力图将所有独立的民族力量强有力地纳入自己的组织框架。双方看似激烈的冲突，只是一个潜在的单极政治体制与错综复杂的关系网络的外在表现。中右翼和社会主义者之间的差距正在缩小。单极政治体系下的两党制在我们眼前壮大，这也被我们一直视为主要威胁。"

尤比克党认为，执政的欧尔班政府想要"终结多党政治，建立中央集权制"，实现青民盟一统天下的局面。为此，尤比克党倡议："我们希望成为议会中有良心的右翼政党，我们想要展示国家未来的前景，因此我们的政治议程将代表整个国家。我们有代表人民的责任感，尽管提高他们的生活水平仅仅是一个梦想；他们的工资或养老金仅够勉强维持生活；他们越来越难以应对日益加速的世界和消费社会的挑战，而且忍受持续的社会剥夺感的威胁。"[1]

2012年，尤比克党发布了题为《为了人民——尤比克党执政基本理念的宣言》的政治纲领，全面提出了尤比克党反对现行政治秩序的主张。该政治纲领开篇指明人民的主体是全体匈牙利人民，"我们代表匈牙利全体人民"，"不论他们生活在世界的哪个地方"，"尽管尤比克党的发展经历几个阶段，但是我们一直致力于联合那些愿意为了自己的祖国牺牲的爱国的人民，把匈牙利变成一个宜居的国家"。尤比克党刻意强调自身的人民性："尤比克是人民的共同体，愿意为自己的祖国和民族牺牲。我们党在自己的纲领和实际行动中代表所有的匈牙利人民，它为的是人民。"

在这份政治纲领中，尤比克党攻击执政的青民盟是新自由主义的代表，将之称为"总督"（viceroys），把匈牙利社会党称为"寡头"（oligarchs），指责"它们在过去20多年里统治匈牙利，现在又背叛我们。总督领导的

---

① Founding Charter, http：//www. jobbik. com/manifesto_ 0.

政府基本上将我们的人民出卖给外国，而寡头领导的地方政府将人们丢给权力薄弱的国内政权组织。我们都受够了，不论总督还是寡头，我们都不再需要"。为此，尤比克党提出了以人民为中心的执政理念和方案，并对选民承诺："我们深信一种以人为中心的政府将取代以意识形态和利益驱动的政治。"①

在宣传中，尤比克党刻意突出与青民盟和匈牙利社会党的巨大差异——"青民盟和匈牙利社会党都专注于 20 世纪的问题并对此做出 20 世纪的对策。尤比克党采取的则是 21 世纪的立场，希望致力于解决 21 世纪的问题。匈牙利政治在 19~20 世纪的左右翼、保守、自由或者社会主义上的分歧变得越来越不重要"。②

尤比克党紧紧抓住匈牙利民族的历史特征与认同，打破二战结束以来达成的政治禁忌，把少数民族罗姆族、欧盟与外来移民"他者化"（othering），在国内将少数民族罗姆族描述为"罗姆人罪犯"，对外持强烈的欧洲怀疑主义和本国利益优先的立场，主张收回本国在边境控制、移民等方面的主权，对欧洲一体化质疑，充分显示了其右翼民粹主义的立场。

1. 歧视迫害少数民族罗姆族

罗姆族是世界上著名的跨境民族，英国人将其称为吉卜赛人，法国人将其称为波希米亚人，西班牙人将其称为弗拉明戈人，俄罗斯人将其称为茨冈人，阿尔巴尼亚人将其称为埃弗吉特人，希腊人将其称为阿金加诺人，伊朗人将其称为罗里人。目前，欧洲有 900 万~1200 万名吉卜赛人，其中大多数生活在罗马尼亚。由于罗姆人没有建立自己的国家，分散在世界各地，他们在欧洲各国普遍遭受到种族主义的偏见和歧视，被社会边缘化并遭受劳动力市场的排斥。罗姆人大概是 500 年前迁徙并定居于匈牙利的，目前约占匈牙利人口的 6%~7%。1961~1984 年，匈牙利

① "For the People-Manifesto on Jobbik's Fundamental Principles for Government," https://www.jobbik.com/manifesto_on_the_guidelines_for_a_future_jobbik_led_government.

② Gabor Vona, "A Jobbik nem náci párt, Magyar Nemzet," www.mno.hu/belfold/vona-a-jobbik-nemnaci-part-1283804.

统一工人党（Hungarian United Worker Party）实施强迫同化政策，宣布罗姆人浪漫自由的生活方式是犯罪，强迫他们定居下来。1988 年匈牙利才授予罗姆人国籍地位。1989 年匈牙利政治转型后，尽管匈牙利国内和欧盟都颁布了反对歧视和保障少数民族权利的法规与关于罗姆人在教育、劳动力市场融合等方面的计划，但是罗姆人的地位并未得到实质性的改变。进入21 世纪后，随着欧盟东扩，大量罗姆人从东欧国家移民到西欧的英国、法国、意大利等地，这些西欧国家对罗姆人的隔离和排外也随之增强。欧盟要求成员国制定一个详细、全面，包括整个欧洲范围的罗姆人的融合战略，但执行效果并不好。从 2010 年夏天开始，法国萨科齐政府展开了大规模驱逐罗姆人的行动，一个月内便在全国各地拆除了 120 多个罗姆人宿营地，并驱逐了上千名罗姆人。

罗姆人与匈牙利人之间的紧张关系是一个长期的、普遍的问题。从2006 年开始，尤比克党通过操纵舆论，成功构建了"罗姆人罪犯"的政治问题，成为尤比克党 2007 年中优先解决的三个问题之一（前两个为保护民族的象征、与欧盟相关的问题）。"罗姆人罪犯"这个词语是围绕生物种族主义构建的，暗示罗姆族是天生犯罪的种族，并且具有通过血缘遗传的基因。

尤比克党于 2007 年 8 月 25 日成立了非军事组织"匈牙利卫士"（Hungarian Guard）。匈牙利卫士成员身穿黑色制服，胸前有由红色和白色横纹组成的阿尔帕德徽章（Arpad Stripe，阿尔帕德王朝是公元 9~13 世纪统治匈牙利的基督教王朝，1945 年前其徽章被大肆屠杀犹太人和罗姆人的匈牙利法西斯组织"箭十字团"采用）。该组织反对罗姆人集会，对罗姆人社区进行巡逻，容易让人联想起二战时期的法西斯组织"匈牙利箭十字团"（Hungarian Arrow Cross Party），快速地引发了公众的关注。"匈牙利卫士"后来虽然被政府取缔和解散，但通过这一行动，尤比克党在选民心目中成功塑造了能够严肃解决罗姆人问题的唯一政党形象。

尤比克党采取两手策略，一方面通过政治选举与政党组织，另一方面通过社会运动组织形式来招募和吸引支持者，从而确立了反对罗姆人并

"代表"匈牙利人民的极端民族主义立场。

2. 反对欧盟与外来移民

2008年全球金融危机沉重地打击了匈牙利尚不稳定的政治经济体系，影响了匈牙利的稳定和发展。因此尤比克党坚决反对欧盟，呼吁立即退出："我们无法接受这样的欧盟，它会给我们的国家主权带来致命的破坏！我们不能接受贫富之间巨大的差距！我们无法接受政治屈从于私营企业的利益，这不代表社会利益！"[1]

尤比克党领导人沃纳在2012年一次反欧活动中发表演讲，公开提出立即退出欧盟的观点。从现场视频来看，沃纳在演讲中喊道："谁敢站在这里说欧盟对我们有利？在过去的8年里，如果欧盟为你做了什么好事，请举手！我没看见任何人举手。如果你觉得我们应该退出欧盟，请举手！"尤比克党副主席埃洛德·诺瓦克则公开焚烧欧盟旗帜。[2]

自2013年以来，尤比克党在这个问题上缓和了自己的立场，从强硬的拒绝欧洲主义转化为温和的疑欧主义，该党不再主张立即退出欧盟，但是呼吁尽快与欧盟进行重新谈判，比如建立欧洲工资联盟（European Wage Union），讨论与欧盟成员国同一速度发展等问题，并进行匈牙利全民公决。

在欧洲难民危机爆发后，匈牙利尤比克党反对欧盟按配额给每个成员国分配难民，并在2014年的党纲中增加了如何处理外来移民的内容，声称外来移民是未来最大的挑战者，"21世纪是人口庞大的新移民时代，这也给匈牙利民族带来了新的、巨大的挑战。我们21世纪的任务是保护匈牙利人民，让他们过得更好。所以，当我们说尤比克党的灵魂和使命是代表全世界上的匈牙利人时，我们充分意识到，除非我们让每个人在自己的祖国更好地生活，否则我们就做不到。喀尔巴阡盆地的匈牙利人不应该移

---

[1]　"For the People - Manifesto on Jobbik's Fundamental Principles for Government," https：//www. jobbik. Com/manifesto_ on_ the_ guidelines_ for_ a_ future_ jobbik_ led_ government.

[2]　"Jobbik's Demonstration against the EU-the Speech of Gábor Vona," https：// www. youtube. com/ watch？v =yCYNgu9WVzI.

民国外，而移民到匈牙利的人应该返回自己的祖国"，"让每个人在自己的家园里更好地生活"。①

2018 年初，尤比克党的领袖沃纳在《国情咨文》中将反对外来移民与恐怖主义、保卫匈牙利安全作为第一要务。他指出，"不论布鲁塞尔制定的外来移民配额的方案如何，我们都拒绝。但是这不是匈牙利的安全政策的最终目的。我们将继续保留边境围栏，如果形势需要，将在边境其他地方建立新的围栏，并且不得不配置独立的边境守卫"。②

（三）未来发展趋势

自 2008 年全球金融危机发生以来，民粹主义与民族主义两个幽灵交织与叠加在一起，对世界各国产生了深刻影响。尤其在正经历政治经济转型与现代化二元进程的中东欧地区，民粹主义与民族主义的合流在许多国家催生了民粹主义政党，它们以民族主义与民粹主义为核心要素来构建自己的意识形态和制定政治策略，推动了各国民粹主义政治生态的改变，民粹主义政党成为执政党，民粹主义政治成为这些国家的主流政治思潮。但是与传统政党不同，民粹主义政党很难在意识形态上以"左、右"进行区分。它们没有意识形态内核，存在"空心化"的特征，本着"取悦于民"的原则，社会民主主义、自由主义、民族主义、保守主义的政策都可以被其纳入囊中，选取这些政策的标准是是否有利于提升选举的支持率。同时，民粹主义政党也极力标榜自己是"人民的真正代表"，在党名中常常有"人民""公正""公民"字眼。

但是由于特殊的历史记忆，民粹主义和民族主义在匈牙利的发展具有特殊性。第一次世界大战结束后，作为战败国的匈牙利被迫签订了《特里亚农条约》，丧失了超过一半的领土和人口，这成为匈牙利民族巨大的伤

---

① "For the People-Manifesto on Jobbik's Fundamental Principles for Government," https://www. jobbik. com/manifesto_ on_ the_ guidelines_ for_ a_ future_ jobbik_ led_ government.

② 张莉：《民族主义与民粹主义：意识形态的构建还是政治策略的选择——以匈牙利民族民粹主义政党尤比克党为例》，《国外社会科学》2018 年第 2 期。

痛。在 1989 年之后的政治发展中，匈牙利超民族主义（ultra-nationalism）情绪很强烈，强化了大民族主义和对少数民族持不宽容的态度，如反犹太人和反罗姆人都是民粹主义和民族主义的体现。青民盟上台执政后将国名由"匈牙利共和国"改名为"匈牙利"，赋予居住在周边其他国家的匈牙利人在匈牙利大选中的投票权，让中东欧国家本已平复的匈牙利人问题再次被挑起，匈牙利与相关国家的关系也紧张起来。匈牙利的另外两个民粹主义政党生命与正义党极端反对犹太人，尤比克党反对罗姆人。这些装扮成民族主义的新民粹主义政党利用民族主义排外取向，把普通民众的利益诉求内化为民族整体的价值利益，强化底层民众的民族认同，把草根性的政治参与转换成政党自身的社会基础。①

　　匈牙利的民粹主义政党政治，提醒国际社会密切关注和深入分析民粹主义与民族主义叠加的政治走向、发展趋势及其对整个欧洲乃至全球政治的影响。

---

① 项左涛：《试析中东欧新民粹主义政党的兴起》，《国际政治研究》2017 年第 2 期。

第八章
西班牙民粹主义政党

一 西班牙民粹主义政党兴起的背景

（一）"脱实向虚"的"西班牙病"

西班牙民粹主义政党的迅速崛起，在很大程度上与"西班牙病"[①] 有很大关系。西班牙于 1986 年加入欧共体后，受新自由主义经济政策影响，政府逐步放松对金融资本的监管，特别是 1999 年欧元发行后，欧元区单一货币带来了低利率，低利率带来了信贷潮，进而推动房地产和建筑业快速发展，同时，从 2003 年开始推进土地市场自由化。这些政策导致了制造业竞争力下降，而建筑业和房地产业繁荣发展，逐渐形成以房地产业、旅游业为主导的经济发展模式。加入欧元区后，西班牙人力成本相对低廉的优势消失，工厂逐渐停产，西班牙的去工业化进程加剧，经济发展"脱实向虚"的不良倾向明显。

---

① "西班牙病"是指西班牙制造业衰落、金融和资源领域吃老本；债务高企、缺少新的增长点；社会福利好、劳工政策僵死、失业率超高。

在 2008 年全球金融危机爆发以前，房地产业占国民经济比重过大是西班牙经济的特征。1995~2006 年，建筑业（主要是房屋建筑业）占西班牙 GDP 比例从 7.5% 提升到 12%；2007 年是西班牙经济"正常"增长的最后一年，建筑业占 GDP 比例达 15.7%，而同时期的美国、德国、法国、英国和意大利的建筑业只占本国 GDP 的 9% 左右；到了危机爆发后的 2009 年，西班牙建筑业仍占本国 GDP 的 10% 以上。有分析者认为，西班牙 GDP 每年增长 6%，建筑业就增长 30%。作为劳动密集型产业，2000~2007 年，西班牙全部工作岗位的 20% 均由建筑业创造。[①]

西班牙政府长期执行宽松的移民政策，鼓励大量来自东欧、北非、拉美的移民进入西班牙并获得正式公民身份。1998~2008 年，西班牙全国人口增长 18%，劳动人口增长 25%，其中 98% 的增长来自东欧、拉美、北非等地的外国移民，外来移民数量在 10 年间从不到 50 万人增加到 500 万人。大量移民的涌入催生了对中低端住房市场的需求，同时在欧盟体制下，西班牙政府无法有效限制来自北欧和德国、英国的富裕阶层大量投资西班牙的中高档房产，这进一步催生了西班牙房地产市场的火爆。

西班牙政府长期执行的鼓励购房政策，如减免房屋拥有者所得税、降低住宅建设增值税及购房者抵押借款利息、[②] 为中低收入者补贴最多 11000 欧元的首付款等，极大地刺激了民众买房欲望。西班牙的平均抵押借款利率，1991 年为 17%，1996 年 10%，2004~2005 年下降到约为 3.5%。西班牙实行购房贷款可以抵扣个人所得税的政策，更助长了"租房不如买房"的社会心态，也直接导致西班牙成为全球住房拥有率最高的国家之一，西班牙个人住房拥有率达 81%，这在西方工业化国家中是最高的。宽松货币政策下大量资金流入房地产业，过热的发展带动了房价的猛涨，同时积累吹大了泡沫，不断膨胀的泡沫成为经济可持续发展的潜在威胁，这已经成

---

① 张健：《西班牙房地产泡沫破裂的教训》，《国际信息资料》2010 年第 6 期。
② 尹子潇等：《西班牙的房地产泡沫：城市化与城市建设》，《地理研究》2016 年第 7 期。

为在世界各国不断上演的剧本。

此外，自 2003 年开始的土地市场自由化，让西班牙的地方政府尝到了"土地财政"的甜头，许多地方政府通过改变城市开发计划，比如将许多城郊的土地从农村土地改为城市土地，就可以允许开发商在上面建房子，以此来收取丰厚的"许可费"。有资料显示：房地产及相关产业对西班牙国内生产总值增长的贡献率已达到 18%，对地方政府的财政收入贡献率更是达到了 50% 以上。上述各种因素都是西班牙新建住房数量增长及房价飞涨的重要原因。

2000~2007 年，拥有人口 4500 万的西班牙年均建房 60 万套，其中仅 2007 年一年就有大约 80 万套新房竣工，比总人口达 2 亿人的德、法、英及意每年建房总数还多，而同期西班牙全国家庭数平均每年增长 28 万户。[1] 1995~2008 年，西班牙房价上涨 190%；特别是从 2000 年起更是高速上涨，1999~2005 年，年均上涨 15%。与之相比，美国同期年均只上涨 4.2%~6.1%。[2]

房价高涨且民众购房热情高涨，使得西班牙的平均房价与国民平均收入的比例、国民负债水平比例在整个欧盟国家中是最高的。2000~2008 年，西班牙私人和公共债务年均增长 14.5%，其中大部分与房地产投资有关。在西班牙房地产泡沫破灭的前一年 2007 年，西班牙家庭购房抵押贷款已超过 5071 亿欧元。更为特殊的是，西班牙金融市场的长期低利率增强了消费者对未来的低利率预期，因而西班牙 98% 的购房者采用可变抵押借款利率（ARMs）而不是固定利率购房，相比之下，美国只有 15% 的人采用可变利率购房。这使得西班牙房地产市场对利率尤为敏感。2008 年全球金融危机发生后，信贷条件发生变化，抵押借款利率当年升至 5%，

---

① Garrett Fitzgerald, "The Relationship between Housing Prices and Macroeconomic Factors in Spain," http://web. bryant. edu/~economix/Research% 20Papers/Vol% 202/Vol% 202% 20No% 203% 20Fitz. pdf.

② Carlos Garriga, "The Role of Construction in the Housing Boom and Bust in Spain," http://www. fedea. es/pub/papers/2010/dt2010-09. pdf.

2009 年续升至 6%，利率升高加重了西班牙家庭还款负担，提高贷违约和银行金融风险。[①]

（二）金融危机冲击下的高失业率

金融危机发生后，西班牙信贷紧缩，利率提高，导致房地产泡沫破灭。西班牙房地产及相关产业如建筑业、银行业等遭沉重打击，进入 50 年来经济最严重衰退时期。西班牙国家统计局表示，与欧洲其他主要经济体相比，西班牙以更快速度丧失了更多的就业岗位。2011 年第四季度，西班牙失业人口增加了近 30 万人，失业率升至 22.85%，西班牙年轻人失业率达 46%，居欧洲国家之最。[②]

不断僵化的劳动关系让企业很难裁员，只能尽量少地招聘员工，特别是年轻员工，进一步加剧了年轻人的失业状况。金融危机发生以来，西班牙政府实施的财政紧缩政策和劳动力市场改革也在短期内导致了失业率的上升。2008 年全球金融危机爆发后的很长一段时间内，西班牙的失业率长期维持在 20% 以上，其中年轻人的失业率更高。根据西班牙国家统计局发布的统计数据，2012 年西班牙新增失业人口达到 69.18 万人，失业人口总数在 2012 年底达到了创历史新高的 596.54 万人，失业率达到 26.02%。其中 25 岁以下年龄段人群的失业率达到 55.13%。在 25 岁至 29 岁年龄段人群中，拥有本科及其同等学力的年轻人失业率为 26%，拥有中学和小学学历的年轻人失业率分别为 48% 和 43%。长期存在的年轻人高失业率导致大量接受过良好教育的年轻人"毕业即失业"，让许多年轻人产生了"失去的一代"的悲观看法。西班牙经济学家冈萨罗·加尔兰德认为西班牙年轻人的失业问题尤为让人担心，这一问题已经超出经济领域，成一个社会问题。[③]

在 2008 年全球金融危机爆发前，西班牙房地产繁荣所带动的经济持

---

① 张健：《西班牙房地产泡沫破裂的教训》，《国际信息资料》2010 年第 6 期。
② Stephen Fidler, "The Euro's Next Battleground: Spain," *The Wall Street Journal*, February 24, 2010.
③ 《西班牙失业率突破 26%》，《人民日报》2013 年 1 月 25 日，https://news.12371.cn/2013/01/25/ARTI1359068337330275.shtml。

续高速增长，使得人们对西班牙经济繁荣产生了幻觉，掩盖了西班牙国内生产结构的瓶颈、收入分配结构的不平衡等经济和社会问题，这些问题与房地产泡沫破灭一起，给西班牙普通民众的生活带来了巨大影响，民众负债累累，22%的人口生活在贫困线下，甚至许多中产阶层都沦落到在"食物银行"外排队领救济。轮流上台执政的左右翼主流政党对解决西班牙经济社会发展的结构性痼疾缺乏建树，导致心怀不满的民众转而投票支持各种新兴的民粹主义政党。

二 西班牙左翼民粹主义政党"我们能"党

（一）党派创建和发展历程

2014年1月，对西班牙政治状况深感不满的西班牙左翼青年政治家巴勃罗·伊格莱西亚斯与马德里一些政治学教授、资深媒体人及社会组织成立了"我们能"政治运动。到2014年3月，"我们能"运动转型为政党——"我们能"党。该党作为倡导互联网直接民主的欧洲新型民粹主义政党，广泛借助现代网络技术不断与选民在流行社交软件推特和脸书上直接对话，宣传其政治主张，赢得了大量民众支持。2014年3月宣布建立"我们能"党后，在不到24小时内，获得5万名线上支持者，在成立后的20天内，10万人在线申请入党。这些党员具有年轻化、知识化、激进化的特征，社会动员能力、参与能力和意愿很强，使"我们能"党获得了迅速发展。在2014年5月欧洲议会选举中，该党作为独立力量参选，赢得120万张选票、8%的得票率和5个议席。巴勃罗·伊格莱西亚斯当选为欧洲议会议员。[①] 在2016年6月的全国大选中，"我们能"党（不包括竞选联盟中的联合左翼）赢得43个议席，成为西班牙众议院第三大党。该党创始人、党领袖巴勃罗·伊格莱西亚斯是马德里

---

① 于海青：《西班牙"我们能"党兴起透视》，《当代世界》2016年第5期。

康普顿斯大学政治学教授，没有从政经验，但具有丰富的政治思想和理论体系。

在 2015 年 12 月西班牙大选中，伊格莱西亚斯辞去了欧洲议会议员的职务，率领"我们能"党第一次参加议会大选，获得了 20.66% 的选票，获得 69 个议会席位。在 2016 年 6 月重新举行的西班牙大选中，"我们能"党获得了 21.77% 的选票，获得 69 个议会席位，成为西班牙第三大党，成为群雄逐鹿的西班牙政坛中不可小视的新兴力量，"我们能"党与"统一左翼"（United Left）诸党派组成的极左联盟，共计获得 71 席，伊格莱西亚斯也希望联合左翼能够取代西班牙传统的左派政党社会党成为新的左翼代表力量。

2017 年 2 月，在"我们能"党的代表大会上，伊格莱西亚斯以 89% 的得票率再次当选总书记。

在 2019 年 5 月举行的欧洲议会选举中，"我们能"党和联合左翼组成的政党联盟获得了 10.1% 的选票和 6 个席位，比 2014 年的欧洲议会选举多获得了 1 个席位。

在 2019 年 4 月 28 日举行的西班牙议会大选中，"我们能"党由于党派内部分裂，得票率从 21.1% 降至 14.3%，仅获得 42 个议席。

2019 年 11 月 10 日举行的西班牙议会大选的结果加剧了西班牙政党的极化趋势，极左翼或极右翼势力快速上升或急速下跌现象并存，受极右翼政党呼声党的冲击，"我们能"党的得票率下降，在议会中仅获得 35 个议席。得票最多的工社党以 120 个议席居于各党之首，但仍未达到议席绝对多数，最终不得不向政治立场相对接近的极左翼党"我们能"党妥协，开始认真考虑和权衡"我们能"党提出的各项联合执政条件。在和"我们能"党进行多次建设性协商后，工社党在多个方面做出妥协，尤其在未来政府权力体系安排上，工社党接受了"我们能"党的提议；在竞选纲领等诸多方面，工社党也有意迎合了"我们能"党在社会公正等方面的条件。为了组建左翼联合政府，在加泰地区独立的问题上，"我们能"党也改变了态度，接受了工社党提出的通过谈判来解决问题等更为温和的主张。双方互有妥协，都表现出合作的诚意。①

2020 年 1 月，"我们能"党与西班牙传统左翼政党工社党组建了联合政府，"我们能"党共有 5 人担任联合政府内阁成员，该党总书记巴勃罗·伊格莱西亚斯担任第二副首相，同时有 4 名党员出任政府内阁部长，一直背负民粹主义政党名声的"我们能"党第一次获得了联合执政的机会，获得了实践其社会公平理念的机会，通过关注低收入阶层、提高公职人员待遇等措施，不断缩小阶层差距，赢得更多选民。②

（二）"我们能"党的政治主张

在西班牙遭遇主权债务危机的背景下，"我们能"党高举"反资本主义全球化、反西方传统精英政治"等旗帜，通过现代网络传媒等手段，吸引更多选民支持。"我们能"党是西班牙政党政治新生态下的产物，符合当前欧洲政党政治发展的总趋势。

巴勃罗·伊格莱西亚斯主导下的"我们能"党的政策主张可总结为平等化和民主化两大特点。其在西班牙内政上主张改革现行政治体制，反对腐败，制定更多反映民众诉求的政策；在经济上力推公平和福利，反对财政紧缩；在对外关系上攻击外国政治精英，团结各国左翼人士，主张欧盟向民主化方向改革。

在政治上，"我们能"党和伊格莱西亚斯主张对西班牙现有政治体系进行大规模改造，重塑政府，让西班牙的政治权力向民众倾斜。其一，反对精英政治。伊格莱西亚斯认为欧洲的民粹主义是不可阻挡的，主张让普通公民来参与政治，"把民众意见变成政治决定"，认为任何修改宪法的提议均需要进行全民公投；声称"精英是在窃取民众的民主权利和金钱"，并将矛头直指特权阶层。其二，高举反腐旗帜。伊格莱西亚斯表示，西班

---

① 张敏：《西班牙大选后左翼联合新政府的政策走向——世界社会主义运动的视角》，《世界社会主义研究》2020 年第 2 期。

② "Factbox: Main Figures in Spain's New Government," https://www.reuters.com/article/us-spain-politics-ministers-factbox-idUSKBN1Z91OQ.

牙自佛朗哥时代起就形成了裙带关系，具有任人唯亲等积弊，西班牙人致富靠的不是聪明才智而是接近权力。他指出，西班牙主流政客多为腐败分子，能被大公司轻易买通，是"被金钱豢养的百万富翁"。他们形成固化的利益集团，共同窃取民权、使民主蒙羞。伊格莱西亚斯对主流政治家的严厉批评遭到了西班牙工社党总书记桑切斯、西班牙前国王胡安·卡洛斯一世的谴责。

在经济上，"我们能"党和伊格莱西亚斯追求平等和福利。伊格莱西亚斯宣称要重振疲软的西班牙经济，其主张包括：规定每周工作 35 小时，提高最低工资，并设国家最高工资，降低最低退休年龄至 60 岁；建立公共基金，将受金融危机冲击的银行和公共事业实体国有化；主张债务重组，认为国家偿债能力应与经济发展水平相适应，因还债造成经济衰退得不偿失；反对财政紧缩，认为该政策的两大牺牲品是民众和社会民主；国家应为每位国民提供最低收入，以减少贫困及加强社会公平；加强对企业游说的管控，防范企业特别是跨国公司利用海外税收天堂避税；促进中小农场的粮食生产；退出部分自由贸易协定。对于欧元区共同经济政策，其建议欧洲央行将充分就业纳入货币政策目标，而非仅仅盯住通胀率。

"我们能"党的经济主张带有明显的左翼色彩，代表平民、小生产者及中小农的利益，并带有反自由贸易的元素。美国《新闻周刊》认为，伊格莱西亚斯的经济政策是要组织西班牙左派"劫富济贫"。①

在外交政策上，"我们能"党和伊格莱西亚斯对外强调民主公平。伊格莱西亚斯认为西班牙政府首脑不应只遵从欧盟，而要学会讨价还价，提出成员国应与欧盟"重新划定主权"，废除欧盟制度的支柱《里斯本条约》。他反对德国和法国对欧盟的主导权，认为默克尔主导下的欧盟的决

---

① "Is Pablo Pglesias Spain's Barack Obama or Its Vladimir Lenin?" http：//www.newsweek.com/2015/03/27/pablo-iglesias-spains-barack-obama-or-its-vladimir-lenin-314663.html.

策 "践踏了其他成员国的主权及合法权益"。①

"我们能"党的自我定位是欧盟内部改良主义左翼政党,而非反欧盟政党,伊格莱西亚斯本人表示虽对欧洲政治不满,但作为亲欧派,他支持民主、反对极端。在政治上他坚决反对法国国民阵线(今国民联盟)、英国独立党等右翼政党,与欧洲左翼政党和政治人物保持良好合作关系,认为"我们能"党与希腊激进左翼联盟是促进欧盟改良的重要力量。他称赞激进左翼联盟党领导人齐普拉斯是"狮子";在 2015 年 8 月英国工党改选党首期间,他大力支持杰里米·科尔宾,称科尔宾是"共同改变欧洲的战友"。②

(三) 伊格莱西亚斯对 "我们能" 党的影响

"我们能"党的迅速发展壮大,与该党总书记巴勃罗·伊格莱西亚斯有密切关系。伊格莱西亚斯于 1978 年 10 月 17 日出生于马德里的一个左翼"斗士之家",其父哈维尔·伊格莱西亚斯是历史学教授,曾担任劳工巡视员,是西班牙社会主义运动组织反法西斯革命爱国阵线的创始人,后因反对佛朗哥被投入大狱,其母路易莎·图里翁在西班牙最大工会之一的劳工委员会担任律师,祖父曼努埃尔·伊格莱西亚斯曾遭佛朗哥政府迫害,祖母是西班牙最大工会之一的工人总联盟创始人之一。巴勃罗的取名是为了纪念 19 世纪西班牙社会主义之父和西班牙工人社会党创始人巴勃罗·伊格莱西亚斯·波塞。③ 2002 年伊格莱西亚斯以优异成绩毕业于马德里大学法学院,获法学学士学位。2008 年他获得政治学博士学位,其博士学位论文《后国家集体行动》着眼于政治冲突与和平进程。伊格莱西亚斯曾在马德里大学任政治学代理主座教师,2014 年 9 月被该校聘为名誉教授。2002年至今,他在各种期刊上发表了约 30 篇论文。④

---

① "Lunch with the FT: Pablo Iglesias," https://www.ft.com/content/e65e7aae-9362-11e5-94e6-c5413829caa5.

② "Podemos Leader Backs Jeremy Corbyn Campaign for Labourleadership," https://www.theguardian.com/politics/2015/aug/25/podemos-supports-jeremy-corbyn-change-europe.

③ 董一凡:《西班牙我们可以党总书记伊格莱西亚斯》,《国际研究参考》2017 年第 7 期。

④ "Pablo Iglesias Turrión," https://en.wikipedia.org/wiki/Pablo_Iglesias_Turrión.

21 世纪的头几年，伊格莱西亚斯参与总部设在西班牙，主张社会主义及反全球化的智库政治与社会研究中心（CEPS）的活动，并在拉美地区参与与 CEPS 有关的政治活动，作为观察员考察过巴拉圭和玻利维亚的大选，还担任过委内瑞拉政府的战略分析顾问和玻利维亚政府的顾问。

伊格莱西亚斯还活跃于媒体，在电视、报刊和政治评论网站不断发声。2013 年后成为西班牙电视四台、电视六台、24 小时新闻台和互动经济台等西班牙主流媒体政治节目的座上宾。与此同时，他还活跃于海外媒体，在伊朗伊斯兰共和国广播电视台西语频道参加政治辩论节目——《阿帕奇要塞》。伊格莱西亚斯在《众报》《立方体》《起义报》等西班牙主流左翼媒体上频繁发表文章。

作为年轻一代的政治家，伊格莱西亚斯和"我们能"党特别善用新媒体平台吸引年轻人和网络群体的关注，并通过网络进行政治互动，实现"互联网直接民主"。

西班牙《国家报》报道称，伊格莱西亚斯是西班牙国内最受网民喜爱的政治人物，在脸书和推特上粉丝甚多。他喜欢利用社交媒体与网民互动，并以此类活动引爆一些话题，吸引西班牙媒体的关注，帮助他提升知名度。而且，为了做好"我们能"党的发展及宣传工作，伊格莱西亚斯专门组织网络工作团队，设计了"我们能"党手机应用软件及网页讨论版，让全民通过注册平台参与讨论该党的各项政策。这种新颖的参与模式符合年轻一代的媒体消费习惯，吸引了大量年轻人。目前，"我们能"党平台注册会员已超过 40 万人，讨论议题超过 20 万个。

三　西班牙右翼民粹主义政党呼声党

从 1990 年以来，欧洲极右翼政党的影响力逐步扩大，尤其在近些年的选举中，极右翼政党成为不可小觑的政治力量，对欧洲各国的政治生态形成强烈冲击。欧洲极右翼政党的崛起成为不少相关学者研究的课题，同时也引起了大众和媒体的广泛关注。但极右翼政党在西班牙政坛一直未能形成气候，许多学者认为这是因为西班牙在 1936~1974 年长期遭受佛朗哥政权的极右翼军事独裁统治，直到 1978 年以全民公决的形式通过新宪法才逐渐实现国家正常化，人们对国家遭受极右翼政党统治的苦难记忆尤深，对各种打着"西班牙雄起"等民族主义旗号的极右翼政党避犹不及，在一定程度上遏制了极右翼民粹主义政党的发展。但 2013 年以来西班牙呼声党的迅速发展壮大，改变了西班牙的政治生态。

（一）呼声党的创建和发展历程

西班牙极右翼政党呼声党创建于 2013 年 12 月，是从中右翼政党西班牙人民党（Partido Popular，PP）的极端右翼派别发展而来的。2014 年 9 月，圣地亚哥·阿巴斯卡尔·孔德（Santiago Abascal Conde）成为党主席并连任至今，伊凡·艾斯皮诺萨·德洛斯·蒙特罗斯（Iván Espinosa de los Monteros）当选为总书记。该党多位主要创始人曾是人民党保守派成员，一直批评时任首相及党主席马里亚诺·拉霍伊·布雷（Mariano Rajoy Brey）领导下的人民党在传统价值观、国家统一和自由经济等议题上太过温和。呼声党的政治理念与佛朗哥时代有着密切联系，前中右翼首相何塞·马里亚·阿尔弗雷多·阿斯纳尔·洛佩兹（José María Alfredo Aznar López）① 亦对其影响甚深，在呼声党提出的经济、文化、对外关系等各方面的主张中都能看到阿斯纳尔政策的影子。

现任党主席阿巴斯卡尔，1976 年 4 月 14 日出生于西班牙巴斯克自治区的毕尔巴鄂市。祖父为佛朗哥时期的职业官僚，曾担任市长。父亲是人民党在西班牙巴斯克自治区阿拉瓦省的灵魂人物，曾任人民党西班牙巴斯克自治区阿拉瓦省领导人长达 35 年，也是人民党巴斯克自治区委员会重

---

① 阿斯纳尔出生于一个政治活跃的保守派家庭，祖父与父亲都曾在佛朗哥政府任职。阿斯纳尔于 1996~2004 年担任西班牙首相，是西班牙民主转型以来的首位右翼首相。他强调经济改革，在任时期西班牙经济得到了显著的发展；对巴斯克分裂主义恐怖组织"埃塔"采取强硬立场，加强了与拉美国家的反恐合作；将对美关系放在首位，不顾国内反对支持伊拉克战争。2004 年马德里"3·11"地铁爆炸案被民众视为对他支持伊拉克战争的报复，尽管政绩斐然，阿斯纳尔仍在当年大选中下台。

要成员，沿袭了佛朗哥时期保守高压的思想，2015 年退党，随后加入呼声党。阿巴斯卡尔家族反对分离主义、坚决维护西班牙统一的政治立场，使其成为巴斯克分裂主义恐怖组织"埃塔"（ETA）威胁暗杀的目标，也由此成为"埃塔"恐怖活动受害者的象征人物，一直公开要求打击"埃塔"、惩治"埃塔"主要成员并禁止保释。①

受家庭影响，阿巴斯卡尔的政治生涯亦始于人民党，自 1994 年入党后主要活跃于巴斯克自治区，2010 年开始将活动场地转往马德里，并逐渐疏远人民党。2004~2015 年，他还发表了《自治权？论"巴斯克人民"所谓的分离权》（2004）、《保卫西班牙——支持西班牙爱国主义的若干理由》（2008）、《通往右翼之路》（2015）等数篇文章表达其政治观点。2013 年 11 月 24 日，阿巴斯卡尔公开致信首相拉霍伊。② 他在信中表示，拉霍伊领导下的人民党政府不顾恐怖主义受害者诉求提前释放恐怖分子，未能对地方自治模式进行深入改革，对工社党执政期间制定的一系列法律无所作为，无法兑现竞选承诺，"已背离了曾经的政治理念，放弃了党的原则与价值"，他本人"已不再认可人民党政府的施政方针"，将与人民党分道扬镳，以"寻求一种更合适、更有效的方式，听取有利于西班牙的呼声"。2013 年 12 月 17 日，阿巴斯卡尔与阿莱霍·比达尔-夸德拉斯（Alejo Vidal-Quadras）、何塞·安东尼奥·奥尔特加·拉拉（José Antonio Ortega Lara）等人宣布建立极右翼政党呼声党（Vox）。党名 Vox 源自拉丁文，意为"声音"，蕴含了呼声党对自己的定义——一个"为数百万名西班牙人发声"③ 的政党。

（二）呼声党对西班牙政坛的冲击

根据 1978 年全民公投通过的西班牙宪法，西班牙是君主立宪制国家，

---

① Josean Izarra, "Fallece Santiago Abascal Escuza, el político alavés al que ETA y la izquierda abertzale no consiguieron callar," *El Mundo*, July 23, 2017.

② Carmen Remírez de Ganuza, "Abascal deja el PP y acusa a Rajoy de 'traicionar sus ideas'," *El Mundo*, November 25, 2013.

③ 参见呼声党官方网站，https://www.voxespana.es/espana/programa-electoral-vox。

国王是国家元首，组建议会内阁制政府。西班牙议会由众议院和参议院组成，参议院为地区代表院，有参议员 266 名，立法权主要掌握在由普选产生的众议院议员，有众议员 350 名，任期 4 年，由在众议院中占据多数席位的政党或政党联盟领袖出任首相。在 40 多年的政治实践中，西班牙形成了中左翼政党和中右翼政党轮流执政的局面。

西班牙中左翼政党工社党成立于 1879 年，历史悠久，在 1982~1996 年连续四次赢得大选，长期执政。西班牙传统中右翼政党人民党的前身人民联盟由佛朗哥政府内阁成员曼努埃尔·弗拉加·伊里巴内（Manuel Fraga Iribarne）创立，是佛朗哥时代结束后成立的第一批老牌政党之一，不仅吸收佛朗哥政府内的温和派知识分子，而且得到教会力量的支持。1989 年，为吸引日渐增多的左倾选民，人民联盟试图摆脱"佛朗哥政治遗产"的形象，开始向中右温和路线转型，重组为人民党。西班牙完成政治转型后，两大政党轮番坐庄，逐渐形成了"两党争霸+多党参与议会"的局面。然而，长期的经济危机逐渐打破了这种均衡局面，老党派遭遇信任危机，新型政党陆续崛起，西班牙政局呈碎片化趋势，并且走向两极化。中右翼的公民党（Ciudadanos，C's）和左翼民粹主义政党"我们能"党开始进入人们的视野，阿巴斯卡尔领导的呼声党也迅速加入角逐。

呼声党先后参加了不少选举，起初收获甚微。2016 年大选结束后，西班牙《机密报》对此刊文《为什么谁都不选阿巴斯卡尔？》。2018 年 12 月 2 日，西班牙人口最多的安达卢西亚自治区揭晓议会选举初步结果，这成为呼声党选举之路上的里程碑：该党得票率一跃而至 11%，赢得当地议会 12 个席位（见表 8-1）。这是西班牙自 1975 年结束佛朗哥军事独裁统治以来，极右翼政党首次在地区选举中获得席位。

2019 年 4 月西班牙议会大选中，呼声党赢得 10.3% 的选票，取得了 24 个议席（见表 8-2）。这是自 1982 年西班牙彻底摆脱佛朗哥体制的影响，实现民主化以来，第一次有极右翼政党进入国会。

尽管其后的地方议会选举结果不尽如人意，2019 年欧洲议会选举中呼声党的表现也远低于预期，仅获得 6.2% 的选票和 3 个席位（见表 8-3），但这标志着呼声党第一次进入欧洲议会。

2019 年 11 月西班牙议会大选中，呼声党高歌猛进，赢得 52 个议席，比 6 个月前增加了一倍多，得票率高达 15.1%（见表 8-2），越过公民党和风云一时的"我们能"党，成为仅次于中左翼执政党工社党（取得 120 个议席）、中右翼政党人民党（取得 88 个议席）之后的国会第三大党。

表 8-1　2016~2019 年呼声党在西班牙地方议会选举中的表现

参选自治区	年份	得票数（张）	得票率（%）	选票排名	席位（个）
巴斯克	2016	771	0.1	12	0/75
安达卢西亚	2018	396607	11	5	12/109
阿拉贡	2019	40671	6.1	6	3/67
阿斯图里亚斯	2019	34210	6.4	7	2/45
巴利阿里群岛	2019	34871	8.1	6	3/59
加纳利群岛	2019	22021	2.5	7	0/70
坎塔布里亚	2019	16496	5.1	5	2/35
卡斯蒂利亚-莱昂	2019	75731	5.5	4	1/81
卡斯蒂利亚-拉曼恰	2019	75813	7	4	0/33
埃斯特雷马杜拉	2019	28992	4.7	4	0/65
拉里奥哈	2019	6314	3.9	6	0/33
马德里	2019	287667	8.9	5	12/132
穆尔西亚	2019	61998	9.5	4	4/45
纳瓦拉	2019	4546	1.3	7	0/50
瓦伦西亚	2019	281608	10.6	5	10/99

资料来源：欧洲政党与选举网站，http：//www.parties-and-elections.eu/spain.html。

表 8-2　2015~2019 年呼声党在西班牙议会选举中的表现

年份	众议院				参议院 席位（个）	内阁 席位（个）
	得票数（张）	得票率（%）	选票排名	席位（个）		
2015	58114	0.2	15	0/350	0/208	无
2016	47182	0.2	13	0/350	0/208	无
2019（4 月）	2688092	10.3	5	24/350	0/208	无
2019（11 月）	3656979	15.1	3	52/350	2/208	无

资料来源：欧洲政党与选举网站，http：//www.parties-and-elections.eu/spain.html。

表 8-3 2014 年和 2019 年呼声党在欧洲议会选举中的表现

年份	得票数(张)	得票率(%)	选票排名	席位(个)
2014	246833	1.6	11	0/54
2019	1393684	6.2	5	3/54

资料来源：欧洲政党与选举网站，http：//www.parties-and-elections.eu/spain.html。

(三) 呼声党迅速崛起的原因

为何呼声党能够在如此之短的时间内赢得选民支持？

受欧洲金融、债务危机和难民危机的影响，自 2009 年以来，作为欧洲第四大经济体的西班牙失业率居高不下，经济萎靡不振，民众最关心的问题不容乐观（见图 8-1）。受欧债危机影响，2009 年以来的历届西班牙政府不得不采取财政紧缩政策，削减社会福利，引起民众巨大不满。经济上的疲软使得西班牙在欧洲没有过多的话语权，政治影响力非常有限。

与此同时，西班牙国内地区差异不断扩大，"加泰罗尼亚独立"问题不断激化，于 2017 年末举行的非法独立公投更是危及国家统一，引发激烈的政治冲突。选民的愤怒对准了人民党首相拉霍伊，加泰罗尼亚公投事件成为西班牙政局走向碎片化的第一根导火索。

除了内忧，还有外患。2015 年以来北非难民大量涌入西班牙，加重了社会负担，挤占了西班牙民众尤其是底层民众的福利资源和就业机会，加剧了民众的不安全感。2018 年，进入西班牙的难民多达 65000 人，几乎全部经由最南部的安达卢西亚自治区入境[1]——正是后来呼声党首先取得突破的地方。皮尤研究中心的调查显示，近半西班牙人对穆斯林群体持不欢迎态度，尤其是受教育程度较低的人群对难民的反应更为激烈。[2] 难民政策不仅在西班牙受到关注，更是整个欧洲选举中的重要议题。在部分欧洲

---

[1] Ian Mount, "Spain's Far-Right Vox Eyes Election Breakthrough," *Financial Times*, April 16, 2019, https：//www.ft.com/content/4e4ae7de-5d17-11e9-9dde-7aedca0a081a.

[2] "European Public Opinion Three Decades after the Fall of Communism," Pew Research Center, October 15, 2019.

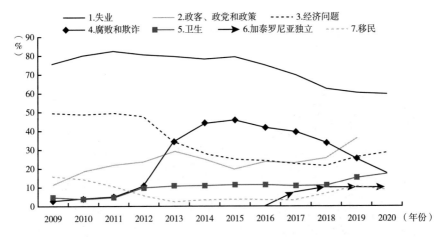

图 8-1　2009～2020 年西班牙人认为本国存在的主要问题

西班牙社会调查中心（Centro de Investigaciones Sociológicas，CIS）每月抽样调查民众认为当下最主要的三个问题，本书选取了 2009 年 1 月至 2020 年 3 月的数据，计算年平均值后列出近十年最受关注的 10 个问题，排除 2020 年新增问题 3 个，制成趋势图。其中加泰罗尼亚独立问题 2016 年前无调查数据。

资料来源：http：//www.cis.es/cis/export/sites/default/－Archivos/Indicadores/documentos_html/TresProblemas.html。

国家，处理不善的难民问题动摇了传统主流政党的基础，为右翼政党的崛起创造了空间。西班牙也没能成为例外。

在西班牙长期轮流执政的两大政党之中，左翼的工社党的经济政策一直饱受质疑，而人民党原本在阿斯纳尔执政期间取得了一定的经济成果，终因其在伊拉克战争中的立场和马德里"3·11"地铁爆炸案下台，加之党内高层身陷重人腐败弊案，该党形象一路下滑。传统大党对分裂主义活动态度暧昧不明，对难民问题消极不作为，这些使得西班牙人厌倦了主流政治，对其政治认同度下降，渴望新兴政治力量。西班牙社会调查中心的选举投票意愿调查显示，2012 年后一半以上选民不再选择两大政党，表态不会投票给任何政党的比例一度高达 24.2%。而人民党走入低谷之时，乘势承接其选票的正是公民党和呼声党（见图 8-2）。

2018 年 5 月，人民党高层贪污洗钱案宣判，随后首相拉霍伊在议会的不信任投票中被罢免，人民党遭受重大信任危机。一直团结在该党旗下的

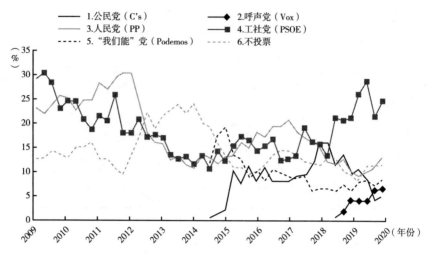

图 8-2　2009~2020 年西班牙选民投票意愿调查

资料来源：笔者根据资料制图。部分政党早期数据缺失，公民党、"我们能"党于 2014 年进入调查，呼声党于 2018 年进入调查。详见 http：//www.cis.es/cis/export/sites/default/~Archivos/Indicadores/documentos_ html/sB606050010.html。

右翼选民开始分裂，不少人转而支持极右翼的呼声党。呼声党在西班牙多重危机中巧妙把握住了民众心声，适时提出对应的政策主张。该党坚决反对加泰罗尼亚分离主义、反对接纳难民的强硬立场迎合了部分右翼选民的政治诉求，同时该党对传统宗教和价值观的重视和宣传引起了群众共鸣，获得了他们的支持。在 2018 年 12 月举行的西班牙安达卢西亚自治区议会选举中，呼声党共获得了 11% 的选票和 12 个议席。这是 1978 年以来的 40 年里，西班牙极右翼政党通过选举第一次进入地区议会，此前从未有任何极右翼政党在国家或者任何自治区的议会上获得代表席位。呼声党所取得的历史性突破的背后，是大量原主流政党的支持者在投票时改换门庭。在安达卢西亚这个传统上偏左倾的地区，呼声党所得选票的 15% 来自 2015 年中左翼或极左翼政党的选民，15% 来自 2015 年公民党的支持者，而 45% 曾是人民党的拥趸。[①]

---

① "España：¿El término 'islamista' constituye un discurso de odio?" April 19，2019，https：//israelnoticias.com/editorial/espana-islamista-discurso-odio.

前首相何塞·马里亚·阿斯纳尔说，呼声党的出现是"加泰罗尼亚风波期间政府无所作为的结果"。艾斯皮诺萨说，呼声党不同于欧洲其他右翼党派，是应本国国情而生的，因西班牙未能应对长期存在的地区冲突而崛起。今日的西班牙"已经走向了极左，而中立派和右派不抵制、不反击，毫无主见"。当然，这类言论激怒的不仅是加泰罗尼亚的分离主义者，还有中左翼的支持者。

（四）呼声党的政治主张

西班牙呼声党打着捍卫基督教价值观的旗号，抛出了民族主义和反伊斯兰的政治纲领，同时利用网络媒体开展民粹主义宣传，迎合西班牙部分民众重现帝国昔日荣光的幻想，提出了诸如"使西班牙再次强大""驱逐异族""振兴经济""优秀种族"等带有民粹主义和种族主义性质的口号，吸引了一些选民的支持。西班牙呼声党体现了西班牙民族主义、社会保守主义、经济自由主义、右翼民粹主义、民族保守主义、温和的欧洲怀疑主义、排外反绿等特点，被认为是西班牙佛朗哥独裁政治理念的继承者。

具体来说，西班牙呼声党的政策主张集中在以下几个方面。[1]

第一，坚决反对地方分离主义，维护国家统一与完整。1978年《西班牙王国宪法》[2] 承认，"各民族和各地区"有组成"自治共同体"的权利，自治共同体"享有谋求自身利益的自治权"。在此制度下，地方政府享有极大的自主权，还会出现中央、地方部门职权重合之处。比如在教育方面，中央政府和地方就各有一套职能相似的管理系统和教育事务管理部门。在财政方面，中央政府有义务做出预算补给地方政府，但无权平衡和调解不同自治区对预算的使用。加泰罗尼亚自治区政府和分离主义政党则借此宣称受到了中央政府不公平财政模式的影响，作为西班牙最富有的自

---

[1]　以下内容来自呼声党 2019 年竞选纲领，参见 https：//www. voxespana. es/espana/programa-electoral-vox。

[2]　《西班牙王国宪法》，1978，参见 https：//boe. es/legislacion/documentos/ConstitucionCASTE LLANO. pdf。

治区之一，加泰罗尼亚要缴纳巨额税费，但所得拨款却与税负不对等。西班牙中央政府在经济危机中采取了财政紧缩政策，在全国范围内减少了公共开支，但越来越多的加泰罗尼亚人认为本地经济下滑和失业率上升是由中央政府"输血"导致的，于是寻求独立自治的浪潮日渐高涨。[①]

巴斯克和加泰罗尼亚的分离运动有经济原因，也有语言文化因素，可以说是历史遗留问题。这两个地区在历史上长期保留着相对独立的自治权，但是近三个世纪以来，卡斯蒂利亚人主导的西班牙政府取消两地传统自治权利，一直压制其语言文化发展。在西班牙内战期间，共和国政府退守加泰罗尼亚首府巴塞罗那，巴塞罗那成为最后进入佛朗哥政权统治的城市，内战后佛朗哥对加泰罗尼亚残酷镇压，更激起了民众的反抗情绪。1978年宪法承认了巴斯克和加泰罗尼亚的"历史民族"（nacionalidades históricas）地位，也意味着对"西班牙民族"概念的间接否定。

呼声党认为这种地方自治模式分解了西班牙作为一个国家的力量，同时为地方腐败提供了强大的政治支持，因此，呼声党坚决反对加泰罗尼亚和巴斯克等自治区的分离主义，反对分权，主张削弱地方行政、教育、卫生、安全和司法等一系列自治权，将权力统一收归至中央政府，支持对加泰罗尼亚的"独立公投"予以严厉打击。

第二，在经济政策上，西班牙呼声党提出了一系列免税、减税措施，希望以此刺激西班牙再工业化，促进就业。呼声党强调改变各大区各自为政的局面，简化中央和地方冗余的行政机构和程序，以国家为整体规划水利和能源工程，通过集中采购、统一调控提高医疗效率。

第三，在社会政策领域，呼声党提倡守护传统的天主教价值观，反对女权主义，反对变性、堕胎，反对同性婚姻，因此受到左派、女权组织和分离主义者的抨击。与极左翼政党"我们能"党大力推动女权主义的理念相反，极右翼呼声党反对激进女权主义和各种女权组织，但是承诺在家庭

---

① 尹建龙：《碎片化与一体化：欧盟国家民族分离运动发展的趋势》，《区域与全球发展》2019年第 2 期。

中给予老人、男性、女性和儿童同等的保护，提出了多项鼓励生育、保护儿童的举措。

第四，在教育和文化方面，呼声党反对多元文化主义，主张消除地区语言差异，强调卡斯蒂利亚语（即所谓的标准西班牙语）为全国官方语言，同时呼吁保护西班牙的传统文化，主张保留斗牛传统。西班牙是多民族国家，根据皮尤研究中心的调查，在家使用卡斯蒂利亚语的西班牙人大约有八成，但各地区还有其地区官方语言，如加泰罗尼亚语（在家使用者为8%）、瓦伦西亚语（4%）、加利西亚语（3%）和巴斯克语（1%）。① 佛朗哥政权曾强行在全国范围内推行卡斯蒂利亚语，而呼声党一以贯之，并提出西班牙语必须作为学校授课语言。

第五，在移民和穆斯林问题上，呼声党领导人多次被指责在不同场合及社交媒体公开发表反穆斯林、反移民言论。党主席阿巴斯卡尔在接受采访时表示，移民规模应取决于西班牙的经济需求和"他们对西班牙文化的融入程度"，这样的话，"西班牙就不必改变自己的传统，也无须更改学校提供的套餐"。② 在一次演讲中，阿巴斯卡尔声称，"圣战主义的威胁正日益迫近西班牙，因而很重要的一点是，人们应认识到这一事实，并坚定地捍卫西方价值观"。③

秉持这样的立场，呼声党提出在西班牙的北非飞地周围建设"不可逾越的"隔离墙也就不足为奇了。呼声党还主张严厉打击伊斯兰恐怖主义活动，加强对国内穆斯林的管理，关闭宗教激进主义清真寺，禁止在公共教

---

① "Speaking the National Language at Home Is Less Common in Some European Countries," Pew Research Center, January 6, 2020, https://www.pewresearch.org/fact-tank/2020/01/06/speaking-the-national-language-at-home-is-less-common-in-some-european-countries/.

② Carmen Aguilera-Carnerero, "VOX and the Spanish Muslim Community: The New 'Reconquista' of Spain," January 23, 2019, https://www.opendemocracy.net/en/can-europe-make-it/vox-and-spanish-muslim-community-new-reconquista-of-spa/.

③ "La Junta Islámica se querellará contra Abascal por denunciar las maniobras de grupos radicales contra la catedral de Córdoba," December 3, 2014, https://www.alertadigital.com/2014/12/03/la-junta-islamica-se-querellara-contra-el-lider-de-vox-por-denunciar-las-maniobras-de-grupos-radicales-contra-la-catedral-de-cordoba/.

育中宣传伊斯兰教义；在移民问题上，主张西班牙应当像中欧的维谢格拉德集团国家（匈牙利、波兰、捷克、斯洛伐克）一样采取强硬立场，拒绝大规模移民，遣返非法移民和犯罪移民，对国籍申请者提高语言和纳税门槛。

第六，在国际关系方面，呼声党更倾向于推动与其他西语国家的合作，重新审视已加入的各类国际组织。尽管积极参与欧洲议会竞选，但呼声党对欧盟持轻微的不信任态度，主张减少交给欧盟的分摊费，并在欧盟增加西班牙的话语权，至少能保障在《尼斯条约》中已经取得的地位。

呼声党"使西班牙再次强大"的口号和修建隔离墙的主张令人不由联想到美国前任总统特朗普。但两者的联系远不止于此。阿巴斯卡尔提及与特朗普竞选团队主管、美国前首席战略专家史蒂夫·班农（Steve Bannon）谈话时表示，呼声党"在法律秩序、社会传统等方面与特朗普主张一致"，班农还建议呼声党"与其他相同路线的政党建立联系"。[1] 阿巴斯卡尔从特朗普的政策中汲取了不少灵感，也曾公开表示赞赏特朗普"维护美国人民自由，面对一些带来损害的国际条约维护国家利益，针对非法移民问题进行了有效的边境管控"。[2] 特朗普当选总统后不久，呼声党高层成员、前首相阿斯纳尔政府顾问拉斐尔·巴尔达吉（Rafael Bardaji）便带领呼声党代表团造访美国白宫，他还与美国国防顾问、美国中东问题特使一直保持互动。此外，呼声党建党之初接受了来自伊朗"人民圣战者组织"（People's Mujahedin of Iran，MEK）80 万欧元的巨额资金支持，该组织一度被伊朗、美国、加拿大和欧盟列为恐怖组织，但美国前国家安全顾问约翰·博尔顿（John Bolton）和特朗普私人律师鲁道夫·W. 朱利安尼（Rudolph

---

① Martin Arostegui，"Santiago Abascal Uses VOX Movement，Connection to Steve Bannon to Pull Spain to Right，" *The Washington Times*，November 8，2018，https：//www. washingtontimes. com/news/ 2018/nov/8/santiago-abascal-vox-leader-becomes-trump-spain/.

② Joe Sommerlad，"Vox：Who Are the Trump-inspired Far-Right Spanish Nationalist Party and What Do They Stand for？" January 11，2019，https：//www. independent. co. uk/news/world/europe/vox-andalusia-santiago-abascal-spain-steve-bannon-donald-trump-a8723121. html.

W. Giuliani）曾出席该组织在巴黎举办的年会并致辞。如果说政治观念的相似使呼声党与特朗普有了共同的敌人，那么这些千丝万缕的联系使他们有了共同的朋友，也构成了二者共同的利益。[1]

（五）呼声党的政策主张

在对待与中国的关系上，西班牙呼声党受其种族主义和极右翼民粹主义的影响，具有比较浓厚的反华、反共色彩。西班牙呼声党政客将新冠疫情标签化、抗疫政治化以及对特定国家污名化的做法，遭到了中国政府和西班牙各界的一致反对和谴责。[2]

《华盛顿邮报》对呼声党政策主张和特征如此概括："反加泰罗亚尼亚和巴斯克分离主义；反女权和同性婚姻；反移民，特别是反穆斯林；对腐败的愤怒；厌倦主流政治；无关痛痒、无人在意的议题，比如狩猎和持枪许可问题；一抹自由主义色彩，再配上一丝说不清何以为之的怀旧气息——这些就是构建呼声党的所有原料了。"

可是这些能支持呼声党走多远呢？尽管呼声党过去的支持建立在各种危机的基础上，但利用疫情批评政府、传播阴谋论和种族言论似乎并未在选民中取得同样的成功。就"西班牙晴雨表"[3] 来看，自 2019 年 11 月大选后至 2020 年 7 月，疫情之下的执政党得票率有缓慢上涨的趋势，西班牙民众对首相佩德罗·桑切斯（Pedro Sánchez）的信任度也有所提升，呼声党反倒显露出一些走低的迹象，高达九成民众不满呼声党在疫情之中的应对方式。这一态势与欧洲其他国家基本一致，全球疫情似乎在某种程度上使民众团结在政府和执政党旗下，曾经让呼声党大获成功的叙事策略魅力

---

① Anne Applebaum, "Want to Build a Far-Right Movement? Spain's Vox Party Shows How," *Washington Post*, May 2, 2019, https://www.washingtonpost.com/graphics/2019/opinions/spains-far-right-vox-party-shot-from-social-media-into-parliament-overnight-how/.

② "La embajada china critica los 'ataques' de Abascal tras hablar del 'virus de la China comunista'," July 30, 2020, https://www.elespanol.com/espana/politica/20200730/embajada - critica - ataques-abascal-hablar-china-comunista/509200015_ 0.html.

③ Centro de Investigaciones Sociológicas, http://www.cis.es/cis/opencm/ES/11 _ barometros/depositados.jsp.

难再，移民话题失去了市场，极右翼党派试图挑起的怀疑和仇恨与执政党的务实手段相比吸引力不足。① 面对疫情可能造成的经济衰退，极右翼政党将如何寻找机会，呼声党又该何去何从？分析人士建议，如果呼声党想要继续扩大影响力，它必须吸引更多对左倾不满的选民。西班牙卡洛斯三世大学政治学教授卢易斯·欧里奥尔评论说："其他国家的极端右翼民粹主义者已经能够建立折中的联盟，并赢得社会民主主义者的选票。……而呼声党似乎无法融入（工人阶级）……如果他们无法修正这一点，政党发展将是有限的。"②

附录 "我们能"党 2019 年竞选纲领③

建设一个全新国家的纲领
前言：我们能成为怎样的国家

今天的西班牙，人们已不再尊重宪法赋予的公民权利：有尊严地工作的权利，老有所养、住有所居的权利，接受有质量的公共医疗服务和公立教育的权利……而这种情况随着上次经济危机更加严重。尽管国家面对挑战，但同时也是前进的机会，有待我们去把握：进行真正的生态转型从而减缓气候变化、降低电价，改革福利经济使我们跻身欧洲前列，根除结构性男权主义及其带来的压迫，扭转西班牙人口减少的现状……如果这些还不够引起重视，新经济危机的巨大阴影已经初露端倪。

而在 11 月 10 日的大选中，我们必须抉择出，我们将走向何方。在 11 月 10 日的大选中，西班牙的未来分出两条截然不同的道路，而你，将用

---

① Georgios Samaras, "Has the coronavirus proved a crisis too far for Europe's far-right outsiders?" The Conversation, July 17, 2020, https://theconversation.com/has – the – coronavirus – proved – a – crisis – too – far – for – europes – far – right – outsiders – 142415.

② Joan Antón-Mellón, "Vox, del nacional-catolicismo al ultranacionalismo neoliberal," EL PAÍS, April 29, 2019, http://agendapublica.elpais.com/vox – del – nacional – catolicismo – al – ultranacionalismo – neoliberal/.

③ https://podemos.info/wp-content/uploads/2019/10/Programa_ Podemos_ 10N_ Constitucion. pdf.

你手中的选票，决定我们的方向。

其中一条道路是传统的两党制，在零星小政党的支撑下两大政党巩固力量，继续侵害人民的权利，国家面对的挑战依然如故。路尽之处，也是危机到来之日，政府还会延续工社党和人民党两党上次在危机中的做法：财政紧缩，削减预算，勒紧裤腰带……却只削减给下层百姓的预算。尽管他们将之称为"危机"，社会上大部分行业都经受衰退，富豪和大型集团公司的受益者反倒更多了。

反之，在11月10日的另一条道路上，不会践行权力阶层及其背后政党的谋划。如果走向第二条路，我们西班牙人最终会赢回部分权利，人民的生活会更安全稳定一些，我们将直面未来的挑战和机遇，青年、女性、弱势群体、人口稀疏地区的居民都能占有一席之地……当危机来临，政府只会从上层阶层入手：提高银行、大财阀和大型企业的税率。

你手中的这份竞选纲领，描绘了一个更公平、更美好的西班牙，而这个西班牙，将通过第二条道路实现。

掌权者的媒体代言人和他们在议会中的派系会用铺天盖地的宣传告诉你："不可以。"他们被主子逼迫着不断重复这句可悲的口头禅。但是记住：有这么一支政治力量，拥有自由的双手，能够改变一切，因为这支力量不向银行借贷，也没有什么前部长坐在西班牙股市的董事会，却有一位证明自己不会背弃原则的候选人。只要这支力量存在，我们当然可以。这仅仅取决于11月10日，你会选择哪条路。

其实，二者之间的差异很简单：第二个选项中，"我们可以"联盟参与执政；选项一，没有"我们能"。

这份文件是什么

"我们能"党作为"我们可以"联盟的成员之一参加此次大选，联盟包括以下三个政党：

- "我们能"党；
- 左翼联盟；
- 环保主义政党。

竞选纲领 （共 289 条）

一、绿色领域和新工业模式

1. 十年内减少一半用化石燃料进行的一次能源生产，到 2040 年 100% 用可再生能源生产。

2. 成立一家国有能源公司。

3. 投资中小型可再生能源设备，建立直接服务专线。

4. 至 2025 年底关闭煤电站（并始终保证国内煤炭供应），至 2024 年底关闭核电站。

5. 对造成污染的大型企业征税。

6. 私人经营许可到期的水电站自动收归国有。

7. 禁止水资源的商业开发。

8. 以立法形式将水资源的开发收归国有，并保证其运营透明化。

9. 弃置大型水库方案，以一种更智慧、更高效、更环保的方式管理水资源。

10. 保护河堤和海岸，减轻洪水的影响。

11. 每年至少对 50 万户家庭进行节能改造，减少耗电。

12. 到 2025 年，在西班牙旅游业经营中增加高至 25% 的电动汽车或其他新能源汽车；到 2030 年，将比例提升至 70%；到 2040 年，基本达到 100%。

13. 制定有影响力的公私投资方针，用于发展西班牙的新电池组技术。

14. 制定方案，优先投资电动汽车或其他新能源汽车相关设备。

15. 建立充电基础设施智能网络。

16. 对购买电动、混动或其他新能源汽车者给予补贴。

17. 推行投资方案，建设优质耐用的铁路基础设施，并兼顾区域公平。

18. 推广城市智能出行方式，兼顾质量与社会公平。

19. 发行交通一卡通，对 26 岁以下青少年免费，对公众定价合理。

20. 将出租车行业设为公共服务行业，规定网约车服务必须提前两小时预约。

21. 制定每公里最低价格，保护中小型运输业者的权益。

22. 在连通各地的交通系统中优先发展火车。

23. 增加中短途交通服务（如地铁、近郊铁路、区域铁路等）的线路和频次，并增强区域联系（网格状辐射）。

24. 通过铺设或紧急改善铁路网增强区域联系。

25. 利用新线路，通过推行铁路干线服务，形成真正的网络。

26. 改善连接法国和葡萄牙的国际铁路。

27. 抑制大型企业继续掌握公路管理权。

28. 推行绿色再工业化策略和循环经济。

29. 制定更低廉公平的电价。

30. 整顿能源垄断行为。

31. 强化火灾应对，提高消防员待遇。

32. 治理空气污染，空气污染会导致寿命缩短。

33. 抑制沙漠化。

34. 在西班牙停止使用水压致裂法。

35. 让青少年和儿童加入改革。

36. 制定更公平的共同农业政策（PAC）。

37. 立法规定价格底线，保护中小型农牧产品生产者。

38. 制定渔业政策，确保渔业人员收入稳定，同时保证渔业的可持续发展。

39. 保护我国第一产业免于受到一些国际条约的损害。

40. 修复我国的自然遗产，促进生物多样性。

41. 建设国家公园网。

42. 保护动物权益。

43. 在民法中承认动物是有感情的生物。

44. 采取有效措施应对企业的转移和关闭（从而避免就业岗位骤减）。

45. 恢复战略部门中的民众参与，在曾蓄意去工业化地区推行恢复工业发展方案。

46. 维护港口等战略发展产业的主权。

47. 设置环保和新工业模式副首相一职，领导和协调其他各部及社会各单位实施以上改革措施。

二、紫色领域和照料经济

48. 致力于使宪法保护女性权益，将照料劳动确立为一项基本权利。

49. 制订一项反对男权暴力的国家计划，每年投入 6 亿欧元。

50. 为遭受男权暴力的女性提供经济保障。

51. 为遭受男权暴力的女性及其照管的青少年和儿童迅速提供住所。

52. "男权暴力"被重新定义为包含所有形式的针对女性的暴力。

53. 制定反对男权暴力、反对歧视 LGBTI 群体①的强制性协议。

54. 开设关于女性主义的课程。

55. 恢复公共行政机构和公共财政机构的协同。

56. 享有性向自由。

57. 从"说'不'才是不能"转变为"只有说'可以'才真的可以"。

我们将推出性自由保护法案，消灭性暴力，使女性和男性同样有权在公共和私人领域占据一席之地，而无须担忧受到侵犯，使每个人都能自由表现自己的性别特征。也就是说，在政治辩论的中心关注性关系，从"说'不'才是不能"转变为"只有说'可以'才真的可以"，在任何关系中都应如此。

58. 扩展 LGBTI 群体的权利。

59. 根除性和生殖方面的交易、剥削。

60. 合作保护女性，捍卫人权。

61. 承认各家庭的差异性。真正保护每个家庭的自由选择，支持 LGBTI 群体组建家庭，承认女性同性恋婚姻，通过法律保护未婚长期同居者。

---

① LGBTI（Lesbian，Gay，Bisexual，Transgender and Intersex）指女同性恋、男同性恋、双性恋、跨性别者和双性人。——译者注

62. 保障免费公共幼儿（0~3 岁幼童）教育的推广。借此直接创造 10 万个以上就业岗位。

63. 创建一个真正的全国性福利体系，在弱势群体的关爱方面将西班牙推向世界前沿。我们将创建一个公共体系，在全国为弱势群体提供充足的长期照料，使他们能够自主，使家庭其他成员免于承担繁重的照料劳动，而这样的重担往往就落在女性身上。这个体系可以照料不能自理者高达 160 万人，并创造 40 万个新的就业岗位，让有需要的人不再长期等待，为已经确认不能自理情况者及时提供服务。在这个计划中，我们将明确规定非专业照料者有权享受社会福利和失业补助，审查现有制度的矛盾之处，免除重复付款，这种重复支付使得许多贫困家庭不得不放弃某些提供给无法自理者的服务。

64. 每周工作时间 34 小时，重新安排工作、休闲娱乐和照料劳动的时间。

65. 平等享有不可转让的育儿假。我们将推动使父母双方均立刻享有 16 周育儿假，以后每年增加两周，直至父母双方都享有假期 24 周（半年）。

66. 缩小工资差距。

67. 让女性在决定成为母亲时，得到特别的支持和帮助，使母亲们更自由、更坚定。

68. 保护单亲家庭，使之与健全家庭一样受到法律保障，其子女可接受更多照料服务，优先享有 0~3 岁儿童教育、奖学金等福利。

69. 解决独居问题，尤其是老年人的独居问题，建立青年陪伴机制，人性化处理，大力投入社区服务，以满足社会需求，预防不良后果。

70. 提供幼儿、青少年抚育补贴，将在全国范围内提高至每年 1200 欧元，对极端贫困家庭提高至 2000 欧元，并立刻落实为贫苦线上家庭每年发放 600 欧元补助，为单亲家庭发放的补助增加 50%。

71. 增加对儿童的公共投入，达到中欧地区的标准，从而使男童和女童享有同等机会，不受歧视，尤其是在教育、卫生、社会服务和保障领域。

72. 发展真正的早期照料体系，有效干预有发育障碍或可能有此类疾病的儿童，确保其现在和将来的福利保障。

73. 立法制止针对幼儿或青少年的各种暴力行为。

74. 为收养提供协助，采取措施。

75. 保障没有监护人的移民儿童和青少年所受待遇符合儿童权利协约。

76. 设置女性与照料经济副首相一职，领导和协调其他各部及社会各单位实施以上改革措施。

三、民主和公民权的保障

111. 禁止各政党通过银行贷款或官方信贷局（ICO）支持自己的竞选活动。

112. 禁止银行和基金会掌握媒体。

113. 回收 600 亿欧元银行救助金。

2017 年 6 月，西班牙央行宣布，欧盟向西班牙银行业注入的救助金中有 606.13 亿欧元亏损。这些无法回收款项达直接投入的公共救助款的 80%，也就是说，这钱本应是所有人的。这些救助金，将在十年内回收，主要通过对金融转账收税，并针对大型集团公司和银行税务改革税法。回收这些银行救助金，意味着，比如说，建造 2 万所能帮我们照顾 0~3 岁孩子的托儿所，能支付 50 万人 10 年间的退休金，或建造 37.5 万间公共住房，以缓解我国的住房压力。

114. 在欧元区架构内完成公共债务重组。

公共债务第一次完全超过了国内生产总值，这是拉霍伊执政期间银行救助金带来的债务以及欧洲内部的不平衡结构所导致的，欧盟应该担负起这种不平衡的后果，并设法缓解。我们将通过调整流通的欧洲债务的时效，兑换债券，使新旧债券更替，不断循环，最终实现重组。欧洲央行将按面值获得旧债券，换取新债券免收利息，以此达到平衡。欧元区的公共债务已超过国内生产总值的 60%，欧洲央行将对此进行重组。

115. 给国际金融带来民主，反对避税天堂。

116. 积极承诺和平。

我们将加强欧洲内合作，并积极由北大西洋公约组织向欧盟（共同安全与国防政策）靠拢，避免面对双重选择，改善与其他成员国的协同，提升欧盟整体的效率。我们将支持禁止核武器，禁止致命性自主武器（即在攻击的关键阶段无人干预的武器），并推广和平教育，将之贯穿于政府的所有方针中。

117. 西班牙将成为国际民主的推动者。

面对多边主义危机，我国应带头推动国际民主。为此，我们将通过成立联合国议会推动联合国安理会的民主化，议会经过民主选举，引入对女性的结构性暴力、气候变化、国际贸易的不平等、反对避税天堂、移民等重大议题。该议会可以推动有争议的提案，保证各类国际组织的平等，在全球民主权利下作为一个保持中立的机构运行，领导各项工作，建设一个反对不透明、保护基本自由的国际机构，支持全球气候正义。同样，在2009 年工人社会党改革和 2014 年人民党改革中丧失的普遍管辖权①，我们要恢复它，要让西班牙站在全球反对侵犯人权的前沿。

118. 西班牙支持撒哈拉民族的自由决定。

对于西撒哈拉，对于它的人民，对于它与我国的稳定关系，西班牙负有历史责任。为此，我们将采取具体措施，通过履行欧盟法院关于自然资源的判决，联合国安理会为公正、和平解决该问题举行的公投结果，还有一系列正在进行的谈判程序，支持撒哈拉民族的自由决定。我们将与撒哈拉民主共和国建立高级别的外交关系，促使联合国派驻代表团落实在西撒哈拉的公投，使撒哈拉人民的公民权利、政治权利、经济权利、社会权利和文化权利获得庇护。我们将增加对撒哈拉部落的人道援助，西撒哈拉也将成为西班牙优先选择合作的地区。我们将支持撒哈拉民族的组建和迁

---

① 普遍管辖权或普遍性原则是指在国际法中，无论被指控犯罪者的国籍、居住国或与起诉国关系如何，无论罪行在哪里犯下，普遍管辖权下控诉的罪行是危害全人类的，国家或国际组织都可以对该人行使刑事管辖权，但并非所有国家都认可该原则。——译者注

移，实施议会已经通过的一项决议：撒哈拉地区居民可获得西班牙国籍，就像其他与我们历史上有关系的国家享有的权利一样。

119. 禁止在政府身居高位的人去私有企业工作，以免借助其之前的职位之便谋利。

120. 规范竞选游说活动，使政治游说透明化。

121. 制定全国性反腐方案。

122. 终结国家的地下交易。

为了终结国家的地下交易，我们将针对公职人员的腐败成立一个联动单位，由国家公安、治安警察和自治区警察队伍中专门的反腐专家组成。为了更好地履行职责，负责相关调查的法官和检察官将直接从属于该联动单位。这些反腐专家将免于政治力量的报复、处罚或奖励，其奖惩将与各类警察机构人员一起评定，反腐专家由司法总委员会根据能力、品德进行选拔。

123. 不允许涉贿赂案的公司参与政府招标。

124. 减少皇室的特权，使皇室人员负起责任。

125. 消除议员享有的特权。

126. 改革选举法，贯彻"一人一票"原则，提高制度比例。用圣拉古法代替 D'Hondt 法。

127. 推行拉链名单（男女各占一半，轮流坐庄），从而使女性在这些机构中有一席之地。

128. 改革选举法，使参议员分配比例更公平。

129. 保障境外选民选举权，取消请求选票制度。

130. 建立境外选举站，使境外选民有机会表达自己的意见。

131. 使选举活动更民主化和现代化。

132. 承认 16 岁以上公民具有选举权。

133. 使人民主权真正进入宪法，受到保障。

134. 使政党民主化。

135. 使公司民主化。

136. 在施政中更多考虑科学观念。

137. 收回教会未合法注册的资产。

138. 保障有尊严地死亡的自由。所有遭受着不可逆转的痛苦的人都应有权利和自由终结这种痛苦。因此，我们将立法提供必要的保护，保护这样的人能够选择终结生命，也保护那些为之提供帮助的专业人员。

139. 关闭线上和线下赌场。

140. 大麻不入刑，对其医学用途合法化。

141. 改革宪法第 49 条，关于身体、感官或心理有残疾的人群，对这一概念重新定义，尤其要采用有关残疾人法的国际协定中的人权案例，将之纳入基本权利的范畴。

142. 强化信息公开责任，加强公民对假新闻的监督。

143. 创造安全、合法入境西班牙的渠道，禁止非常规入境，保障移民的民事权利。

移民有权处于安全环境中，而国家也应该联动各类机制，保护人权，尤其是生命权。因此，我们将灵活化家庭团聚申请程序，允许在第三世界国家的使领馆申请避难，签发人道主义签证，制订重新安置计划，并增设如求职签证等新的签证种类。此外，我们还将灵活处理定居申请，居留许可的更新未必一定要有工作合同或录用信。相应的，外国人不再需要通过国际双边协定即可享有市内投票权。同时，缩短国籍申请时间，消除官僚主义障碍，减少如国籍审查等申请流程中自行提出的任意要求。

144. 2020 年目标：地中海上零死亡。

我们将加强海上救援队的力量。海上救援队是欧洲一支优秀的救援队伍，作为一个公共民事服务部门，其唯一功能就是在海上挽救生命。为此，我们将投入稳定的人力物力到这支队伍中。我们还将保护在中部地中海实施救援的非政府组织，减少对出海的限制。我们将保证绝对遵守国际公约，监督避免非法推回难民。①

---

① 在欧盟区域难民法下，难民权利实现的基础和前提是"不推回原则"。——译者注

同时，我们将禁止所谓的"上岸平台"①或类似提议。此外，西班牙承诺与欧盟其他国家协作，接纳被地中海中部非政府组织救助人群，以免再度发生如我们今年夏天所见的"积极拥抱"（Open Arms）号的不幸遭遇。在这个意义上，我们将推动欧洲救助服务，让悲剧不再重演。

145. 根据全球现状保障庇护权。

146. 关闭外国人收容中心（CIE）。

不允许因行政处理对所收容的移民以任何形式剥夺自由。外国人收容中心是法律和民主的法外之地，应该终结。②

147. 建设一个没有种族歧视的国家。

我们将出台一部《平等待遇和促进共存综合法》。这部法律将包含避免种族歧视和其他各类歧视的措施，并建立专门机构帮助受害者，接受投诉，与司法机构协作调查，可以参与司法程序。在这部法律制定的同时，还将制订国家综合计划，推出公共就业培训和媒体宣传等措施，作为对边境受害者的弥补，促进去殖民化进程。

148. 制定反人口交易法。

149. 成立西班牙吉卜赛民族和解与民族记忆国家委员会。

150. 实施国家计划，使想回国的西班牙海外侨民能回国。

151. 西班牙海外侨民同样享有卫生福利。

152. 维持海外侨民与本国的联系。

153. 英国脱欧在即，任何协议都不会取消对在英西班牙人的保护。

由于英国脱欧的不确定性影响着西班牙侨民，我们承诺，任何欧盟与英国之间关于后者脱欧的协议，如有损害在英西班牙侨民无论何种权利（即使是社会权利）的条款，西班牙政府均不签署。如果无协议脱欧，西班牙政府将与英方就彼此在对方国家侨民的平等待遇进行谈判。

154. 取消使人不能自由表达意见的法律，废除古老的伤害宗教情感和

---

① "上岸平台"是2018年6月底在布鲁塞尔召开的一次欧盟峰会的结论，主旨是把在地中海国际水域救起的非法移民送到位于非洲的"上岸平台"。——译者注

② 西班牙的外国人收容中心被诟病形同监狱，有违人权，曾经发生移民暴动。——译者注

侮辱王室等罪名。

155. 成立公共政策和财政收益评估公民观察站。

156. 使宪法法院去政治化。

157. 改革西班牙司法权总委员会（CGPJ），加强其独立性。

158. 恢复最高法院的权威，使司法领域的人才选用方式更加现代化。

159. 保障高质量的司法服务。

160. 还我们的民主记忆以公正（指佛朗哥独裁时期）。

四、劳动公平和退休金的保障

161. 取消工社党萨帕特罗政府 2010 年的改革和人民党拉霍伊政府 2012 年的改革。

162. 取消工社党和人民党从前推行的"灵活化"的劳动改革，这种改革带来大量的短期合同，增加了不稳定性。

163. 禁止少于一个月的短期合同，禁止连续短期合同的欺骗手段。

164. 制止短期合同作弊手段。

165. 使不定期合同变稳定。

166. 规范转包合同，保护转包劳动者的相关权利。

167. 使兼职工作成为一个有尊严的选择。

168. 禁止无偿加班。

169. 规范外部培训，使之成为就业助力而非不可靠的陷阱。

170. 每周工作时间 34 小时，重新安排工作、休闲娱乐和照料劳动的时间分配。

171. 平等享有不可转让的育儿假。

172. 缩小工资差距。

173. 打破假性自由职业者骗局。就像在最近针对 Deliveroo 外卖快送餐厅的起诉中显示出来的那样，越来越多的大公司领导着众多员工，但是这些员工却要自行支付社保。据估计，约有 225000 人不得不以这种方式为企业工作。这侵犯了这些劳动者的权利，这些公司每年逃掉应缴纳社保金额约 6 亿欧元。是时候扭转这种情况了。

174. 为自由职业者规定合理的社保金额。

175. 禁止马德里证券交易所（IBEX 35）的公司和上市公司向自由职业者和中小企业付款超过 30 天。

176. 为债务人提供第二次机会。

177. 恢复工会集体谈判的权力，这也是他们在萨帕特罗和拉霍伊改革中失去的权力。

178. 在下次立法中，将最低工资标准提高至 1200 欧元。

179. 加强对失业者的保护。

180. 特别保护失业青年。

181. 恢复在公共领域的劳动者权利。

182. 恢复最不稳定、女性为主的行业劳动者权利。

183. 承认治安警察之前被取消的组织工会权利和民权。

184. 尽量提高警察和治安警察平均工资水平。

185. 提高军队工资，不找借口，不推迟，使其享受应有权利。

186. 停止国防部针对 45 岁以上军人的人员精简措施。

187. 改善监狱工作人员条件。

188. 制定专门的消防法（SPEIS）。

189. 制定专门的森林消防员法。

190. 立法保护从事运动的专业人员，加强女性运动。

191. 将残疾人就业率提升 50%，并为其就业提供支持。

192. 在土地管理方面增强沟通，扩大代表性，加强支持。

193. 保护农业短工。

194. 通过修订法律重新评估退休金。

195. 消除"可持续发展"因素，否则，在接下来几年中基础退休工资将降低 9% 至 18%。

196. 提高最低退休工资和非缴费养老保险。

197. 到达退休年龄者可以在其全部劳动时间内自由选择将多少年计入工龄。[①] 在之前的模式中，要么从退休时间往前算年限，要么规定是连续年份，这损害了劳动者的权益，尤其是那些将满退休年龄而没有好工作的人。

198. 增加社保系统的收入。我们将消除塔尖，提高高收入人群应缴纳的社保金额，连同对此类人的税务收益投入退休金方案中。

199. 缴纳社保 35 年及以上者可以提前退休，不扣减退休金。

根据现行制度，很多人已缴纳社保满 35 年，但是，在临近退休前却没有体面工作，也不能办理退休，因为如果未满年龄而提前退休，每提前一年都会造成更高的养老金扣减。我们还将追溯既往，使此类已经办理提前退休、受现行制度危害的人也享有同等待遇。

200. 职业空窗期可以申领补贴。

201. 工作繁重行业允许提前退休，无罚金。

五、区域公平的保障

274. 全国农村地区发展方案。

275. 一系列基础服务。

276. 8131 计划：立法规定，让所有村庄用上互联网。

277. 人口外流地区优先建设。

278. 建立一个更先进的省议员制度框架。

279. 结合人口及其他标准推动市财政工作发展，从而缩小区域差异，同时投入林区补贴，增加全国对农村地区公共资产可持续发展的投入。比

---

① 在 2020 年新政府宣布上调养老金之前，西班牙养老保险按照本人计发基数和缴费年限确定。计发基数是职工退休前若干个月的缴费基数之和除以一个固定值，这个值大于前若干月的月数。最高缴费基数按照每年物价指数确定，最低基数为最低工资。由于西班牙每年发放 14 个月工资，最低缴费基数为最低工资×14/12。缴费满 15 年的劳动者，可领取计发基数 50% 的养老金。缴费满 16 年到 25 年的，每多缴一年，养老金额提高 3 个百分点；满 26 年以后，每多缴一年，养老金额提高 2 个百分点；直至缴满 35 年，可领取 100% 的全额养老金。以 2019 年为例：退休金计发基数＝前 264 个月的缴费基数之和÷308。西班牙法定退休年龄为 65 岁，缴费基数与月工资正相关，则其职业生涯中选取哪 22 年的缴费基数决定了退休金的计发基数高低。——译者注

如，一部分用于防火、护林及保护其他自然资源的资金，将直接划入担此责任的地方财政。

280. 改革自治区资金分配，使之更加公平，以"收入地板"（实际最低收入）投入公共服务，让西班牙全国各地都具备良好的公共服务。

我们将与各自治区对话，通过结合税收改革，解决资金不足滋生的自治区债务问题，设计新的自治区资金分配制度。这项新制度将保证至少满足三个条件：财政制度将基于"收入地板"（最低收入），而不是"支出天花板"，因为后者限制了自治区政府投入公共服务的资源，影响了公民权利，而前者允许西班牙全国各地政府投入资金提供良好的公共服务；所有自治区收到的资金都会比现在高，因为除了旧有的资金不足问题，2009年以后各自治区都不同程度地遭受了资金削减；在资金分配方面，我们将减少区域差异。

281. 以民主方式解决加泰罗尼亚地区的争议。①

关于加泰罗尼亚地区的争议，应该开启和解进程，进行对话，达成协议。我们深信，通过一场公投，加泰罗尼亚会重新找到自己在西班牙的位置，而"我们能"党也会捍卫公投结果。

282. 将参议院变革为一个真正代表各地区民意的机构。

283. 确定大城市的实际范围，并将之良好地连接起来。

284. 在公共交通、低排量交通投资方面依法保障区域公平。

285. 在连通各地的交通系统中优先发展火车。

---

① 此处没有明确说是否希望加泰罗尼亚独立。根据相关报道，公投这一条曾出现在 2019 年 4 月的纲领中，在 8 月交给工社党的 370 条措施中消失了，而现在——10 月——被再次提出。"我们能"党领导层说："我们相信对话能解决地区争端。加泰罗尼亚公投不是像对大企业征税那种非执行不可的提案。关于加泰罗尼亚问题，我们会和其他党派放在桌面上讨论，再看对话结果如何。"在巴勃罗与工社党的谈判中，为了促成共同执政，他承诺自己在加泰罗尼亚等地区问题上的忠诚。而这，其实是默认放弃了公投提议。这样的姿态造成了与"大多数""我们能"党的加泰罗尼亚党员的摩擦，后者每次一有机会就公开表态未放弃公投。于是每逢会议，副首相卡门·卡尔沃（Carmen Calvo）就以这些分歧为由表示不信任。有评论说，正是因为"我们能"党对加泰罗尼亚问题长期以来模棱两可的态度，使其失去了部分选票。——译者注

286. 增加中短途交通服务（如地铁、近郊铁路、区域铁路等）的线路和频次，并增强区域联系（网格状辐射）。

287. 在最缺少基础设施的地区，通过铺设或紧急维修铁路线路使铁路通畅。

288. 大型企业所持的公路管理许可不再允许续期。

289. 使邮政业成为明日新星。①

---

① 通过与西班牙机场管理局和国铁 Renfe 合作。——译者注

第九章
荷兰自由党(PVV)

一 荷兰自由党的创建和发展历程

荷兰自由党的创始人基尔特·维尔德斯（Geert Wilders）原本是荷兰右翼政党自由民主党的党员和国会议员，1990~1998 年担任自由民主党领导人弗里茨·博尔克斯泰因（Frits Bolkestein）的助理。弗里茨·博尔克斯泰因是荷兰第一位公开关注外来移民问题的政客，以公开严厉批评穆斯林移民而闻名，他的这一立场对维尔德斯影响很大。1998 年维尔德斯代表自由民主党当选荷兰众议院议员，2002 年出任自由民主党发言人，此后由于反对自由民主党支持土耳其加入欧盟的立场而退党，组建了个人政治组织"维尔德斯组织"，并于 2006 年 2 月改组为荷兰自由党（The Partijvoor de Vrijheid，PVV）并参加荷兰议会大选，首战胜利，获得了 9 个议席，成为议会第五大党。

在一向强调宽容和平的荷兰，2002 年和 2004 相继发生了两次震惊世界的谋杀案。2002 年荷兰极右翼政党富图恩名单党创始人皮姆·富图恩被一个不满其右翼言论的激进分子刺杀，这是荷兰 300 多年来发生的第一起政治暗杀，震惊荷兰和全欧洲。2004 年富图恩的支持者电影制片人和专栏作家特奥·梵高（Theo van Gogh）也被谋杀。富图恩以批评伊斯兰文化是"落后文化"不能与荷兰的自由"兼容"，反对穆斯林移民的政治主张而闻名。这两场政治谋杀虽然加速了富图恩名单党的分裂，但也激化了荷兰社会的反伊斯兰情绪，加剧了穆斯林与非穆斯林公民之间的紧张关系，为大肆宣扬伊斯兰恐惧症的荷兰自由党的迅速崛起提供助力。

到 2010 年，荷兰自由党在议会选举中获得 24 席，成为议会第三大党。在自由党支持下，第一大党荷兰自由民主党与基督教民主联盟组成少数派内阁。作为回报，组阁协议体现了自由党的一些政治主张，如将大量减少进入荷兰的非西方移民人数作为政府的首要目标之一，严厉限制难民庇护权审批，减少移民数量，将非法入境的移民定罪、撤销拥有双重国籍的罪犯的荷兰国籍。通过向少数派执政联盟提供"默许支持"的方式，荷兰自由党虽未参与执政，但成为影响荷兰政坛的关键力量。

在 2012 年的议会大选中，荷兰自由党在议会选举中获得 15 个议席，蝉联议会第三大党。

2017 年是欧洲各国的大选年，除荷兰外，法国、德国、意大利等欧盟主要国家都要举行总统大选或议会大选，荷兰的议会大选在 3 月举行，时间最早，被广泛视为欧洲政治走势的风向标，因此其选举结果受到欧洲各国政坛的高度关注。在 2017 年举行议会大选之前，荷兰自由党的民调支持率与执政党的自民党不相上下，甚至一度领先，让欧盟各国担心被称为"荷兰特朗普"的维尔德斯会在荷兰大选中获得胜利。

2017 年荷兰大选的选民投票率高达 82%，为近 31 年来最高，参加投票的选民约为 1300 万人，其中支持自由党的荷兰公民达到了 200 多万人，支持率高达 15.38%。[①] 最终公布的选举结果是自民党赢得 33 个席位，比2012 年减少了 8 个席位，但仍然保持第一大党地位；自由党获得 20 个议

---

① 《荷兰大选拉开"欧洲大选年"序幕》，凤凰网，http：//finance.ifeng.com/x/20170317/15241998_ 0.shtml。

席，比 2012 年增加了 5 个席位，成为议会第二大党。2017 年荷兰议会大选的最大输家是荷兰传统主流左翼政党工党，从 2012 年的 38 个席位锐减到 9 个席位，沦为议会内排名第七的小党。

2017 年大选结束后，各主要政党都表示不会与自由党合作组建内阁，加上选举结果带有明显的政党"碎片化"特征，进入议会的政党数量达到 10 个，选票高度分散，各政党获得的议会席位都没有超过 1/3（荷兰议会下院共有 150 个议席），导致组建新政府的难度增大。经过长达 208 天的讨价还价，2017 年 10 月 10 日荷兰新的联合政府才得以组成，创造了荷兰历史上最漫长的组阁时间纪录。新的联合政府由自由民主党（获得 33 个席位）、基民盟（获得 19 个席位）、六六民主党（获得 19 个席位）、基督教联盟（获得 5 个席位）（见表 9-1）4 个政党组成，来自自由民主党的马克·吕特（Mark Rutte）继续担任首相，4 个政党获得议席总数为 76 个，刚刚超过议会总席位的半数。

表 9-1 2012 年、2017 年荷兰议会下院选举结果

党派	年份	得票率(%)	议席(个)
自由民主党(VVD)	2012	26.5	41
	2017	21.3	33
自由党(PVV)	2012	10.1	15
	2017	13.1	20
工党(PvdA)	2012	24.8	38
	2017	5.7	9
基督教民主联盟(CDA)	2012	8.5	13
	2017	12.5	19
六六民主党(D66)	2012	8.0	12
	2017	12.0	19
社会党(SP)	2012	9.6	15
	2017	9.2	14
绿党(GL)	2012	2.3	4
	2017	8.9	14
50+党 (50+)	2012	1.9	2
	2017	3.1	4

党派	年份	得票率(%)	议席(个)
基督教联盟（CU）	2012	3.1	5
	2017	3.4	5
动物保护党（PvdD）	2012	1.9	2
	2017	3.1	5

资料来源：欧洲政党与选举网站，http://www.parties-and-elections.eu/netherlands.html。

二　荷兰自由党的政策主张

（一）自由党领导人维尔德斯的民粹思想

维尔德斯是荷兰自由党的创始人和领导者，他个人的思想和主张对自由党的政策纲领产生了重要影响。维尔德斯的主要政策主张包括以下几点。

1. "伊斯兰恐惧症"

维尔德斯曾经长期担任荷兰自由民主党领导人博尔克斯泰因的助理，深受其反伊斯兰思想的影响，同时也受到极右翼民粹主义者富图恩思想的影响。富图恩在 1995 年出版的《被孤立的社会》（*De Verweesde Samenleving*）和 1997 年出版的《反对我们文化的伊斯兰化》（*Tegen de is lamisering van onzccultuur*）两本书中认为伊斯兰教不仅仅是一种宗教，而且是一种世界观和政治意识形态，伊斯兰文化不能与荷兰的自由"兼容"，伊斯兰文化对荷兰人珍视的民主、妇女解放、同性恋平等权利等构成了"极大威胁"。并且认为荷兰政治精英们无视伊斯兰文化带来的"威胁"，采取了放纵伊斯兰文化传播和区别对待穆斯林移民的政策，从而使荷兰人民"面临丧失身份认同的风险"。

2. 反对一切移民

维尔德斯除了出于反对伊斯兰教的原因反对穆斯林移民外，还攻击并反对其他非穆斯林移民群体，认为这些移民的到来抢走了荷兰体力劳动者的工作岗位，加剧了失业状况，并提高了贩毒、抢劫、盗窃等犯罪率。主要针对来自东欧国家如波兰的移民，以及荷兰安的列斯群岛的移民。他要求精确计算外来移民的安置成本，限制东欧国家的劳动力进入荷兰市场。

3. 主张直接民主

维尔德斯以"普通人"的代表自居，批判政治精英们毫不关心普通人关心的问题和诉求，依靠一个接一个的谎言欺骗选民，宣称人们已经无法忍受犯罪、伊斯兰化和政治腐败，要求立即采取行动，"不是政治精英，而是普通民众应该拥有更多的机会经常表达自己的意志"。他呼吁建立更多的直接民主制度，通过公投直接选举市长、警察局局长甚至法官。① 他还强调荷兰的国家利益和国家认同教育，反对欧洲一体化和欧盟。

自 2006 年以来，维尔德斯的民族主义思想明显增强，越来越多地强调国家利益、民族价值和反对超国家合作机制——欧盟。自由党反对欧洲一体化，反对荷兰参与国际维和行动，如阿富汗战争，呼吁在学校加强对民族自豪感的教育，如举行升旗仪式、讲解民族历史等，而且宣称将比利时弗拉芒地区并入荷兰。在 2012 年发布的竞选纲领中，自由党将自己定位为"务实的"和"爱国的"，指责其他党保卫欧盟，从疑欧主义的立场转变为欧盟恐惧主义，坚决支持荷兰退出欧盟。②

（二）荷兰自由党 2017 年竞选纲领

2014 年欧洲难民危机爆发，上百万名难民涌入欧盟各国，同时法国、德国、比利时等国频繁发生的恐怖袭击和移民犯罪事件加强了欧洲公众的不安全感，导致欧洲频繁开展反对难民的暴力示威活动，排外呼声高涨，

① PVV Vision，http：//www.pvv.nl/index.php/visie.html，2010；https：//www.parlement.com/9291000/d/2010_ pvv_ verkiezingsprogramma. pdf.

② Partijvoor de Vrijheid，"HúnBrussel，óns Nederland，" Verkiezings Programma 2012-2017，2012.

民粹主义因此获得了更强的号召力。2016年以后荷兰多地爆发了针对外国难民的暴力示威活动，反对接收难民的呼声日益高涨，为荷兰自由党的发展壮大提供了社会民意基础。

在2017年荷兰议会大选中，自由党的竞选纲领主打移民和难民问题，提出了"荷兰再度是我们自己的"（Nederland weer van ons）这样充满排外情绪的竞选口号。竞选纲领的核心是荷兰的"去伊斯兰化"（de-Islamise），具体内容包括：

1. 不再接收来自伊斯兰国家的移民，关闭边境；

2. 零容忍庇护寻求者，收回所有给予暂时庇护的居留证，关闭35个寻求庇护的青年项目中心（AZC）；

3. 不能戴伊斯兰头巾进入公共部门；

4. 撤销拥有双重国籍罪犯的荷兰国籍，并永远禁止其进入荷兰；

5. 关闭荷兰所有的清真寺和伊斯兰学校。

维尔德斯在鹿特丹港附近的小镇演讲中鼓动选民，"如果你们想收复自己的国家，想让荷兰成为荷兰人的国家、你们自己的家，那么，你们只能给一个政党（自由党）投票"。在失业率高出平均水平的城镇，维尔德斯备受欢迎。①

维尔德斯和荷兰自由党对移民和难民问题的大肆渲染和宣传，精准地把握住了当时荷兰民众关注的焦点，获得了很多选民的支持，甚至许多受过高等教育的选民也接受了自由党的政策主张。根据对自由党做出过详细调查研究的政治学家克里斯·阿尔贝尔茨（Chris Aalberts）对2017年荷兰大选前民意调查数据的分析："民意调查受时局的影响，现在正被难民潮这一热点所控制。了解了这些，你就会发现，不只是那些贫穷居民区的、受低等教育的人被难民的流入所影响，几乎荷兰社会的所有群体都被难民波及。除此之外，对于伊斯兰文化入侵的恐惧也甚嚣尘上。而许多难民完全是出于经济目的、想要改善生活才来荷兰的，这

---

① 张莉：《从富图恩到维尔德斯：荷兰的民族民粹主义运动》，《当代世界》2017年第4期。

也让大众无法接受。"①

凭借对难民和移民话题的渲染，荷兰自由党在 2017 年议会大选中取得了良好成绩，在其他左右翼主流政党得票率降低、议席大幅减少的情况下，自由党得票率不断提升，在参加投票的 1300 万名选民中，自由党获得了 200 多万张选票，得票率提升到 13.1%，比 2012 年大选提高了 3 个百分点，在荷兰议会下院的 150 个议席中，获得了 20 个议席，比 2012 年增加了 5 个席位，一跃成为议会第二大党和第一大反对党。

与自由党形成对比的是联合执政的两大左右翼主流政党得票率的降低。吕特首相领导的自由民主党得票率比 2012 年下降了 5.2 个百分点，议席减少了 8 个，左翼的荷兰工党则迎来了"崩溃式"的选举失败，支持率下降了 19.1 个百分点，议席减少了 29 个，仅获得了 5.7% 的选票和 9 个议席，成为议会下院排名第七的小党。左翼的第二大党荷兰社会党基本维持现状，获得 14 个议席，比 2012 年减少 1 个席位。

三 荷兰自由党对荷兰政治生态的影响

（一）用民粹主义的做法打败民粹主义

自 2008 年全球金融危机爆发以来，欧盟各国特别是相对发达的成员国内部不断爆发反对难民和移民的暴力示威活动。作为移民和难民的主要目的国，荷兰的难民问题突出，排外呼声高涨。2016 年初，荷兰爆发了多起针对外国难民的暴力示威活动。例如，海尔德马尔森镇爆发示威活动，抗议当局安置大约 1500 名难民的计划；海斯抗议难民中心的集会演变成暴力示威。极右翼政党的排外立场获得越来越多的支持。从另外一个角度看，极右翼政党宣扬的"伊斯兰恐惧症"和难民移民问题撕裂了荷兰的政

---

① 《因反对收容难民，荷兰极右党摇身一变成荷兰最大党派!》，华侨新天地，http://asiannews.nl/chinese/focus/。

治与民意，普通民众对移民整合融入政策和多元文化政策失败所导致的恐惧感成为 2017 年荷兰大选最重要的议题。①

在选举政治的压力下，荷兰左右翼主流政党都希望在移民问题上采取强硬立场以彰显力量，获得更多选民的支持，其政策纲领出现了向自由党靠拢的"民粹化"趋势，概莫能外，以致有评论者认为荷兰自由民主党领导人、首相吕特是"用民粹主义的做法打败了民粹主义的代言人"。②

为了同自由党争夺选民，荷兰自民党为参加 2017 年大选提出的竞选纲领在难民庇护和移民问题上的立场更加强硬，承诺提高接受新移民的标准，包括移民必须证明自己会讲荷兰语，能够找到工作（有薪或无薪），并能通过可以融入社会的融合测试，将这些新移民申请荷兰护照的时间期限从 5 年延长至 10 年，甚至提出限制移民的社会保障，获得荷兰护照前 10 年内不能享受基本福利以及没有选举资格。

在 2017 年 3 月的议会大选投票前，自由民主党领导的联合政府还拒绝土耳其外交部部长入境，抗议土耳其的修宪公投。这导致土耳其和荷兰之间发生严重的外交冲突，甚至发出了"断绝外交关系"的威胁。吕特首相希望借这个机会来展示强硬领导风格，展示对伊斯兰国家的坚决态度，在大选即将举行的时候，以此吸引更多选民的关注和支持。

在 2017 年的荷兰大选中，吕特领导的荷兰自由民主党通过吸纳自由党的关于移民和难民问题的诸多主张，扩大了自己的支持面，争夺自由党的选民，在大选中确保了议会第一大党的地位。

（二）主流政党在"移民/难民"议题上"向右转"

受荷兰自由党排外和反穆斯林竞选纲领的冲击与荷兰自由民主党"向右转"的引导，荷兰其他党派也在移民问题上提出了更加强硬的竞选纲领。如

---

① 《荷兰选举：欧洲政治变化的"风向标"》，新华网，2017 年 3 月 13 日，http://news. xinhuanet com/2017-03/13/c_ 1120619645. htm。

② 孙兴杰：《"荷兰特朗普"败选，可民粹主义输了吗?》，团结湖参考微信公众号，2017 年 3 月 17 日。

主要针对 50 岁以上中老年选民群体的"50+党"在竞选纲领中承诺只有移民从地方议会取得"品行良好的证明"才能成为荷兰公民。基民盟赞成采取"胡萝卜+大棒"的政策,即实施为移民提供更好的语言课程和解决歧视问题的措施,但是如果他们拒绝参加融合政策就会失去留在荷兰的权利。左翼主流政党荷兰工党在竞选纲领中提出新移民必须签署《参与合同》(Participation Contract),否则予以罚款,并将其作为融合政策的基石。其他右翼党派大多主张通过加大申请庇护的难度,严格限制家庭团聚,引进澳大利亚式的体系,只接受经济发展需要的移民等方式,严格限制移民的数量。

从欧洲政治生态变化的原因来看,由于右翼民粹主义政党产生与壮大的社会根源并未解决,多元主义的移民政策已经改变了欧洲的政治版图,欧洲人对自己的身份产生迷茫,随着穆斯林移民群体的不断扩大,欧洲人可能会更加团结起来,因为只有一个具有敌意的"他者",才能让欧洲人明白自己到底是谁。民粹主义就是这种社会政治心理变迁的一种反映。在未来一个较长时期内,包括荷兰自由党在内的反建制、反移民、反欧盟的民粹主义浪潮会继续袭来,并成为欧洲主流政治思潮的一个重要组成部分。

第十章
奥地利自由党(FPO)

一 奥地利自由党的创建和发展历程

(一) 具有纳粹背景的极右翼政党

奥地利自由党(Freiheitlichen Partei Österreichs,FPO)的前身是二战后成立的"独立者联盟"(Verband der Unabhngigen,VdU),主要由被剥夺选举权的前纳粹党成员、被东欧各国驱逐的日耳曼人返乡者等组成。1949 年在奥地利第二次国民议会选举中,"独立者联盟"获得超过 10% 的支持率进入议会。1956 年"独立者联盟"改名为奥地利自由党。

在 2017 年奥地利议会大选中,奥地利自由党的主张是防止国家"伊斯兰化"、拒绝新移民享用社会福利、增加一般家庭所得,右翼民粹主义立场十分清晰。而观其历史就会发现,成立于 1956 年的奥地利自由党不仅是欧洲成立时间最长的右翼民粹主义政党之一,还赫然拥有深厚的纳粹背景,将其称为"极右"毫不为过。奥地利自由党的首任党主席安东·莱恩特哈勒曾任纳粹党卫军旅长,战后被判刑三年。在就任党主席的就职演说中,莱恩特哈勒丝毫不掩饰自己的德意志民族主义立场:国家思想从本质上说就是德意志民族的归属感。而自由党名称中的"自由"指的正是民族自由主义。

自 1956 年成立以来，奥地利自由党几经沉浮。根据该党在奥地利国民议会得票率的变化，可将其发展归纳为三个阶段：1956~1983 年，处于低位徘徊的反对党位置；1983~2005 年，两次参加联合执政并进入欧洲议会，处于快速发展阶段；2005 年至今，成为奥地利议会中具有举足轻重地位的大党，2017~2019 年与奥地利人民党联合执政，2019 年议会大选后成为奥地利议会第二大党。

（二）海德尔领导下的自由党

1983~1986 年，奥地利自由党参加了奥地利社会民主党领导的联合政府，正式参与执政，完成了从一个边缘化的反对党转变为能够对主流政党产生牵制作用、施加影响的"相关政党"。

1986 年后，随着于尔克·海德尔（Joerg Haider）担任党主席，自由党"右翼民粹主义急先锋"的路线愈发明晰，对奥地利政坛的影响力日益扩大。在 1999 年大选中，奥地利自由党以 26.9% 的得票率获得了奥地利国民议会中的 52 个席位，与奥地利人民党并列成为议会第二大党，2000~2005 年与奥地利人民党组成联合政府入阁执政。自由党的上台当时在欧盟政坛引起轩然大波，欧盟 14 国政府对奥地利新政府进行政治制裁，拒绝与奥地利进行高级别的双边接触，最终迫使海德尔退出联合政府并辞去自由党主席职务，由台前转为幕后。[①] 奥地利人民党主席沃尔夫冈·许塞尔出任总理，自由党新主席苏珊娜·莉斯（Susanne Riess）担任副总理。自由党的执政表现并不令人满意，支持率大跌，在 2002 年 11 月国民议会选举中，自由党仅以 10.01% 的得票率获得 18 个议会席位（1999 年为 52 席），成为议会第三大党；而联合执政中的奥地利人民党则获得了 42.3% 的选票。在 2004 年欧洲议会选举中，自由党的支

---

① 李乐曾：《欧盟 14 国对奥地利制裁》，《德国研究》2000 年第 4 期。

持率由 1999 年的 23.4% 下降为 6.3%，仅仅获得 1 个议席。2005 年由于海德尔和四名党内高层集体退党引发分裂，奥地利自由党的影响力被进一步削弱。[①]

奥地利自由党自成立伊始就面临调和党内民族主义色彩浓厚的"右翼"与自由主义强烈的"左翼"之争的局面。派系之争引发了自由党的两次分裂：1993 年党内的自由主义派别退党组建"自由论坛"；2005 年党主席海德尔带领核心成员退党，重新组建"奥地利未来联盟"（Bündnis Zukunft sterreich，BZÖ）。

（三）施特拉赫领导下的自由党

从 2005 年起，奥地利自由党由后起之秀海因茨-克里斯蒂安·施特拉赫（Heinz-Christian Strache）担任党主席，并从 2008 年起担任议会内的反对派领袖。在 2017 年议会大选中，自由党以 26% 的得票率屈居第三大党，但跟社会民主党 26.8% 的得票率差距很小。议会第一大党奥地利人民党邀请奥地利自由党组建联合政府，奥地利人民党主席库尔茨担任总理，施特拉赫担任副总理兼公共服务和体育部部长。2019 年 5 月 18 日，由于"伊比沙岛丑闻"[②] 所带来的负面影响，施特拉赫宣布辞去奥地利副总理及奥地利自由党主席职务，2019 年 12 月 13 日施特拉赫被开除出党。

奥地利自由党在 2019 年 9 月举行的国民议会选举中仅获得 17.3% 的选票，库尔茨领导的奥地利人民党以 38.4% 的得票率蝉联议会第一大党，奥地利社会民主党获得了 21.5% 的选票。

---

① 郑春荣、范一杨：《欧洲右翼民粹政党的发展条件分析——以奥地利自由党为例》，《当代世界与社会主义》2017 年第 2 期。

② 2017 年 7 月奥地利自由党主席施特拉赫在西班牙旅游胜地伊比沙岛会见一名自称是俄罗斯寡头资本家侄女的女性，该女子希望在奥地利投资，施特拉赫则承诺提供政府合同以换取竞选资金。此后被证实该名女子是记者假扮的。2019 年 5 月这段视频被德国媒体首先披露，引发奥地利政坛地震。

二　奥地利自由党的选民基础

（一）男性蓝领工人和"抗议选民"

在建党初期，奥地利自由党的支持者主要是那些前纳粹党顽固分子，包括大约 70 万名前纳粹党员和战争流亡者，他们坚信奥地利应该属于以德语为基础的德意志民族。随着自由党的发展，它吸引了越来越多的被视为"现代化输家"的选民，由此奥地利自由党作为男性蓝领工人阶层政党的特征就愈发明显。从 1986 年到 1999 年，自由党在国民议会的得票率上涨了 17 个百分点，但它在男性失业者和 18~29 岁选民中的得票率上涨了 23 个百分点，同时在蓝领技工群体中的得票率上涨了 37 个百分点。[①]

在 2016 年举行的奥地利总统选举中，就选民的职业分布而言，有 85% 的工人投票给自由党候选人霍费尔，而霍费尔在企业职员和公职人员中的得票率分别仅有 40% 和 34%；就选民的性别分布而言，有 56% 的男性选民选择支持霍费尔，而 62% 的女性选民投票给了范德贝伦。同时，自由党的选民有年轻化趋势，在 2008 年国民议会选举中自由党的全国得票率虽然只有 17.7%，但它是最受 30 岁以下选民欢迎的政党，在 16~19 岁的选民中，甚至有 44% 的人投票给了自由党。[②]

但是，自由党的铁杆选民基础薄弱，多数投票者都是对主流政党充满失望转而支持自由党的"抗议选民"。奥地利社民党和人民党于 2008 年组成的大联合政府长期陷入相互扯皮之中，执政两党将政党利益凌驾于国家利益之上，对重大问题的表决均以党派划分，不愿达成妥协，导致税收改革、福利体制改革等重大议程无法推进，成为阻挠奥地利经济社会发展迟滞的重要原因。奥地利民众对大联合政府失望至极，求新思变心理强烈。

---

① 张莉：《再议"海德尔现象"》，《国际论坛》2010 年第 4 期；郑春荣、范一杨：《欧洲右翼民粹政党的发展条件分析——以奥地利自由党为例》，《当代世界与社会主义》2017 年第 2 期。

② 时静：《从总统选举看奥地利政情民意变迁》，《当代世界》2017 年第 1 期。

自由党以反对大联合政府为口号赢得了很多抗议选民的支持，其不少选民在接受采访时坦言，"其他党都选过，没有谁真正解决了问题，不如换自由党试试"。[①]但是，当自由党成为执政党并没有兑现自己的竞选诺言后，回归理性的"抗议选民"又会重回主流政党阵营，这足以解释为何2000~2005年和2017~2019年奥地利自由党两次参加联合政府后支持率大幅下降。

（二）依靠魅力型领袖吸引选民

与政党谱系中的其他类型相比，右翼民粹主义政党是典型的"领导人魅力型"政党。个性张扬鲜明的领导人与脸谱化的政治精英形成鲜明对比，既可以掩饰民粹主义政党缺乏可行性和全面性的方针路线，又可以将其制造话题的功能最大化，以增强政治影响力和群众动员能力。[②]

奥地利自由党的重要上升期是海德尔担任党主席的时期，海德尔是奥地利第二共和国时期曝光率最高甚至最"成功"的政客——带领自由党从一个支持率只有5%、在国民议会外徘徊的政党，成长为支持率达26.9%的议会第二大党。该党强烈的反建制主义色彩迎合了民众对主流政党不思进取、迂腐守旧的不满。[③]首先，他将自由党的政治路线简单"极化"，突出其中排外、反移民的核心议题和直接民主、全民公投的决策方式，以形成和主流政党相对立的鲜明形象，建立与主流政党及其利益分支论战的舆论高地。

其次，海德尔树立自由党作为工人、雇员、小生产者等社会中下层"草根"代言人的形象，从社会民主党的阵营中争取选民，并将势力渗透

---

① Daniel Oesch, "Explaining Worker's Support for Right Wing Populist Parties in Western Europe: Evidence from Austria, France, Norway and Switzerland," *International Political Science Review*, No. 3, 2008, p. 359.

② Cas Mudde, *Populist Radical Right Parties in Europe*, New York: Cambridge University Press, 2007.

③ Takis S. Pappas, "Are Populist Leaders 'Charismatic'? The Evidence from Europe," *Constellations*, No. 3, 2016, p. 387.

到社会民主党控制下的奥地利工业地区。海德尔将政治术语简单化、形象化，将其解释为关乎民生的利弊考量，直击"草根"内心的忧虑。例如，他对自由党的欧洲政策阐释道："如果我们将那些我们现在贡献给欧盟的钱留下来用于减少税收，那么奥地利的企业与其他国家企业相比将更具竞争力；我们加入欧盟就得资助那些没用的南欧国家。"[1]

媒体将海德尔带领下的自由党迅速发展壮大的现象称为"海德尔现象"。这一经验被海德尔继任者施特拉赫延续并被其他右翼民粹主义政党效仿。施特拉赫在移民和犯罪问题上继续提出"维也纳不能成为伊斯坦布尔""要用德语取代听不懂的玩意儿"等口号，虽然屡屡引发争议，被外界认为延续了"海德尔现象"，但这种"出格"言论也获得了部分民众的响应和支持。

三　奥地利自由党的政策主张

（一）捍卫"草根"阶层利益的社会政策

与长期徘徊在议会之外或执政无望的右翼民粹主义政党相比，奥地利自由党有长期作为议会最大反对党和两次参加联合政府的政治经历和资源，早就超越了以选举最大化为目标的"单一议题政党"阶段，有机会通过对经济与社会政策进行改革的方式来证明自身代表草根阶层。

1999 年在与人民党联合执政初期，奥地利自由党急于利用执政党的优势施展政治抱负，利用民众因欧盟对奥地利政府进行制裁而产生的同情心，定下了在 2002 年实现财政收支平衡的目标，提出了一系列诸如将法定退休年龄提高 1.5 岁、削减公职机关岗位等财政紧缩政策。由于这些政策触及奥地利"社会伙伴关系"的核心，引起了反对党社会民主党和工会

---

[1]　郑春荣、范一杨：《欧洲右翼民粹政党的发展条件分析——以奥地利自由党为例》，《当代世界与社会主义》2017 年第 2 期。

的极大不满,奥地利爆发了二战后最大规模的工人罢工和示威游行。

2001年"9·11"恐怖袭击发生后,奥地利自由党要求进一步收紧难民准入和移民家庭团聚政策,并指责宪法法院对移民问题的干预,认为宪法法院是"越俎代庖,且拖累了政府防范犯罪"。[①]

2005年后,施特拉赫领导下的奥地利自由党将竞选纲领聚焦普通民众关注的养老保险、离职补偿金和儿童看护福利等方面,以树立关心民众福祉的形象。针对养老保障体系的"三根支柱",自由党主张限制并降低作为第一支柱的社会养老保险所占比例,提高第二支柱企业年金和第三支柱个人缴费所占的比例,优化三个支柱的份额分配。针对退休政策,自由党提议体力劳动者应当按照工作强度和健康状况灵活选择退休年限;1955年之前出生的男性和1960年前出生的女性可分别在工作满540个月和480个月后早于法定退休年龄退休。[②]

同时,针对非法移民和难民的日益增多,奥地利自由党强烈要求将奥地利公民与非奥地利公民的差别福利待遇重新纳入议题,反对不加区别地给予非奥地利公民普惠型福利待遇,以强调自身作为"社会家乡党"(Soziale Heimatspartei)的特征。

总之,当奥地利自由党意识到改革难以触及根深蒂固的"社会伙伴关系"后,其社会政策的重心明显向本土的老年人、蓝领工人、残障人士等社会弱势群体倾斜,以充分展示该党作为"草根"阶层的代言人,以巩固选民基础。

(二)具有强烈排外色彩的移民和难民政策

奥地利自由党关于移民和难民的政策具有强烈的排外色彩和民族主义色彩。由于奥地利自由党的早期党员队伍中有大量前纳粹党分子,受极端

---

① Reinhard Heinisch, "Success in Opposition, Failure in Government: Explaining the Performance of Right-Wing Populist Parties in Public Office," *West European Politics*, No. 3, 2003, p. 106.

② Laurenz Ennser-Jedenastik, "A Welfare State for Whom? A Group-based Account of the Austrian Freedom Party's Social Policy Profile," *Swiss Political Science Review*, No. 3, 2016, p. 415.

种族主义和民族主义影响很大，奥地利自由党的早期领导人也常常发表激进言论，自由党被长期被视为右翼极端政党。20世纪80年代中期至90年代后期，该党的民族主义色彩明显加重，1985年出台的《萨尔茨堡纲领》宣称该党是"自由主义和民族主义"的继承者。1986年海德尔出任党主席以来，该党的极右民族主义色彩与日俱增；特别是1993年党内自由主义派别退党后，自由党的自由主义色彩渐渐弱化，成为"民族主义分子的政治家园"，主要表现是：美化第三帝国时期的就业政策，淡化纳粹党对犹太民族所犯的滔天罪行，认为希特勒的冲锋队队员是"有个性的正经人"，称集中营为"合理的惩处犯人的营地"。此外，该党还有意煽动排外情绪，呼吁"阻止外籍移民入奥"，"奥地利的就业岗位应优先提供给奥地利人"等。①

有人总结说，海德尔"是奥地利最重要的也是最具有争议的领导人之一。在奥地利自由党的支持者看来，海德尔带来了政治的清风，他承诺职业保障、社会福利，他遵循其竞选诺言。这个富有魅力的民粹主义者承诺消除腐败、制止国家福利滥用、保护被非法移民和无限的全球市场损害的奥地利国家利益。对他的反对者而言，海德尔是一个危险的右翼极端主义者，利用奥地利人民对主流政党的幻灭来推进他的仇外主义、种族主义和不容忍的政策。在他的整个公职生涯里，海德尔一直在回避反犹太主义者的谴责。然而，他的许多发言中有很多地方使用了大屠杀的纳粹术语，这显示了他希望将纳粹政策和活动合法化的愿望"。②

自2005年施特拉赫担任党主席以来，自由党革新形象，消除海德尔的不良影响，与纳粹历史和激进言论拉开距离，调整和完善政策主张，强调奥地利应以德意志人和德语文化为主，自称爱国主义政党，呼吁保持欧洲文化多元化特性，反对欧洲集权化趋势。此外，该党对内还宣称为"草根"代言，提出了一系列促进社会公正的举措，从而大大改善了在民众心

---

① 王海霞：《奥地利社会民主党研究》，北京广播学院出版社，2003，第23页。

② "Joerg Haider: The Rise of an Austrian Extreme Rightist," http://www.adl.org/backgrounders/joerg_haider.asp.

中的形象，为其在奥全国扩大影响力奠定了良好的基础。

当然，自2008年全球金融危机发生以来，奥地利经济增长乏力、家庭收入下降、失业率持续上升，民众不安和焦虑感日益增强，55%的人对全球化持怀疑态度。在此背景下，作为欧盟内受难民潮冲击最严重的国家之一，难民潮进一步刺激了奥地利民众的敏感神经，引发人们对边境保护和国内安全的担忧。难民申请数量从2014年的2.8万人上升到2015年的8.8万人，仅2016年相关开支就高达19.86亿欧元，奥境内还发生多起土耳其裔民众游行及与库尔德人爆发冲突等事件。52%的人认为政府的移民政策是失败的。在这样的背景下，在这种情况下，移民和难民问题成为考验奥地利政府的关键问题。奥地利人民党、自由党都在移民问题上表现出强硬的民族主义色彩。在2017年大选中，奥地利自由党提出了防止国家"伊斯兰化"、拒绝新移民享用社会福利、增加一般家庭所得等具有强烈右翼民粹主义立场的政策主张。奥地利自由党的政策主张在2017年议会大选后组成的联合政府中对执政盟友奥地利人民党产生了重要影响。奥地利政府总理和人民党主席库尔茨也强烈批评德国默克尔政府欢迎难民的政策。奥地利政府实施规定接收难民数量上限、关闭巴尔干路线等政策，受到奥地利民众的支持。

附录　奥地利自由党历任领导人简介

1. 于尔克·海德尔

于尔克·海德尔（1950年1月26日出生在上奥地利的戈尔瑟，2008年10月11日在凯尔滕州库特曼镇的兰必希去世），是一位奥地利"第三阵营"的政治家。海德尔在1971年至1975年担任自由青年团联邦主席，1986年到2000年担任奥地利自由党主席。2005年4月在他的领导下，大量奥地利自由党干部离开了自由党，组建了新的奥地利未来联盟党。他在1989年到1991年、1999年到2008年担任凯尔滕州州长。

（1）政治生涯

海德尔在其政治生涯中曾担任奥地利自由党多个职务，其中有 14 年担任党的领导人。在他的领导下，奥地利自由党在选民中的支持率不断攀升，并在 1999 年达到了顶峰。此外，奥地利自由党成为凯尔滕州最有话语权的政党。然而，同样也是海德尔，其对奥地利自由党历史上最大的一次选举失利负有主要责任（在 2002 年国民议会选举中丧失了几乎 2/3 的选票）。随着时间的推移，他的政策引发了巨大的争议并且导致了大量党员的退党。

2008 年 7 月，海德尔曾多次试图将由他所管理的凯尔滕州的难民转运到特莱斯基兴难民营。这一尝试被奥地利内务部部长玛利亚·菲柯特禁止。

2008 年 7 月 28 日海德尔宣布，将在凯尔滕州设立一个特别机构。"那些行为不端和犯有严重罪行的人未来必须和普通民众隔离开来。"2008 年 10 月 6 日海德尔在一次新闻发布会上表示，位于萨乌阿姆岛上的难民营已经成功投入使用。目前已收留 5 个人，未来最多可以容纳 50 人。这个"特别机构"是位于海拔 1200 米的格里芬镇一个位置偏僻的、已经废弃的青年中心。特别机构的成立受到了各方的批评。反对者除了政治对手之外，还有联合国难民署和天主教相关机构。2008 年 10 月 20 日，当选州长格哈德·多夫勒宣布，将一位车臣男性难民转移到特别机构的工作交由移民小组完成；这位男性难民被怀疑参与了一起强奸未遂案件。

（2）与伊斯兰世界的关系

2007 年，海德尔任文化专员时，资助 1 万欧元用于修缮"维尔拉赫土耳其伊斯兰文化和社会合作协会"办公大楼，该协会约半数成员拥有奥地利国籍。于尔克·海德尔在过去若干年成为来自第三阵营最著名的支持土耳其加入欧盟人士。

另外，他却反对在凯尔滕州修建清真寺，因为其破坏了"当地风貌"。在关于修建一座尖塔的争论中，他引用了备受争议的土耳其总统埃尔多安的一句话："想修建这座尖塔的人都不是单纯的穆斯林，其背后有伊斯兰极端分子的影子。他们想在我们国家大摇大摆地显示他们的权力。"在凯尔滕州生活的一位信仰伊斯兰教的苏丹人由于拒绝和女性握手，被海德尔拒绝授予国籍。这一决定在被欧洲宪法法院推翻之后，海德尔将欧洲宪法法院称为"伊斯兰人的议会"。

2. 苏珊娜·莉斯

苏珊娜·莉斯（1961年1月3日出生在布劳瑙）是一位奥地利的女政治家，维斯滕罗特集团公司总经理，2000年至2003年担任奥地利副总理。

1991年12月至1998年11月她担任维也纳州议会驻联邦议会专员，1999年3~10月担任蒂罗尔州议会议员，之后至2000年2月出任国民议会议员。从1995年1月至1996年4月兼任欧洲议会议员。在2000年奥地利自由党和奥地利人民党组建联合政府时，由于她从1996年开始就担任奥地利自由党执行主席，由此成为于尔克·海德尔的接班人，被选为奥地利自由党主席。在奥地利总理沃尔夫冈·许塞尔执政期间，她在2000年到2002年国民议会选举期间担任奥地利副总理兼联邦公共服务和体育部部长。

在一次和于尔克·海德尔发生严重的意见分歧之后，她辞去了所有职务。2005年3月25日，她宣布退出奥地利自由党。自2004年开始，苏珊娜·莉斯出任奥地利维斯滕罗特集团公司总经理、奥地利银行和银行家联合体董事会成员、苏黎世IHAG私人银行管理委员会成员以及维斯滕罗特保险股份有限公司监事会成员（2009年起担任监事会主席）。在2008年到2013年她还担任BAWAG控股公司监事会成员。此外，苏珊娜·莉斯和阿尔弗雷德·顾森鲍尔自2009年起在Signa控股咨询委员会工作。此后，苏珊娜·莉斯和奥地利人民党政治家、欧盟委员会委员约翰内斯·哈恩结为同盟，并且支持奥地利人民党的竞选活动。

3. 海因茨-克里斯蒂安·施特拉赫

海因茨-克里斯蒂安·施特拉赫，1969年6月12日出生在维也纳，奥地利右翼政客，曾长期担任奥地利自由党主席、奥地利自由党维也纳分部主席、维也纳第三区党部主席等职务，直到2019年被开除出党。他从

2006 年起担任其所在政党俱乐部主席，并且从 2008 年起担任议会内反对派领袖。2017 年议会大选后领导奥地利自由党与奥地利人民党组建联合政府，2018 年 1 月 8 日起施特拉赫担任库尔茨政府的副总理兼公共服务兼体育部部长。2019 年 5 月 18 日，由于"伊比沙岛丑闻"所带来的负面影响，施特拉赫宣布辞去奥地利副总理及奥地利自由党主席职务。该党在 2019 年国民议会选举中竞选失败以及他被曝出挪用党费而受到广泛批评后，2019 年 10 月 1 日施特拉赫宣布退出政界并停止其在奥地利自由党的党籍。在施特拉赫举行新闻发布会的同日，在一次党的执委会会议上他的党籍被暂停。2019 年 12 月 13 日他被开除出奥地利自由党。2020 年 2 月 20 日，他宣布代表奥地利联盟党（DAÖ）参加 2020 年维也纳选举。

（1）政治立场、经济和社会政策

在施特拉赫领导下的奥地利自由党沿袭了海德尔时代的自由经济导向，将对自由市场经济的轻微管控、私有化和运转良好的福利国家作为官方的指导方针。施特拉赫在 2017 年国民议会选举之前就要求将税率降至 40% 以下。他试图废除冰冷的累进税率制，并降低从未缴纳过社会保险费的人的最低保障标准。施特拉赫主张将最低养老金确定为 1200 欧元。

（2）关于南蒂罗尔问题

2007 年施特拉赫要求意大利政府授予南蒂罗尔地区更多的自决权，主张推动奥地利的蒂罗尔地区与意大利南蒂罗尔地区合并。此外，他还要求意大利政府宽恕南蒂罗尔解放委员会成员。2016 年，施特拉赫重申了自己的愿望并且在接受意大利《共和国报》人员采访的时候明确表示支持就蒂罗尔再次统一举行全民公投。施特拉赫和奥地利政府自 2017 年以来始终致力于授予南蒂罗尔居民奥地利和意大利双重国籍并将此写进了政府的施政纲领。但这一系列计划被意大利政府拒绝。

（3）直接民主

施特拉赫是直接民主的拥护者并且称瑞士为奥地利在这一政治制度领域的榜样。由此，民众拥有要求全民公决的权利，这将作为一种倡议权被纳入立法工作。如果公民的愿望获得了相当数量民众的支持，就必须就此举行一次全民公投。2011年他曾提出，如果民众的某项愿望获得了超过15万人的签字支持，那么就有权进行全民公投。2018年的公民提案"禁止吸烟"获得了近90万人的签名，但施特拉赫指出，他们与奥地利人民党的联盟协议规定提案须获得超过90万人的支持才可以公投，因此只好作罢。

（4）气候变化

施特拉赫否认人类对气候变化负有责任的观点，被视为否认气候变化是由人所导致的代表人物之一。他曾公开表示有科学的评估表明，"人类活动的影响占比微乎其微，甚至可以说，气候变化与人类没有太大关系"。按照他的说法，格陵兰岛"曾经是一片绿色的陆地，种满了葡萄"。天体物理学家雷·威曼以及地质学家斯文德·冯德尔却强调，在格陵兰岛种粮食作物，甚至在海边从事畜牧业都是可能的，但从来没有温暖到可以种植葡萄。古北欧语的名字威兰德表示的是格陵兰的海边和北美地区，不能翻译为葡萄酒种植区，应该翻译为草场和牧场。奥地利环保组织Global 2000的发言人认为施特拉赫对气候问题的轻视，说明他并没有认真学习过与气候科学相关的知识。

（5）教育

施特拉赫提出在公共教育机构中禁止戴头巾。根据他的观点，年满4~5周岁的儿童如果德语知识有所欠缺的话应该去上德语学前班。一所综合学校拒绝了施特拉赫的提案，说学校的德语教育会拖后腿。

（6）家庭政策

施特拉赫反对同性恋者的领养权。他认为，在就业市场上有着同等技能的没有子女的申请人应该被优先考虑。

4. 诺伯特·基尔瓦德·霍菲尔（Norbert Gerwald Hofer）

诺伯特·基尔瓦德·霍菲尔，1971年3月2日出生在施泰尔马克州的佛劳，奥地利政治家，2019年9月14日起任奥地利自由党主席。2006~2017年、2019年起至今担任奥地利国民议会议员。2013~2017年担任奥地利国民议会第三主席。2019 年 10 月 23 日他在第 27 届立法会议任期之初接替安内丽泽·凯茨米勒又一次担任国民议会第三主席职务。

自 2019 年 5 月 27 日起，霍菲尔和俱乐部执行主席赫尔伯特·基尔克共同担任奥地利自由党在国民议会中的俱乐部主席。2017～2019 年霍菲尔曾担任联邦交通、创新和技术部部长。霍菲尔曾在 2016 年总统竞选中成为他所在政党的总统候选人并在 2019 年奥地利国民议会选举中成为奥地利自由党的一号候选人。

诺伯特·霍菲尔出生在普通市民家庭，和三个兄弟姐妹一起在布尔根兰州的拼卡菲尔德地区长大。他的父亲基尔瓦德·尤里乌斯·霍菲尔是拼卡菲尔德地区一家电子厂的经理，长期活跃在奥地利人民党，而且是该地区委员会成员。诺伯特·霍菲尔的姐姐在 16 岁的时候死于癌症，之后父亲便退出了政界。几年后，为了抵抗电子厂所有人施加的压力，他的父亲作为无党派人士竞选奥地利自由党职务。出于抗议的目的，诺伯特·霍菲尔从 1993 年开始也活跃在奥地利自由党。他的父亲最后加入了奥地利自由党地区委员会并且担任布尔根兰州自由老年团主席。

（1）政治立场

霍菲尔拥护"以瑞士为榜样"，从代表制民主转化为直接民主。他对跨大西洋自由贸易协定持反对态度并宣称，如果选举他为奥地利总统他自己会投反对票，并要求实施全民公决。在其他领域，他也试图建立一种新的、不局限于少数人的代表制的管理模式。霍菲尔是奥地利自由党党纲和《自由政治手册》的起草人之一，并且支持于尔克·海德尔时期被拒绝的、后又被海因茨-克里斯蒂安·施特拉赫重视的"重新融入德语文化区"的构想。他对移民和同性恋合法化持反对态度。

霍菲尔在 2016 年竞选总统之前就多次重申，他对由于难民危机而越来越多的奥地利人申请持有武器表示理解。人们总是试图，"在不安全的时期自我保护"。霍菲尔本人就持有武器并且从事射击运动。

作为奥地利自由党领导人，霍菲尔对待环保问题的立场与他的前任海因茨-克里斯蒂安·施特拉赫不同。霍菲尔认同地球变暖是由人类活动所导致的这一论断，他还把气候保护以及由人类活动所导致的气候变化描述为"我们这个时代最大的挑战"，并将环保作为一项重要工作来对待。

（2）其他活动

霍菲尔积极从事环境工作。自 2010 年起，他担任"欧洲太阳能"公益协会奥地利分部执行委员会副主席；2011 年起他担任可再生能源奥地利分部"奥地利可再生能源"这一组织的咨询委员会成员。

在 2010/2011 财年和 2011/2012 财年，他分别担任 Mapjet 航空股份有限公司和国际航空服务股份有限公司监事会成员；2010～2012 年他担任 Mapjet 航空股份有限公司股东大会主席。

结　语

一

　　冷战结束以来，欧洲民粹主义思潮再次兴起，进入 21 世纪，民粹主义思潮的影响力不断扩大，并在许多国家实现了从"思潮"向"政党"的形态转变，各种政治光谱的民粹主义政党数量迅速增多。这些形形色色、大大小小的民粹主义政党积极参与各层级的政治选举，在欧盟层面、国家层面、地区层面的影响力不断扩大，甚至在部分欧盟重要成员国取得了执政地位。欧洲民粹主义的勃兴和民粹主义政党的迅速成长壮大，与民粹主义成为欧洲乃至全球政治发展的主流趋势密不可分。全球学术界和政界普遍意识到民粹主义不会昙花一现，而会在未来较长一段时间内成为影响和改变全球政治格局的重要力量。

　　就欧洲民粹主义和民粹主义政党兴起的原因而言，欧洲各国的共识政治使主流政党不断向新自由主义的中间道路靠拢，政策主张缺乏分辨度和吸引力，政党代表性出现"赤字"；"后物质主义"发展阶段的欧洲社会更加强调文化和身份认同政治，多元文化主义必然引发文化冲突和身份认同危机。民粹主义政党迎合部分民众诉求，借助互联网等新媒体迅速扩大影响力，在各国地方议会、国家议会和欧洲议会三个层面的选举中都取得了令人瞩目的成功。意大利、希腊、匈牙利、波兰等国的民粹主义政党都获得过执政权，西班牙、奥地利、芬兰等国的民粹主义政党进入联合政府。欧洲民粹主义思潮和政党的兴起是伴随着欧洲主流政党和传统政治精英的衰落发生的，在"互联网民主"带来"直接民主"政治实践可行性的同时，将不可避免导致欧洲政党政治的碎片化和政治极化趋势。在欧洲各国选举政治的压力下，"民粹主义政党主流化"和"主流政党民粹化"的双向运动已经在欧洲各国同时发生，在未来有可能以民粹主义政策主张为基础形成新的政治共识。

展望未来，滋生欧洲民粹主义的社会土壤并未发生实质性改变，民粹主义思潮方兴未艾，以"反西方、反全球化、反世俗化"名义出现的伊斯兰激进主义与欧洲民粹主义还将相互刺激，螺旋上升，民粹主义政党在未来5～10年将成为影响和改变欧洲政治格局的重要力量。

欧洲各国的民粹主义政党在本国政治生态中处于不同的地位，有些民粹主义政党在本国长期执政或参与执政，如意大利的五星运动党、波兰的法律与公正党、匈牙利的青民盟、希腊的激进左翼联盟、西班牙的"我们能"党等，而且民粹主义政党在波兰和匈牙利连续多次赢得大选，长期执政。有些民粹主义政党则在本国政坛面临"叫好不叫座"的尴尬状态，虽然在本国的总统大选和欧洲议会选举中得票率很高，但一直无法被主流社会和主流政党所接纳，也无法执政或参加联合政府，如法国民粹主义政党国民联盟，其领导人玛丽娜·勒庞在2017年和2022年两次法国总统大选中都进入第二轮选举，但在主流政党的联合绞杀下，功败垂成。此外，法国国民联盟在法国国民议会选举中的成绩也并不理想。德国选择党在2017年和2021年德国联邦议会选举中都取得了令人瞩目的成绩，2017年获得94个席位，成为联邦议会中仅次于基民盟和社民党的第三大党，2022年获得83个席位，成为联邦议会中的第五大党，但是德国主流政党对其采取了孤立、排斥、联合打压的态度，使其在德国政坛处于"形单影只"的另类状态。由于欧盟各国的民粹主义政党在本国政治生态中所处地位不同，其对华政策或主张也有较大的差异。

二

　　欧洲部分国家的民粹主义执政党奉行以"经济外交"为核心的务实主义对华政策，重视并加强与中国在经贸投资等经济领域的合作。

　　进入 21 世纪，作为世界上最具活力、规模最大的发展中经济体，中国已经成为世界经济增长的稳定器和主要动力源，中国产业升级和消费升级有利于扩大欧洲国家的高质量工业设备、高档消费品、农产品的对华出口，中国企业对欧洲国家的投资有助于增加其国内流动性，补齐其资金短板。因此保持对华友好关系，与中国开展全方位外交，寻求合作机遇，增加本国经济收益，是作为执政党的民粹主义政党制定对华外交政策的出发点。这些国家的对华政策普遍展现出友好、务实、理性的特征，执行以"经济外交"为核心的务实主义对华政策，重视并加强与中国在经贸投资等经济领域的合作，经贸合作也成为中国与这些国家外交关系的压舱石。[1]即使这些民粹主义政党处于在野阶段的时候发表过一些对华不友好的言论或主张，在其上台执政后也能很快根据政治现实的需要转换政策立场。

　　意大利五星运动党在野期间曾经组织反对中欧协商合作的运动，对意大利政府和欧盟的对华友好政策提出很多批评，但在 2018 年 6 月五星运动党赢得意大利大选并主导组建联合政府后，对华外交态度迅速转变。在意大利五星运动党联合执政的第一阶段，多名"知华派"政治家进入联合政府担任要职，主导对华务实合作。意大利五星运动党领导人、副总理兼经济发展部部长迪马约将中国作为欧盟之外的首访国家，并在 2018 年 9 月和 11 月两次来华访问。2019 年 3 月在习近平主席访问意大利期间，两国签署了《中意关于共同推进"一带一路"建设的谅解备忘录》，成为欧盟创始成员国和"七国集团"中第一个共建"一带一路"的发达国家，取得

---

[1]　孙彦红：《"一带一路"框架下的中意合作：机遇、优势与前景展望》，《当代世界》2019 年第 4 期。

良好的示范效果。① 在意大利政界和经济界看来，中国提出的"一带一路"倡议不仅可以给意大利国内的物流基础设施带来更多的直接投资，而且能为意大利公司参与周边国家在"一带一路"倡议框架下的众多项目创造更多间接机会，特别是与中国的合作，有助于扩大意大利企业对非洲、西巴尔干地区、巴基斯坦等第三方区域或国家的投资，进而保持意大利的地中海物流体系中心的地位。正如 2019 年 3 月 23 日意大利外交部网站就签署《中意关于共同推进"一带一路"建设的谅解备忘录》所发布的说明所言："我国签署本备忘录的目标主要是：加强对庞大中国市场的出口，使我们的贸易流量和外国直接投资与德国、法国和英国等其他欧洲国家的贸易流量和外国直接投资保持一致，这些国家显然优于我们；加强中国对我国的贸易便利化和投资；为我国公司参与投资新丝绸之路沿线的基础设施项目提供便利；将我们的港口纳入国际贸易航线。"②

从 2008 年起，中资企业中远集团开始投资希腊比雷埃夫斯港两个码头的升级改造和运营，其间由于遭到希腊工会、比雷埃夫斯港所在区域地方政府的反对和抵制，经历很多波折。希腊激进左翼联盟在政治光谱上属于左翼政党，基于其反对私有化和抵制市场化的意识形态立场，在 2014 年发布的《塞萨洛尼基纲领》（The Saloniki Programme）中，明确提出了"停止公共资产私有化"的政策主张。③ 2015 年 1 月 26 日希腊激进左翼联盟政府在就职当天暂停了向中远集团及其他四家竞购者出售比雷埃夫斯港 67% 股份的计划，引发了国际关注。④ 由于此时的希腊仍然深陷主权债务危机之中，希腊激进左翼联盟政府上台后的主要任务是发展经济，

---

① 中国社会科学院欧洲研究所孙彦红研究员认为，鉴于意大利在欧盟的分量（意大利为欧盟创始成员国、欧元区第三大经济体、欧盟第四大经济体），中意合作对于提升中欧合作整体水平，发挥了较好的示范效应与积极作用，参见 https://www.yicai.com/news/100146457.html。

② https://www.governo.it/sites/governo.it/files/Memorandum_ Italia-Cina_ IT.pdf.

③ 宗禾：《希腊新政府叫停向中国出售希腊最大港口股份》，《齐鲁周刊》2015 年第 5 期。

④ 桑小川：《中国对欧港口投资的缺失与风险——以比雷埃夫斯港为例》，《国际论坛》2019 年第 3 期。

引领希腊走出债务危机的困境。在欧盟和美国等世界主要经济体都面临经济挑战、自顾不暇的时候，中国作为世界经济增长的稳定器和主要动力源，能够为经济持续低迷的南欧国家提供多方面的合作机遇。① 同时，希腊政府面临的严峻财政状况，也迫使希腊政府在中远集团收购比雷埃夫斯港股权的问题上做出了关键性的妥协。希腊财政部官员认为，在未彻底走出危机之前，希腊难以有什么筹码和能力来掌控本国的私有化进程，而且私有化并不是洪水猛兽，与国家利益并不相悖。2015 年 2 月 2 日，属于激进左翼联盟的希腊财政部部长瓦鲁法基斯在接受媒体采访时表示，希腊新政府认为中国的投资是希腊升级基础设施、增强竞争力的希望源泉，中远集团在比港的投资对希腊具有非常积极的意义，叫停已开始的且有中远集团参与的比港港务局私有化项目并不明智。② 具体负责港口管理事务的希腊经济、基础设施、航运和旅游部常务副部长兹里察斯则表示："对于希腊上一届政府同中远达成的协议，是已经获得希腊议会批准的，而且 3 号码头的扩建已经开工；我们（新政府）会尊重相关的协议，并且切实履行协议中所规定的义务，绝不会单方面地修改协议。"③ 2016 年 3 月，希腊审计法院最终批准将该港口 67% 的股权出售给中远集团，这一决定在 2016 年 6 月得到了激进左翼联盟控制的希腊议会的批准。2016 年 8 月中远集团完成了对比雷埃夫斯港港务局多数股权的收购，成为比雷埃夫斯港的实际经营者。在中远集团的运营下，比雷埃夫斯港的吞吐量增长了近 3 倍，2 号和 3 号码头的盈利都出现了超过 3000 万美元的增长，为当时正处于财政困难之中的希腊政府带来了可观的税收，也为当地创造了大量就业机会。2017 年中国国家电网成功收购了希腊国家电网 24% 的股权。

---

① 孙彦红：《"一带一路"框架下的中意合作：机遇、优势与前景展望》，《当代世界》2019 年第 4 期。
② 《希腊财长积极评价中远在比港的投资》，中国驻希腊大使馆网站，2015 年 2 月 2 日，http：//www.fmprc.gov.cn/ce/cegr/chn/mbtd/t1234868.htm。
③ 《中国驻希腊大使：希腊新政府希望进一步扩大与中国的合作》，中国政府网，2015 年 1 月 31 日，http：//www.gov.cn/xinwen/2015-01/31/content_ 2812769.htm。

此外希腊激进左翼联盟政府还积极参与和支持"一带一路"倡议。2015 年 11 月，希腊政府首次以观察员国身份参加了在苏州举行的第四次中国—中东欧国家领导人会晤。2018 年 8 月，希腊外交部部长科齐阿斯与中国国务委员兼外交部部长王毅交换备忘录文本，希腊成为第一个签署"一带一路"备忘录的欧盟成员国。2019 年 4 月，希腊作为正式成员加入中国—中东欧合作机制，希腊激进左翼联盟政府总理齐普拉斯到北京参加第二届"一带一路"国际合作高峰论坛。

发展对华友好关系，促进经贸合作与投资的政策主张，跨越了民粹主义政党的左右分野。希腊激进左翼联盟在政治光谱上偏向极左翼，波兰法律与公正党则是一个极右翼民粹主义政党。按照西方政治谱系的标准划分，波兰法律与公正党是一个带有浓厚意识形态色彩的极右翼民粹主义政党，但是波兰法律与公正党的意识形态，并没有影响该党的对华政策。

自 2015 年波兰法律与公正党上台执政以来，在中波双边贸易、中国—中东欧合作、"一带一路"倡议、亚投行、中欧班列等项目上，波兰都积极支持，密切合作，以便抓住中国经济快速发展的机遇。[1] 特别是"一带一路"倡议和建设可能为波兰经济发展带来的良好预期效果，促使波兰政府更加重视对华关系。波兰法律与公正党在制定的《波兰外交政策战略（2017~2021）》文件中指出，波兰的任务之一是"在完善区域基础设施项目方面，寻求与非欧洲伙伴，特别是和中华人民共和国的合作机会"，推动与中国在"一带一路"框架下的合作以帮助波兰更好地实现其发展的目标。[2] 为此，2015 年 10 月波兰正式签署《亚洲基础设施投资银行协定》，加入亚投行；2015 年 11 月，波兰总统杜达来华出席第四次中国—中东欧国家领导人会晤，并签署了共同推进"一带一路"建设谅解备

---

① 刘作奎、卡塔里娜·高里克：《2015 年波兰宪法危机根源、前景及对中波关系影响分析》，《欧洲研究》2016 年第 2 期。

② Polish Foreign Policy Strategy 2017 - 2021, https：//www. gov. pl/attachment/869184c0 - bd6f - 4a20 - b8af - a5c8190350a1.

忘录。

波兰法律与公正党执政以来奉行的对华友好政策推动中波经贸合作实现了飞跃发展。波兰地处欧洲心脏地带，承东启西、连通南北，是欧洲的"十字路口"，能通过便捷的交通体系直接辐射西欧、南欧和北欧，是中国商品进入欧盟市场的第一站。但 2008 年中波之间的贸易额仅为 21 亿美元，其中波兰出口中国的产品价值 10 亿美元，中国出口波兰的产品价值约 11 亿美元，贸易总额较小。借助"一带一路"倡议和中国—中东欧合作机制，中波双边贸易额迅速增长，2015 年双边贸易总额突破 170 亿美元，2017 年突破 200 亿美元大关，2020 年双边贸易克服新冠疫情影响，逆势而上，突破 300 亿美元大关，达到 310.56 亿美元（见表 1），在中国与中东欧 17 国的贸易总额中占比超过 30%，在 17 个国家中排名第一。2021 年 1~9 月双边贸易额达到 305.9 亿美元，同比增长 40.6%，中国已成为波兰在亚洲最大的贸易伙伴国。特别需要指出的是，波兰对华出口贸易额也实现了连年增长，波兰的乳制品、酒类、水果等特色优质农副产品源不断地进入中国市场。中波之间的商品贸易互补性大于贸易竞争，进一步拓展经贸合作的前景广阔。[①] 正如波兰驻华大使赛熙军在 2020 年接受专访时候指出："由于波兰处于连接中国和欧洲的重要中转地，物流和运输领域显得极其重要。它关系到从中国向欧洲出口产品的交通、仓储和再分配等环节。在新冠疫情发生期间，通过波兰连接中国和欧洲的中欧班列证实了它的可靠和重要性。截至 2020 年 9 月，进入波兰与白俄罗斯边境交界点马拉舍维奇的集装箱数量超过 11.84 万个，远高于 2019 年全年的集装箱数量，2019 年为 9.73 万个。我们今后应该充分发挥这方面的优势。"[②]

---

① 戴秩尘主编《"一带一路"国别研究报告（波兰卷）》，中国社会科学出版社，2020，第 585~593 页。

② 郭艳：《波兰与中国贸易潜力巨大　中欧班列优势凸显——专访波兰驻华大使赛熙军》，《中国对外贸易》2020 年第 12 期。

表 1 2015~2020 年中国和波兰贸易额

单位：亿美元

年份	中国向波兰出口	中国自波兰进口	双边贸易总额	中国贸易顺差
2015	143.46	27.44	170.90	116.02
2016	150.92	25.34	176.26	125.58
2017	178.76	33.53	212.29	145.23
2018	208.79	36.45	245.24	172.34
2019	238.75	39.41	278.16	199.33
2020	267.36	43.20	310.56	224.16

资料来源：《2015-2020 年中国与波兰双边贸易额与贸易差额统计》，华经情报网，https://www.huaon.com/channel/tradedata/685195.html。

在中国对波兰投资方面，截至 2020 年 6 月底，中国已累计对中东欧国家直接投资 30.5 亿美元，间接投资超过 120 亿美元。也正是在 2020 年，中国超越德国和英国，成为在波兰的最大投资国。目前，在波兰投资兴业的中资企业已增至 70 余家，对波兰投资额超过数十亿美元，涉及生物医药、新能源、机械电子制造、信息通信、商贸服务、金融机构、基础设施等领域。中国对波兰的投资关系走深走实，也促使波兰在对待中国投资问题上实施更加务实和更加明智的政策，特别是在欧盟通过一系列立法限制中国企业进入欧洲市场的背景下，波兰外交部部长拉乌在 2021 年访华时表示，波兰欢迎中国企业对波投资，不会对中国企业采取歧视性做法。

欧尔班领导的匈牙利青民盟在 2010 年、2014 年、2018 年、2022 年的四次大选中获得胜利，得以长期连续执政，欧尔班三次连任总理职务，匈牙利的对华关系得以长期保持稳定，匈牙利积极参与"一带一路"建设，吸引中国投资，依托地缘优势打造中东欧物流集散地和桥头堡，双方经济合作的紧密度和重要性日益凸显。目前，中国是匈牙利在欧盟以外的第一大贸易伙伴，匈牙利是中国在中东欧地区的第三大贸易伙伴，也是中国在中东欧地区最大的投资目的地国。2010 年维克托·欧尔班带领青民盟赢得匈牙利议会大选，时隔 8 年再次上台执政，在外交领域采取以国家利益为核心的务实立场，改变了以大西洋为中心的外交政策方向，从偏重西方转向东西方平衡，提出了"向东开放"的政策。2019年4月欧尔班总理在北京会见习近平主席时指出："10年前我就意识到，匈牙利的未来很大程度上取决于同中国的关系。"①"一带一路"倡议提出后，得到匈牙利的积极支持和响应。2015年匈牙利成为第一个同中国正式签署共同推进"一带一路"建设谅解备忘录的欧洲国家。2017年5月匈牙利总理欧尔班应邀来华出席"一带一路"国际合作高峰论坛，并对华进行正式访问，中国和匈牙利双方认为，进一步深化中匈关系符合两国利益，一致同意建立全面战略伙伴关系。② 在金融合作方面，随着中资企业对匈牙利投资的增长，中国和匈牙利的金融合作也日益紧密。2014年中国银行在匈牙利设立分行，2015年中国农业银行在匈牙利设立分行，2015年中国银行匈牙利分行成功发行5亿欧元的"一带一路"债券，2015年10月中东欧国家的第一个人民币清算中心在匈牙利布达佩斯成立，2017年3月匈牙利加入亚洲基础设施投资银行，2016~2018年匈牙利在中国香港和内地共发行了40亿元的人民币债券，成为第一个发行人民币债券的中东欧国家。

中国和匈牙利的文化交流和华人华侨工作卓有成效，匈牙利共有5所孔子学院和2家孔子课堂，孔子学院数量在全部中东欧国家中仅次于波兰（6所），中国与匈牙利友好城市的缔结数量为38对，在中东欧国家中数量最多。2016年，中国文化部与苏州市共建的"布达佩斯中国文化中心"是中东欧国家的第一个中国文化中心。匈牙利还是第一个设立母语和中文双语教学的欧洲国家，"匈中双语学校"成立于2004年，位于布达佩斯15区，是匈牙利唯一以匈语和中文共同作为教学语言的公立双语小学，也是欧洲第一个同时使用母语和汉语双语教学的基础教育学校。匈牙利还是欧洲第一个允许独立注册运营中国智库的国家，促进了双方学术界的沟通交

① 《习近平会见匈牙利总理》，央视网，2019年4月25日，http://news.cctv.com/2019/04/25/ARTIcWeyPvPdlW86Gk9PwLMq190425.shtml。

② 《中华人民共和国和匈牙利关于建立全面战略伙伴关系的联合声明》，人民网，2017年5月14日，http://world.people.com.cn/n1/2017/0514/c1002-29273596.html。

流。2016年匈牙利罗兰大学（欧尔班总理的母校）成立"一带一路"研究中心，这是欧洲各国首家专门从事"一带一路"研究的机构。2017年4月中国—中东欧研究院在布达佩斯成立，这是中国首家在欧洲独立注册的智库，搭建了中匈、中欧智库交流平台。

作为欧盟成员国，匈牙利是中国商品进入欧盟市场的重要集散地，也是中国商品在中东欧地区的最大集散地。截至2020年，中国国内8个城市（见表2）开通了直达布达佩斯的中欧班列，搭建起快速物流通道。

表2　中国城市直达布达佩斯中欧班列情况

始发城市	终点城市	开通时间	单程时长（天）
西安	布达佩斯	2017.04.01	20/11（2019）
重庆	布达佩斯	2017.04.15	14（2020）
长沙	布达佩斯	2017.05.27	19
厦门	布达佩斯	2018.07.09	17
成都	布达佩斯	2018.10.25	18
济南	布达佩斯	2019.08.15	16
武汉	布达佩斯	2019.12.21	20
深圳	布达佩斯	2020.10.16	16

资料来源：根据中欧班列网站信息整理制作。

连接匈牙利首都布达佩斯和塞尔维亚首都贝尔格莱德的匈塞铁路的升级改造工程是中国—中东欧国家合作的标志性项目之一，也是中国铁路"走出去"（欧洲）的第一个项目。2013年11月，中国、匈牙利与塞尔维亚三国共同宣布合作建设匈塞铁路。塞尔维亚境内路段的改造进展顺利，但由于匈牙利是欧盟成员国，2017年欧盟委员会以"大型交通项目必须进行公开招标"为由对匈塞铁路项目进行调查，匈塞铁路匈牙利段的项目一直未能实施。2020年5月19日，匈牙利国民议会以133票赞成、58票反对和3票弃权的结果通过了匈塞铁路升级改造工程法案。2020年5月16日，匈塞铁路匈牙利段项目EPC主承包合同正式生效，标志着匈牙利段正式进入实施阶段。匈塞铁路匈牙利段长159.4公里，项目中使用的设备、材料和技术都将符合欧盟和匈牙利标准，经过相关认证后，我国铁路设备和技术将首次在欧盟市场使用。匈塞铁路改造升级后，与希腊比雷埃夫斯港实现海陆联动，形成"中欧陆海快线"的联动，将成为中国货物从希腊到西欧的最快捷运输路径，匈牙利也将成为中国商品进入欧盟腹地的第一站和重要集散地。

三

部分欧盟国家的民粹主义执政党对华政策深受美国和欧盟影响，缺乏独立性和自主性，但力图在美欧压力和对华合作之间寻求平衡点。

作为欧盟成员国和北约成员国，这些国家的对华外交政策受到美国和欧盟的影响，自主性不足。正如意大利前驻华大使阿尔贝托·布拉达尼（Alberto Bradanini）所言，"意大利是一个缺乏独立性的中等国家"，意大利外交不仅是内政的延续，而且"在政治上受限于二战后建立的大西洋联盟和欧洲框架，经济金融层面则服从于欧盟的'超国家主义'机制"。[①] 从这些国家的综合国力和国际政治经济影响力来看，除了意大利算是一个中等强国（七国集团成员），波兰、西班牙、匈牙利、希腊等国的综合国力和国际影响力相对较低，它们在国际安全、能源安全等领域的保障诉求在很大程度上要依靠美国和欧盟来提供。

波兰法律和公正党奉行的务实主义外交政策主要分为安全、发展、国际地位三个基本层级，层级之间不是并列关系，在政策比重权衡上具有递减性，以"安全"为第一层级，逐级向下呈发散趋势。自 1989 年转型以来，波兰主要的外交方针是在多边关系中追随美国和北约，以提高自身在北约和欧盟中的战略地位，积极促使北约在波兰驻军以实现安全保障。波兰法律与公正党创始人、波兰前总统卡钦斯基这样评价美国：

---

① 吉磊：《2020 年意大利对华政策》，复旦大学中欧关系研究中心、上海欧洲学会编《欧洲对华政策报告（2020 年）》，2021。

"我并不热爱美国，但美国为我们提供保护伞；又因为波兰与美国相距甚远，波兰也不会对美国产生直接性的依赖。"①波兰与中国的合作主要涉及发展和国际合作两个层面。波兰积极支持和发展中波双边贸易、中国—中东欧合作、"一带一路"倡议、亚投行、中欧班列等项目，以便抓住中国经济快速发展的机遇。但波兰作为北约和欧盟的成员国，在涉及价值观外交和国家安全的领域被迫"选边站队"，附和美国和欧盟的做法，以此为代价获取美国在安全领域的保障和在能源领域的合作。希腊、意大利等国在对华外交上都面临与波兰类似的困境，展现出"摇摆性"特征。

波兰法律与公正党自 2015 年 11 月上台执政以来，推行"新发展模式"。该党凭借在波兰议会两院都占有主导地位的优势，挑战西方传统的三权分立、相互制衡的政治体系，大刀阔斧推行司法改革，强化政府控制司法权力的能力，遭到欧盟的一系列制裁。2017 年 12 月，欧盟委员会决定依据《欧盟条约》第 7 条对波兰开展"破坏民主制度"的调查和制裁。自 2021 年 10 月起，欧洲法院以波兰没有停止实施其国内法律中针对法官的纪律审查机构的有关条款为理由，命令波兰每天向欧盟委员会支付 100 万欧元罚款。同时，欧盟委员会对波兰实行经济和金融制裁措施，禁止波兰动用 570 亿欧元（约合 4242 亿元人民币）的新冠疫情紧急援助资金。但这并没有妨碍波兰法律与公正党奉行追随美国、附和欧盟的对华政策总基调，波兰的这种做法在以北约和欧盟成员国为主的中东欧地区具有较为广泛的代表性。

意大利五星运动党在应对美国和欧盟对华推行"价值观外交"上的做法比较中庸。作为一个带有比较强烈的左翼民粹主义色彩的政党，意大利五星运动党在对华外交政策上较少带有西方式的"价值观外交"色彩。在"经济外交"思想指导下，意大利对华外交强调合作重于分歧，

---

① Justyna Zając, *Poland's Security Policy: The West, Russia, and the Changing International Order*, London: Macmillan Publishers Ltd., 2016, pp. 114–115.

对中国处理内政问题不指手画脚，基本上不与中国在人权等政治问题上发生龃龉，尊重中国主权，几乎不干涉事关中国领土与领海主权权益的问题。2020 年 6 月 30 日，英国声称代表 27 个国家在联合国人权理事会发言，干涉中国内政，但意大利没有支持英国的行为。此外，意大利政府在中国南海问题、台湾问题、涉疆涉藏问题上，都长期保持了尊重中国主权，不干涉中国内政的立场，这为中意关系的健康稳定发展创造了良好的政治互信基础。

欧尔班领导下的青民盟努力探索符合匈牙利国情和利益的现实主义的政治经济发展道路，对自由主义发展模式进行反思，形成了超越"左"和"右"的"非自由主义"发展模式。2010 年执政后，欧尔班政府利用青民盟在国会拥有 2/3 多数席位的优势，推动了宪法改革、司法体系改革以及出台新媒体法等，力图强化政府权威。欧盟认为部分法律改革违背了民主价值，破坏了权力制衡机制，匈牙利出现了"民主倒退"。[①] 2018 年 9 月 12 日，欧洲议会以 448 票赞成、197 票反对的超 2/3 票数，通过了一份指控匈牙利政府对媒体和学术自由严格管控、打击非政府组织、否认少数民族和移民所享有的权利的报告。[②] 这是欧洲议会第一次投票决定援引《欧盟条约》第 7 条的规定对一个欧盟成员国进行惩罚。自 2020 年 4 月起，匈牙利青民盟的欧洲议会议员被所属的人民党党团"冻结"成员资格，无法正常参加欧洲议会的各项活动。因为"价值观问题"被欧盟不断打压和孤立的匈牙利青民盟和欧尔班总理对中国改革开放中形成的"中国模式"非常感兴趣，欧尔班总理在 2014 年的三次公开讲话（8 月 22 日、10 月 17日、11 月 24 日）中均称赞中国发展取得的成就，并在 2015 年 2 月 24 日、2017 年 1 月 24 日、2017 年 1 月 26 日的公开讲话中向欧洲其他国家推荐

---

① 贺婷：《"欧尔班现象"初探》，《俄罗斯学刊》2017 年第 6 期。

② Michael Birnbaum, Griff Witte, "EU Parliament Votes to Punish Hungary for Backsliding on Democracy," *The Washington Post*, September 12, 2018, https://www.washingtonpost.com/world/europe/amid-threats-to-rule-of-law-in-hungary-european-lawmakers-vote-to-start-sanctionsproceedings/2018/09/12/4ba20fe8-b63d-11e8-ae4f-2c1439c96d79_story.html.

"中国模式"。欧尔班总理虽然认为匈牙利不可能照搬中国模式，但是有必要以中国为榜样，探索符合匈牙利国情的发展道路。在政治上匈牙利欧尔班政府坚定奉行不干涉中国内政原则，在台湾问题、涉港问题、涉疆问题上，坚持原则，在欧盟内部仗义执言，反对欧盟以集体名义发表一系列干涉中国内政的声明政策等，例如在 2021 年 4 月、5 月、6 月，匈牙利三次使用否决权阻止欧盟发布以人权名义干涉中国内政的联合声明，赢得了中国和世界人民的赞许。

欧盟部分国家的民粹主义执政党所奉行的对华外交政策，是一种"在三个鸡蛋上跳舞"的平衡外交，努力在美欧的压力和对华合作之间寻求平衡点，既不愿意全方位加入"反华阵营"，同时又在特定领域充当美国和欧盟的队友；既希望借助"站队"获得美国和欧盟在安全、能源等领域的保障，又希望在经贸领域保持与中国这辆经济快车的合作关系。这种"双向获利"的目的导致这些国家的对华政策呈现碎片化的发展态势，难以简单地用"反华"或"亲华"来概括，而是随着领域或者利益的变化而调整。①

四

欧盟部分国家的民粹主义在野党的对华外交主张差异较大，但其反全球化和反自由贸易的基本主张和带有种族主义色彩的政治理念，使其对华外交主张总体倾向消极和负面，不利于中欧友好合作发展。

法国国民联盟（及其前身国民阵线）自诞生之日起就是一个具有盲目仇外和严重种族主义倾向的极右翼民粹主义政党，出于意识形态的偏见，具有浓厚的反共色彩，长期敌视中国共产党和中国特色社会主义制度，歧视华人，曾经发表诸多反中言论。在经济上，法国国民联盟坚持反对全球化，鼓吹单边主义和贸易保护主义，夸大中国给欧盟和法国带来的经济竞

---

① 龙静：《2020 年维谢格拉德集团四国对华政策》，复旦大学中欧关系研究中心、上海欧洲学会编《欧洲对华政策报告（2020 年）》，2021。

争和挑战，认为中国向欧洲倾销商品，严重冲击法国制造业。认为在全球经济格局重塑的今天，欧洲和法国企业处于不公平的劣势。主张"法国优先"原则，重振法国制造业，主张拒绝承认中国的"市场经济地位"，严格审查中国对法国的投资。2016 年 5 月 10 日，法国国民阵线主席、欧洲议会议员玛丽娜·勒庞在欧洲会议上提议拒绝承认中国的市场经济地位，抵制欧盟和中国的自由贸易政策，暂停中国参与投资的基础设施建设。① 2019 年 3 月 31 日，国民联盟副主席乔丹·巴尔德拉（Jordan Bardella）在接受法国 BFM 电视台采访时，呼吁法国政府巩固法案，管控具有战略意义的行业和领域，而且还特别强调应抵制中国企业参与投资图卢兹机场项目。② 2019 年 7 月 18 日，巴尔德拉在欧盟会议上再次批评欧盟未在中国香港问题上采取有效行动，并大肆宣扬"中国威胁论"，称中国的经济政策导致欧盟产业利益受损，建议欧盟采取行动以应对中国在工业、商业、农业、高科技、基础设施建设等领域对欧盟构成的巨大威胁和挑战。③ 法国国民联盟党籍的欧洲议会议员在 2021 年 5 月投票支持冻结中欧投资协定，在所有投票中，共有 599 票赞成冻结、30 票反对和 58 票弃权。作为一个民粹主义政党，法国国民联盟的"法国至上"和贸易保护主义主张，与中国提倡的全球治理、合作共赢、经济全球化和促进多边贸易的政治经济政策背道而驰，并且其政治意图在短期内并不会发生实质性改变，因此，我们应该积极探索国民联盟相关言论对中欧、中法合作的影响，分析其抵制中国的原因，并寻求如何应对负面声音推进中欧、中法合作。

在 2021 年举行的德国联邦议会大选中，德国选择党是唯一在其竞选

---

① "L'UE ne doit pas accorder le statut d'économie de marché à la Chine," https：//rassemblementnational. fr/communiques/lue-ne-doit-pas-accorder-le-statut-deconomie-de-marche-a-la-chine.

② "On subit un pillage économique, notamment de la part de la Chine," https：//www. ndf. fr/ politique/01-04-2019/on-subit-un-pillage-economique-notamment-de-la-part-de-la-chine- jordan-bardella/.

③ "L'Union européenne n'a AUCUNE leçon à donner en matière de démocratie et de libertés： plutôt que de se prendre pour l'ONU et de se mêler de ce que Pékin fait à Hong-Kong, elle ferait mieux de défendre nos intérêts, et de s'inquiéter de ce que la Chine fait en Europe！" https：//twitter. com/j_ bardella/status/1151798687410135042/.

纲领中公开表态支持"一带一路"倡议的政党，德国选择党的部分领导
人，如在德国联邦议院的党团主席爱丽丝·威德尔（Alice Weidel）有长
期在中国工作的经历，对中国的经济发展和社会建设成就有比较直接的认
知，支持与中国的经贸合作，支持中欧投资协定。德国选择党的重要成
员，曾经担任欧洲议会议员、欧盟国际贸易委员会委员、欧盟交通与旅游
委员会副主席、欧盟区域发展委员会副主席的马克西米利安·克拉
（Maximilian Krah）在2019年接受中国经济网采访时表示，"一带一路"倡
议是中欧合作发展的重点。① 他认为："中国的'一带一路'项目是全球
经济的宝贵成果，它为陆地国家带来了发展。中东欧国家若希望从中受
益，我是理解且欢迎的。"② 2021年5月欧洲议会投票冻结中欧投资协定
后，德国选择党在德国联邦议院的议员、欧盟委员会成员西格伯特·德罗
泽（Siegbert Droese）表示：布鲁塞尔竟然认为中国对欧洲议会个别议员的
制裁是中欧投资协定的"绊脚石"，这样的观点不可取。德罗泽认为，欧
盟方面总认为自己拥有一种极端的使命感，在任何地方进行干预，同时又
给欧洲经济带来致命后果，但是欧盟方面对此无动于衷。德罗泽还批评欧
盟的对华政策在经济上总是适得其反，甚至毫无用处……欧盟应该承认中
国独立自主处理内政的权力，而不是狂妄自大地干涉中国内政。③

　　在保持与推进对华关系的同时，德国选择党也对扩大与中国的经贸合
作关系提出了前提条件。德国选择党在欧洲议会的党团代表、德国选择党
贸易政策发言人马尔库斯·布赫海特（Markus Buchheit）表示，除了扩大
与中国的经济合作外，推动中国按照欧盟贸易和投资法律框架的要求，进
一步修订完善保护外资和规范贸易的法律也非常重要。他认为扩大与中国
的经济、政治和文化合作关系符合欧盟的利益，但同时必须努力实现中欧
双方在贸易和投资法律框架的相互融合。马尔库斯·布赫海特也指出在中
欧投资协定框架下，未来中国控股公司对欧洲公司的收购必须受到欧盟竞

---

① 　http：//intl. ce. cn/specials/zxgjzh/201911/12/t20191112_ 33585982. shtml.
② 　https：//user. guancha. cn/main/content？ id＝319089.
③ 　https：//afdbundestag. de/droese-bruessel-politisiert-das-investitionsabkommen-mit-china/.

争法和反垄断法的约束和控制，必要时可以用行政命令中止收购。① 德国选择党的重要成员和欧洲议会议员斯蒂芬·布兰德纳（Stefan Brandner）也认为，要立即停止向中国企业出售德国企业的控制权，停止为华提供发展资金。布兰德纳认为，中国已经成为充满活力的世界第二大经济体，但德国每年还给中国提供约 6 亿欧元的发展援助，这些钱反过来可能被用来收购德国企业。布兰德纳认为德国联邦政府必须全力支持受疫情影响而濒临破产的企业，避免这些企业被迫出售给中国企业。②

由于长期受部分反华媒体的影响，德国社会层面的对华外交政策主张受价值观外交影响较大，存在影响中德友好合作的杂音。德国选择党的某些政策主张也不免受其影响。德国选择党对中国在德国设立的孔子学院及其影响提出异议，认为孔子学院的建立与德国公共教育机构的中立政策以及民主政策并不相符，要求加强对孔子学院的监控，甚至撤销孔子学院。总体而言，受制于欧洲和德国的政治和舆论大环境，德国选择党也无法避免价值观外交的影响，在对华政策主张上存在自相矛盾和按需取舍的状况，人为割裂经贸合作和文化交流之间的关系，在中德关系发展中制造杂音。

五

由于欧洲各国的民粹主义政党普遍具有"反全球化""反一体化"倾向，在欧盟成员国内部已经出现结构性的"去一体化"压力，随着美国转向贸易保护主义，民粹主义政党影响力的扩大促使欧盟和各成员国的经贸政策趋于贸易保护主义，对"一带一路"倡议和中欧经贸发展可能产生不利影响。作为欧盟最重要的国际贸易伙伴和欧洲一体化的坚定支持者，中

---

① https://afdkompakt.de/2020/06/18/den-ausverkauf-von-deutscher-technologie-an-china-stoppen/.

② https://www.afd.de/stephan-brandner-ausverkauf-deutscher-wirtschaft-und-entwicklungshilfezahlungen-nach-china-stoppen.

国与欧盟各国的经贸文化交流和政治外交互动日益频繁，合作日益密切。在欧洲民粹主义兴起的背景下，中国要高度警惕中欧经贸合作可能面临的贸易保护主义冲击，亟须更新中欧合作的方式和内容，加强与欧盟各国政府和主要政党的沟通交流，加强与各国的人文交流和宣传工作，争取欧盟各国对"一带一路"倡议的支持与合作，排除外界干扰，化解矛盾和摩擦，在百年未有之大变局的国际大背景下，实现中国与欧洲各国的合作共赢，共同创建更加繁荣、更加和平的人类命运共同体。

参考文献

一　中文文献

（一）著作

〔美〕安东尼·唐斯：《民主的经济理论》，姚洋译，上海世纪出版集团，2005。

〔英〕安东尼·D.史密斯：《全球化时代的民族与民族主义》，龚维斌、良警宇译，中央编译出版社，2002。

〔英〕安东尼·吉登斯、帕德里克·戴蒙德、罗杰·里德主编《欧洲模式：全球欧洲，社会欧洲》，沈晓雷译，社会科学文献出版社，2010。

〔西〕奥尔特加·加塞特：《大众的反叛》，刘训练、佟德志译，吉林人民出版社，2004。

〔德〕奥特弗利德·赫费庞：《全球化时代的民主》，庞学铨、李张林、高靖生译，上海译文出版社，2007。

〔英〕保罗·塔格特：《民粹主义》，袁明旭译，吉林人民出版社，2000。

陈新、〔匈〕乌格罗什迪·马尔通主编《中国与匈牙利：变化世界中的双边关系 70 年》，中国社会科学出版社，2019。

陈义平、徐理响主编《当代西方政治思潮》，安徽大学出版社，2019。

〔英〕戴维·米勒、韦农·波格丹诺主编《布莱克维尔政治学百科全书》，邓正来等译，中国政法大学出版社，1992。

戴秩尘主编《"一带一路"国别研究报告（波兰卷）》，中国社会科学出版所，2020。

〔德〕弗兰茨－克萨韦尔·考夫曼：《社会福利国家面临的挑战》，王学东译，商务印书馆，2004。

复旦大学中欧关系研究中心、上海欧洲学会编《欧洲对华政策报告（2017年）》，2018年1月。

复旦大学中欧关系研究中心、上海欧洲学会编《欧洲对华政策报告（2018年）》，2019年1月。

复旦大学中欧关系研究中心、上海欧洲学会编《欧洲对华政策报告（2019年）》，2020年3月。

复旦大学中欧关系研究中心、上海欧洲学会编《欧洲对华政策报告（2020年）》，2021年3月。

〔意〕G. 萨托利：《政党与政党体制》，王明进译，商务印书馆，2006。

高奇琦主编《西方民粹主义与自由民主的贫困》，上海人民出版社，2019。

〔法〕古斯塔夫·勒庞：《乌合之众——大众心理研究》，冯克利译，广西师范大学出版社，2007。

〔美〕哈罗德·伊罗生：《群氓之族：群体认同与政治变迁》，邓伯宸译，广西师范大学出版社，2008。

〔德〕汉斯－彼得·马丁、哈拉尔特·舒曼：《全球化陷阱：对民主和福利的进攻》，张世鹏等译，中央编译出版社，2001。

黄平、周弘、程卫东主编《欧洲发展报告（2016~2017）》，社会科学文献出版社，2017。

黄平、周弘、程卫东主编《欧洲发展报告（2017~2018）》，社会科学文献出版社，2018。

黄平、周弘、田德文主编《欧洲发展报告（2018~2019）》，社会科学文献出版社，2019。

〔法〕吉尔·德拉诺瓦：《民族与民族主义》，郑文彬、洪晖译，生活·读书·新知三联书店，2005。

〔德〕克劳斯·奥菲：《福利国家的矛盾》，郭忠华等译，吉林人民出版社，2002。

〔美〕拉里·戴蒙德、理查德·纲瑟主编《政党与民主》，徐琳译，上海人民出版社，2012。

李强、段德敏主编《十字路口的欧罗巴：右翼政治与欧洲的未来》，商务印书馆，2019。

林红：《民粹主义——概念、理论与实证》，中央编译出版社，2007。

刘鹤主编《两次全球大危机的比较研究》，中国经济出版社，2017。

刘军宁等编《直接民主与间接民主》，生活·读书·新知三联书店，1998。

刘作奎：《欧洲与"一带一路"倡议：回应与风险》，中国社会科学出版社，2017。

〔英〕卢克·马奇：《欧洲激进左翼政党》，于海青、王静译，社会科学文献出版社，2014。

马细谱、李少捷主编《中东欧转轨25年观察与思考》，中央编译出版社，2014。

〔美〕塞缪尔·亨廷顿：《第三波——20世纪后期民主化浪潮》，刘军宁译，上海三联书店，1998。

宋全成：《欧洲移民研究：20世纪的欧洲移民进程与欧洲移民问题化》，山东大学出版社，2007。

孙宜学：《"一带一路"与中华文化国际传播》，同济大学出版社，2019。

王海霞：《奥地利社会民主党研究》，北京广播学院出版社，2003。

王建娥、陈建樾等：《族际政治与现代民族国家》，社会科学文献出版社，2004。

〔德〕乌尔里希·贝克：《全球化时代的权力与反权力》，蒋仁祥、胡颐译，广西师范大学出版社，2004。

吴白乙、周弘、陈新主编《欧洲发展报告（2019～2020）》，社会科学文献出版社，2019。

吴国庆：《战后法国政治史（1945～2002）》，社会科学文献出版社，2004。

〔英〕锡德尼·维伯、比阿特里斯·维伯：《资本主义文明的衰亡》，秋水译，上海人民出版社，2005。

〔美〕约瑟夫·熊彼特：《资本主义、社会主义和民主》，吴良健译，商务印书馆，1999。

张莉：《西欧民主制度的幽灵——右翼民粹主义政党研究》，中央编译出版社，2011。

周弘、黄平、江时学主编《欧洲发展报告（2014～2015）》，社会科学文献出版社，2015。

周弘、黄平、江时学主编《欧洲发展报告（2015～2016）》，社会科学文献出版社，2016。

（二）期刊论文

安然：《精英与平民的"疏离"和"相遇"——以霍夫施塔特与拉什民粹主义论述为中心的考察》，《北京师范大学学报》（社会科学版）2022年第1期。

陈晓律：《第三波之后的民主"困惑"》，《史学集刊》2017年第3期。

陈晓律：《欧洲民族主义的迷思》，《史学集刊》2008年第4期。

陈昕彤：《意大利右翼民粹主义政治中的宗教因素探析》，《世界宗教文化》2021年第4期。

丛日云：《从精英民主、大众民主到民粹化民主——论西方民主的民粹化趋向》，《探索与争鸣》2017年第9期。

邓曙、尹建龙：《佛朗哥时代的阴影——西班牙极右翼民粹主义政党呼声党》，《国际研究参考》2021年第1期。

董一凡、王朔：《欧盟经济保护主义新态势及发展前景》，《现代国际关系》2018 年第 5 期。

董一凡：《当前欧洲民粹主义的主要特点及发展趋势》，《当代世界》2018 年第 9 期。

董一凡：《西班牙我们可以党总书记伊格莱西亚斯》，《国际研究参考》2017 年第 7 期。

董一凡：《意大利大选评析》，《国际研究参考》2018 年第 4 期。

董一凡：《意大利五星运动领导人贝佩·格里洛》，《国际研究参考》2017 年第 6 期。

冯仲平、黄静：《中欧"一带一路"合作的动力、现状与前景》，《现代国际关系》2016 年第 2 期。

冯仲平：《改革开放 40 年的中欧关系》，《国际论坛》2019 年第 2 期。

冯仲平：《关于西方困境的思考》，《现代国际关系》2017 年第 10 期。

冯仲平：《欧洲：大变局推动大转型》，《世界知识》2021 年第 24 期。

冯仲平：《欧洲两大发展态势将影响其未来》，《世界知识》2018 年第 24 期。

冯仲平：《欧洲民粹主义的兴起及影响》，《世界政治研究》第 1 辑，中国社会科学出版社，2019。

冯仲平：《英国退欧对欧盟及中欧关系的影响》，《欧洲研究》2016 年第 4 期。

高春芽：《民粹政党主流化与主流政党民粹化的双向运动——以西欧右翼民粹政党为例》，《当代世界与社会主义》2020 年第 3 期。

高春芽：《政党代表性危机与西方国家民粹主义的兴起》，《政治学研究》2020 年第 1 期。

弓联兵、秦清：《欧洲民粹主义政党联盟化的动因与策略》，《当代世界与社会主义》2020 年第 4 期。

郭艳：《波兰与中国贸易潜力巨大　中欧班列优势凸显——专访波兰驻华大使赛熙军》，《中国对外贸易》2020 年第 12 期。

何铭：《德国选择党，成为主流抑或走向衰败?》，《党课参考》2019

年第 4 期。

贺婷：《"欧尔班现象"初探》，《俄罗斯学刊》2017 年第 6 期。

贾文华、季哲忱：《欧洲左中右翼民粹政党的政治殊求——基于选民投票偏好的数据解析》，《当代世界与社会主义》2021 年第 2 期。

来庆立：《试析民族民粹主义政党的兴起与意识形态建构——以波兰法律与公正党为例》，《国外社会科学》2019 年第 5 期。

李家懿：《非"神"非"魔"的民粹主义——"欧尔班现象"的社会转型视角分析》，《党政研究》2019 年第 4 期。

李俊、王媛媛、刘晨：《波兰"新发展模式"解析》，《现代国际关系》2016 年第 6 期。

李凯旋：《透视意大利民粹主义政党》，《当代世界》2018 年第 6 期。

李乐曾：《欧盟 14 国对奥地利制裁》，《德国研究》2000 年第 4 期。

李强：《当代美国保守主义思潮研究》，《当代美国评论》2019 年第 4 期。

李强：《勿将民粹当民主》，《新闻周刊》2003 年第 27 期。

林德山：《2019 年欧洲议会选举及其影响评析》，《当代世界》2019 年第 7 期。

林德山：《民粹主义是西方民主的伴生物——对欧洲民粹主义与民主关系的辨析》，《当代世界》2017 年第 3 期。

林德山：《民粹主义政党崛起对欧美政党政治的结构性变化的影响》，《党政研究》2017 年第 6 期。

林德山：《欧美民粹主义盛行的根源、影响及应对》，《人民论坛·学术前沿》2019 年第 17 期。

林德山：《欧洲民族主义的复兴与欧洲未来》，《探索与争鸣》2020 年第 8 期。

林德山：《新自由主义的政治渗透与欧洲危机》，《欧洲研究》2016 年第 6 期。

林德山：《左与右的共奏——欧洲民粹主义政党的现状、影响及未来》,《探索与争鸣》2016 年第 12 期。

刘金源、王雪松:《欧洲反全球化思潮:根源、走向及应对》,《国际论坛》2018 年第 1 期。

刘金源:《民粹主义、反全球化与欧洲一体化的未来》,《探索与争鸣》2019 年第 10 期。

刘瑜:《民粹与民主:论美国政治中的民粹主义》,《探索与争鸣》2016 年第 10 期。

刘作奎、卡塔里娜·高里克:《2015 年波兰宪法危机根源、前景及对中波关系影响分析》,《欧洲研究》2016 年第 2 期。

刘作奎:《2018 年大选后匈牙利的内政和外交走向》,《当代世界》2018 年第 6 期。

刘作奎:《波兰的外交政策走向与中波关系》,《当代世界》2016 年第 7 期。

刘作奎:《警惕"一带一路"的投资风险——希腊政局变化对"一带一路"在欧洲布局的影响》,《当代世界》2015 年第 4 期。

刘作奎:《欧洲保护主义的兴起及其对"一带一路"建设的影响》,《国际问题研究》2018 年第 6 期。

刘作奎:《在大众政治和精英政治之间:希腊政党政治的发展轨迹与前景》,《当代世界》2019 年第 11 期。

罗杰斯·布鲁贝克、禾泽:《民粹主义与民族主义》,《国外理论动态》2020 年第 5 期。

蒙克:《"双重运动"的大转型:专用型技能劳工、选择性移民政策和民粹主义政党的崛起》,《清华大学学报》(哲学社会科学版)2019 年第 2 期。

彭枭:《中东欧的民粹主义基础及其影响——兼论中国与中东欧国家关系》,《国际展望》2021 年第 1 期。

钱乘旦:《全球化、反全球化和"区块化"》,《当代中国与世界》2021 年第 1 期。

钱乘旦：《西方"民主"的历史与现实》，《历史教学》（上半月刊）2016 年第 12 期。

桑小川：《中国对欧港口投资的缺失与风险——以比埃雷夫斯港为例》，《国际论坛》2019 年第 3 期。

石立春、杨雨林：《21 世纪欧洲右翼民粹主义思潮的发展态势与规律研究》，《世界民族》2021 年第 1 期。

时静：《从总统选举看奥地利政情民意变迁》，《当代世界》2017 年第 1 期。

史志钦、刘力达：《民族主义、政治危机与选民分野——2014 年欧洲议会选举中极右翼政党的崛起》，《当代世界与社会主义》2015 年第 2 期。

史志钦、游楠：《"一带一路"倡议下中希关系发展前景》，《中国国情国力》2020 年第 1 期。

史志钦：《多重危机下的欧洲政治社会极化趋势研究》，《人民论坛·学术前沿》2017 年第 3 期。

史志钦、刘力达：《民粹主义的蔓延与欧洲的未来》，《红旗文稿》2017 年第 8 期。

史志钦：《民粹主义何以在欧美愈演愈烈》，《人民论坛》2016 年第 13 期。

史志钦：《排外主义折射欧洲人的集体焦虑》，《人民论坛》2019 年第 1 期。

孙彦红、吕成达：《欧盟离"再工业化"还有多远？——欧盟"再工业化"战略进展与成效评估》，《经济社会体制比较》2020 年第 4 期。

孙彦红：《"一带一路"框架下的中意合作：机遇、优势与前景展望》，《当代世界》2019 年第 4 期。

孙彦红：《欧盟"再工业化"战略解析》，《欧洲研究》2013 年第 5 期。

孙彦红：《意大利大选后政局走向及对欧盟的影响》，《当代世界》2018 年第 4 期。

孙彦红：《中意共同推进"一带一路"建设的意义与前景》，《世界知识》2019 年第 8 期。

田德文：《解析欧盟"战略自主"困局》，《欧洲研究》2021 年第 5 期。

田德文：《欧洲民粹主义政党崛起的原因与走势》，《当代世界与社会主义》2017 年第 2 期。

田小惠、杨羽茜：《法国国民阵线的转型及原因探析》，《当代世界与社会主义》2018 年第 3 期。

田野、李存娜：《全球化冲击、互联网民主与混合民粹主义的生成——解释意大利五星运动的兴起》，《欧洲研究》2019 年第 1 期。

田野、张倩雨：《全球化、区域分化与民粹主义——选举地理视角下法国国民阵线的兴起》，《世界经济与政治》2019 年第 6 期。

涂东：《法国的国民阵线与宗教》，《世界宗教文化》2021 年第 4 期。

汪晖：《代表性断裂与"后政党政治"》，《开放时代》2014 年第 2 期。

王聪聪：《欧洲激进左翼政党的欧洲一体化立场探析——以德国、希腊、葡萄牙、芬兰为例》，《国外理论动态》2016 年第 10 期。

王琳：《从民粹主义视角解读德国选择党的崛起与走向》，《国外理论动态》2020 年第 6 期。

王雪松、刘金源：《结束还是开始？——民粹主义视阈下的英国脱欧及其走向》，《国外理论动态》2020 年第 3 期。

王云芳：《西方学术界对欧美国家民族民粹主义的研究及其特点》，《中国民族报》2017 年 7 月 21 日，第 7 版。

项佐涛：《试析中东欧新民粹主义政党的兴起》，《国际政治研究》2017 年第 2 期。

项佐涛、黄震：《法国国民阵线的兴起探究》，《党政研究》2017 年第 6 期。

谢里·伯曼、李月军：《西方民粹主义兴起的原因》，《国外理论动态》2021 年第 6 期。

尹建龙、张亚：《"中国欧洲学会 2017 年学术年会"综述》，《欧洲研究》2017 年第 3 期。

尹建龙：《碎片化与一体化：欧盟国家民族分离运动发展的趋势》，《区域与全球发展》2019 年第 2 期。

于海青：《西班牙"我们能"党兴起透视》，《当代世界》2016 年第 5 期。

于海青：《希腊"激进左翼联盟"的崛起与发展前景》，《科学社会主义》2013 年第 4 期。

张健：《西班牙房地产泡沫破裂的教训》，《国际信息资料》2010 年第 6 期。

张金岭：《欧洲民粹主义的多重面孔》，《文化纵横》2020 年第 6 期。

张浚：《欧洲的国家转型及其政治图景——从欧洲民粹主义谈起》，《欧洲研究》2018 年第 3 期。

张莉：《从富图恩到维尔德斯：荷兰的民族民粹主义运动》，《当代世界》2017 年第 4 期。

张莉：《民族主义与民粹主义：意识形态的构建还是政治策略的选择——以匈牙利民族民粹主义政党尤比克党为例》，《国外社会科学》2018 年第 2 期。

张莉：《再议"海德尔现象"》，《国际论坛》2010 年第 4 期。

张敏：《西班牙大选后左翼联合新政府的政策走向——世界社会主义运动的视角》，《世界社会主义研究》2020 年第 2 期。

张晓锋：《波兰与"一带一路"建设：新挑战与新思路》，《管理工程师》2018 年第 6 期。

张震旦、尹建龙：《论意大利与欧洲一体化进程的互动》，《江西社会科学》2013 年第 1 期。

赵燕丽：《试析民粹主义在欧洲对中国"一带一路"倡议的影响》，《西安石油大学学报》（社会科学版）2021 年第 6 期。

郑春荣、范一杨：《欧洲右翼民粹政党的发展条件分析——以奥地利自由党为例》，《当代世界与社会主义》2017 年第 2 期。

郑春荣：《"一带一路"倡议视域下的中德关系：潜力与挑战》，《同济大学学报》（社会科学版）2016 年第 6 期。

郑春荣：《欧盟逆全球化思潮涌动的原因与表现》，《国际展望》2017 年第 1 期。

郑春荣：《欧洲民粹主义政党崛起的影响》，《山东大学学报》（哲学社会科学版）2018 年第 5 期。

郑春荣：《欧洲政治碎片化与中欧关系走向》，《当代世界》2020 年第 6 期。

郑春荣：《右翼民粹主义影响下的欧洲一体化会走向何方?》，《当代世界》2017 年第 6 期。

郑端：《左翼民粹主义是否可行——论拉克劳和齐泽克的民粹主义之争》，《复旦学报》（社会科学版）2021 年第 6 期。

钟准：《欧洲边缘的抉择：试析意大利、希腊民粹政府的对外政策》，《欧洲研究》2020 年第 4 期。

周谭豪、李化人：《法国新任总统马克龙的执政理念探析》，《国际研究参考》2017 年第 7 期。

周玉婉：《激进左翼政党的执政经验探析——以希腊激进左翼联盟为例》，《国外社会科学前沿》2020 年第 2 期。

朱晓中：《中国中东欧研究的几个问题》，《国际政治研究》2016 年第 5 期。

宗禾：《希腊新政府叫停向中国出售希腊最大港口股份》，《齐鲁周刊》2015 年第 5 期。

（三）博硕学位论文

刘康康：《金融危机以来西方激进政治的发展及其面临的困境》，硕士学位论文，华中师范大学，2021。

任思宇：《意大利民粹政府兴起的政治经济分析》，硕士学位论文，北京外国语大学，2021。

孙波：《右翼民粹政党与英法德疑欧主义演变》，博士学位论文，北京外国语大学，2021。

孙霖：《国际国内政治互动视角下匈牙利青民盟的崛起与激进化》，硕士学位论文，上海外国语大学，2021。

王晨路：《21 世纪以来德国民粹主义的兴起》，硕士学位论文，外交学院，2021。

徐晨阳：《民粹主义视域下法国"黄马甲"运动研究》，硕士学位论文，华中师范大学，2021。

阎永丽：《欧洲民粹主义浪潮下德国选择党的崛起及影响研究》，硕士学位论文，山东大学，2019。

杨春林：《当代西欧右翼民粹主义政党的崛起及其影响研究》，博士学位论文，山东大学，2020。

张竞方：《当前欧洲选举政治中的民粹主义研究》，硕士学位论文，哈尔滨师范大学，2021。

周玉婉：《希腊激进左翼联盟的政治崛起与执政实践研究》，硕士学位论文，上海师范大学，2019。

二 外文文献

（一）著作

Abedi, Amir, *Anti-political Establishment Parties: A Comparative Analysis*, London: Routledge, 2004.

Albertazzi, Daniele and Duncan McDonnell, *Populists in Power*, New York: Routledge, 2015.

Albertazzi, Daniele and Duncan McDonnell, *Twenty-First Century Populism: The Specter of Western European Democracy*? Basingstoke: Palgrave

Macmillan, 2008.

Betz, Hans-Georg and Stefan Immerfall, *New Politics of the Right: Neo-Populist Parties and Movements in Established Democracies*, Basingstoke: Macmillan, 1998.

Brubaker, Rogers, *Citizenship and Nationhood in France and Germany*, Cambridge: Harvard University Press, 1992.

Cento Bull, Anna and Mark Gilbert, *The Lega Nord and the Northern Question in Italian Politics*, Basingstoke: Palgrave, 2001.

Clark, Terry Nichols and Seymour Martin Lipset, *The Breakdown of Class Politics: A Debate on Postindustrial Stratification*, Baltimore, MD: Johns Hopkins University Press, 2001.

Cook, Malcolm and Davie Grace, *Modern France: Society in Transition*, London: Routledge, 1999.

Dalton, Russell J. and David M. Farrel, Ian McAllister, *Political Parties and Democratic Linkage*, Oxford and New York: Oxford University Press, 2011.

Damian, Tambini, *Nationalism in Italian Politics: The Stories of the Northern League, 1980-2000*, New York: Routledge, 2001.

Davies, Jonathan P. , *The National Front in France: Ideology, Discourse and Power*, New York: Routledge, 1999.

Eatwell, Roger and Cas Mudde, *Western Democracies and the New Extreme Right Challenge*, London: Routledge, 2004.

Evans, Geoffrey, *The End of Class Politics? Class Voting in Comparative Context*, New York: Oxford University Press, 1999.

Furedi, Frank, *Politics of Fear: Beyond Left and Right*, London: Continuum, 2005.

Hargreaves, Alec, *Immigration, "Race", and Ethnicity in Contemporary France*, Chesham: Ponting-Green Publishing Services, 1999.

Hosking, G. and Schopflin, G. , *Myths and Nationhood*, New York:

Routledge, 1997.

Koopmans, Ruud and Paul Statham, *Challenging Immigration and Ethnic Relations Politics*, New York: Oxford University Press, 2000.

Kriesi, Hanspeter and Takis S. Pappas, eds., *European Populism in the Shadow of the Great Recession*, Colchester: ECPR Press, 2015.

Le Pen, Marine, *Pour que Vive la France*, Paris: Editions Militaires, 2012.

Lothar, Hobelt, *Jorg Haider and the Politics of Austria, 1986 – 2000*, West Lafayette Indiana: Purdue University Press, 2002.

Magone, José M., *Contemporary European Politics*, New York: Routledge, 2019.

Mazzoleni, Gianpietro, Julianne Stewart and Bruce Horsfield, *The Media and Neo-populism : A Contemporary Comparative Analysis*, Westport: Praeger, 2003.

Mény, Yves and Yves Surel, eds., *Democracies and the Populist Challenge*, London: Palgrave Macmillan, 2001.

Mény, Yves and Yves Surel, *Democracies and the Populist Challenge*, Basingstoke: Palgrave, 2002.

Minkenberg, Michael, eds., *Transforming the Transformations ? The Eastern European Radical Right in the Political Process*, London: Routledge, 2015.

Minkenberg, Michael, *Historical Legacies and the Radical Right in Post-Cold War Central and Eastern Europe*, Stuttgart: Ibidem Verlag, 2010.

Mudde, Cas and Cristóbal Rovira Kaltwasser, *Populism : A Very Short Introduction*, New York: Oxford University Press, 2017.

Mudde, Cas, *Populist Radical Right Parties in Europe*, New York: Cambridge University Press, 2007.

Mudde, Cas, *Racist Extremism in Central and Eastern Europe*, London: Routledge, 2005.

Mudde, Cas, *Radical Right Populist Parties in Europe*, New York:

Cambridge University Press, 2007.

Mudde, Cas, *The Ideology of the Extreme Right*, Manchester: Manchester University Press, 2000.

Neumayer, Laure et al. , eds, *L'Europe contestée*, Paris: Michel Houdiard, 2008.

Pappas, Takis S. , *Populism and Crisis Politics in Greece*, New York: Palgrave Macmillan, 2014.

Przeworski, Adam, *Democracy and The Market: Political and Economic Reform in Eastern Europe and Latin America*, Cambridge: Cambridge University Press, 1991.

Richard, Luther Kurt and Peter Pulzer Austria, *1945-1995: Fifty Years of the Second Republic*, Aldershot: Ashgate, 1996.

Wimmer, Andreas, *Nationalist Exclusion and Ethic Conflicts*, Cambridge: Cambridge University Press, 2002.

Wodak, Ruth and Pelinka Anton, *The Haider Phenomenon in Austria*, New Brunswick: Transaction Publishers, 2002.

Zając, Justyna, *Poland's Security Policy: The West, Russia, and the Changing International Order*, London: Macmillan Publishers Ltd. , 2016.

（二）报刊文章

"European Public Opinion: Three Decades After the Fall of Communism," Pew Research Center, 2019-10-15.

Anthony D. Smith, "National Identity and Vernacular Mobilization in Europe," *Nations and Nationalism*, Vol. 17, No. 2, 2011.

Antonis Skotiniotis, "The BRICS of Greek Diplomacy: Foundations of a New Foreign Policy," *Mediterranean Quarterly*, Vol. 28, No. 4, 2017.

Asteris Huliaras, Sotiris Petropoulos, "Shipowners, Ports and Diplomats: The Political Economy of Greece's Relations with China," *Asia Europe Journal*,

Vol. 12, No. 3, 2014.

Cas Mudde, "The Populist Zeitgeist," *Government and Opposition*, Vol. 39, No. 4, 2004.

Cas Mudde, Cristobal Rovira Kaltwasser, "Exclusionary vs. Inclusionary Populism: Comparing the Contemporary Europe and Latin America," *Government and Opposition*, Vol. 48, No. 2, 2013.

Cas Mudde, "Extreme Right Parties in Eastern Europe," *Patterns of Prejudice*, Vol. 34, No. 1, 2000.

Daniel Oesch, "Explaining Worker's Support for Right Wing Populist Parties in Western Europe: Evidence from Austria, France, Norway and Switzerland," *International Political Science Review*, Vol. 29, No. 3, 2008.

Enrique Hernández, Hanspeter Kriesi, "The Electoral Consequences of the Financial and Economic Crisis in Europe," *European Journal of Political Research*, Vol. 55, No. 2, 2016.

Fabio Bordignon, Luigi Ceccarini, "The Five-Star Movement: A Hybrid Actor in the Net of State Institutions," *Journal of Modern Italian Studies*, Vol. 20, No. 4, 2015.

Francis Fukuyama, "The Populist Surge," *American Interest*, Vol. 13, No. 4, 2018.

Giorel Curran, "Mainstreaming Populist Discourse: The Race-conscious Legacy of Neo-populist Parties in Australia and Italy," *Patterns of Prejudice*, Vol. 38, No. 1, 2004.

Gregor Aisch, Matthew Bloch, K. K. Lai and Benoit Morenne, "How France Voted," *New York Times*, May 7, 2017.

Jonathan Holslag, "How China's New Silk Road Threatens European Trade," *The International Spectator*, Vol. 52, 2017.

Jonathan Holslag, "How China's New Silk Road Threatens European Trade," *The International Spectator*, Vol. 52, 2017.

Kai Arzheime, "The AFD: Finally a Successful Right-Wing Populist Eurosceptic Party for Germany?" *West European Politics*, Vol. 38, 2015.

Laurenz Ennser-Jedenastik, "A Welfare State for Whom? A Group-based Account of the Austrian Freedom Party's Social Policy Profile," *Swiss Political Science Review*, Vol. 12, No. 3, 2016.

Liza Lanzone, Dwayne Woods, "Riding the Populist Web: Contextualizing the Five Star Movement (M5S) in Italy," *Politics and Governance*, Vol. 3, No. 2, 2015.

Marc Plattner, "Populism, Pluralism and Liberal Democracy," *Journal of Democracy*, Vol. 21, No. 1, 2010.

Michael Birnbaum, "Griff Witte. EU Parliament Votes to Punish Hungary for Backsliding on Democracy," *The Washington Post*, September 12, 2018.

Michael Minkenberg, "The Radical Right in Postcommunist Central and Eastern Europe: Comparative Observation and Interpretation," *East European Politics and Societies*, Vol. 16, No. 2, 2002.

Michael Minkenberg, "The Radical Right in Public Office: Agenda-Setting and Policy Effects," *West European Politics*, Vol. 24, No. 4, 2001.

Nicolo Conti and Vincenzo Memoli, "The Emergence of a New Party in the Italian Party System: Rise and Fortunes of the Five Star Movement," *West European Politics*, Vol. 38, No. 3, 2015.

Paul Hainsworth, "The Extreme Right in France: The Rise and Rise of Jean-Marie Le Pen's Front National," *Representation*, Vol. 40, No. 2, 2004.

Reinhard Heinisch, "Success in Opposition, Failure in Government: Explaining the Performance of Right-Wing Populist Parties in Public Office," *West European Politics*, Vol. 26, No. 3, 2003.

Roberto Biorcio, "The Reasons for the Success and Transformations of the 5 Star Movement," *Contemporary Italian Politics*, Vol. 6, No. 1, 2014.

Stephen Fidler, "The Euro's Next Battleground: Spain," *The Wall Street*

Journal, February 24, 2010.

Takis S. Pappas, "Are Populist Leaders 'Charismatic'? The Evidence from Europe," *Constellations*, Vol. 3, No. 3, 2016.

Volha Charnysh, "The Rise of Poland's Far Right: How Extremism Is Going Mainstream," *Foreign Affairs*, December 18, 2017.

Yannis Stavrakakis, Giorgos Katsambekis, "Left-wing Populism in the European Periphery: The Case of SYRIZA," *Journal of Political Ideologies*, Vol. 19, No. 2, 2014.

（三）网络资料

Ivana Karaskova et al., "Central Europe for Sale: The Politics of China's Influence," *Association for International Affairs*, April 2018, http://www.chinfluence.eu/central－europe－for－sale－the－politicsof－chinas－influence－2/.

Mathieu and Alexandre Sheldon Duplaix, "Blue China: Navigating the Maritime Silk Road to Europe," *European Council on Foreign Relations*, April 2018, http://www.ecfr.eu/publications/summary/blue_ china_ navigating_ the maritime silk road to Europe.

Jeroen van der Waal and Willem de Koster, "Populism and Support for Protectionism: The Relevance of Opposition to Trade Openness for Leftist and Rightist Populist Voting in the Netherlands," November 10, 2017, https://us.sagepub.com/en－us/nam/open－access－at－sage.

"Populism and Protectionism in the EU," June 29, 2017, https://www.aspeninstitutece.org/news－article/populism－protectionism－european－union/.

Marianne Arens and Peter Schwarz, "Italy: Beppe Grillo's Inexorable Move to the Right," January 24, 2013, http://intsse.com/wswspdf/en/articles/2013/01/24/gril－j24.pdf.

"Main Figures in Spain's New Government," Factbox, https：//www. reut ers. com/article/us-spain-politics-ministers-factbox-idUSKBN1Z91OQ.

"Is Pablo Pglesias Spain's Barack Obama or Its Vladimir Lenin?" http：// www. newsweek. com/2015/03/27/pablo-iglesias-spains-barack-obama-or- its-vladimir-lenin-314663. html.

"Lunch with the FT：Pablo Iglesias," https：//www. ft. com/content/ e65e7aae-9362-11e5-94e6-c5413829caa5.

"Hungary Dissatisfied with Democracy but Not Its Ideals," Pew Research Center，http：//www. pewglobal. org /2010 /04 /07/.

Patrick Kingsley，"Hungarian Right Does Not Want to Leave the EU，It Wants to Subvert It," *The Guardian*，2016-10-02，https：//www. theguard ian. com/world/2016/oct/02/hungarian-right-does-not-want-to-leave-the- eu-it-wants-to-subvert-it.

"Orban and the Wind from the East," https：//www. economist. com/ eastern-approaches/2011/11/14/orban-and-the-wind-from-the-east.

三　部分网站

欧盟委员会官方网站，http：//ec. europa. eu。

欧洲政党与选举网站，http：//www. parties-and-elections. eu/。

各国议会和政府数据库，http：//www. parlgov. org。

极右翼政党和选举监测（EREPS：Extreme Right Electorates and Party Success）网站，http：//www. politik. uni-mainz. de/ereps/。

西班牙社会调查中心（Centro de Investigaciones Sociológicas，CIS），http：//www. cis. es/。

奥地利自由党官方网站，http：//www. fpoe. at/。

意大利五星运动党官方网站，https：//www. Movimento5stelle. it/。

意大利五星运动党创始人格里洛网站，http：//www. Beppegrillo. it/。

德国选择党官方网站，https：//www. afd. de/。

希腊激进左翼联盟官方网站，https：//www. syriza. gr/。

波兰法律与公正党官方网站，https：//manifesto-project. wzb. eu/。

匈牙利尤比克党官方网站，http：//www. jobbik. com/。

后　记

　　本书是教育部人文社会科学研究青年项目"欧洲民粹主义兴起及对'一带一路'倡议的影响研究"（批准号：20YJCGJW008）的结项报告，同时本书也受到安徽大学创新发展战略研究院"双一流"建设项目的资助，是该项目子课题"'一带一路'与中欧关系发展机制研究"的成果之一。

　　在项目的研究写作中，中国社会科学院欧洲研究所田德文研究员、刘作奎研究员，中国现代国际关系研究院欧洲研究所张健研究员、曲兵副研究员、董一凡博士，山东大学李济时教授，北京外国语大学王展鹏教授，上海国际问题研究院叶江研究员等给予了有益的指导，为该项目研究的顺利开展提供了很大帮助。

　　该项目的申报和研究得到了教育部国别和区域研究备案中心安徽大学欧洲联盟研究中心的大力支持。安徽大学欧洲联盟研究中心是安徽省人民政府外事办公室和安徽大学合作共建的研究型智库，2015 年筹建，2016年 2 月正式成立，2017 年 6 月入选教育部国别和区域研究备案中心。中心按照开放原则汇聚校内外人才智力资源，按照合作原则开展跨学科理论研究与对策研究，旨在以高起点、国际化的视野，建设一个学科综合、队伍一流、管理先进的集学术研究、人才培养、政策咨询、国际交流为一体的实体化学术机构。中心聘请知名专家组建学术委员会，以项目为牵引组建经贸、外交、政治、人文四个研究模块，现有专兼职人员 39 名，其中校内 23 名，政府、企业、科研院所兼职人员 12 名，外籍学术顾问 4 名。

从 2019 年起，安徽大学欧盟研究中心的研究团队开始聚焦欧洲民粹主义思潮和民粹主义政党研究，整合学术力量，相继成功申报了教育部国别和区域研究 2019 年度招标课题 2 项、教育部人文社科研究项目 1 项。在这些项目依托支撑下，中心的专兼职研究人员发挥语言优势，大量阅读翻译英语、法语、德语、荷兰语、意大利语的研究资料，追踪相关国家民粹主义政党的最新动向等，争取利用最新材料做出具有综合性和前瞻性的研究成果。

当然，由于欧洲的民粹主义思潮和民粹主义政党问题与欧盟各成员国的经济社会发展状况密切关联，与欧洲的政治外交大环境息息相关。我们认为脱离了对欧盟成员国的国情研究，是无法对民粹主义做出深度研究的，因此本书介绍欧洲各国的政治、经济、社会发展状况的篇幅较长，这是非常有必要的。

全书由尹建龙设计写作大纲，完成主体部分，并最终统稿。在写作过程中，安徽大学外语学院法语系原主任、现浙江越秀外国语学院赵吉鹏博士，安徽大学外语学院德语系靳亚男博士、同园老师，安徽大学社会与政治学院续聆毓博士，安徽大学国际教育学院邓曙老师等帮助翻译了研究所需要的部分法语、德语、西班牙语资料，在此一并表示感谢。

由于我们对欧洲民粹主义思潮和政党的研究仅仅处于起步阶段，有很多问题还有待进一步深入考察，同时作为当前欧洲政治生态变迁中一个非常重要的因素，欧洲民粹主义思潮也在不断演变，许多今天的定论可能会被明天的变化推翻。因此，对于本书中的缺点和不足，我们也真诚接受批评，并在未来的研究中进一步完善。

谢谢！

尹建龙

2022 年 6 月 29 日于安徽大学龙河校区

图书在版编目（CIP）数据

欧洲民粹主义的兴起及影响 / 尹建龙著 . -- 北京：
社会科学文献出版社，2023.10（2024.9 重印）

ISBN 978-7-5228-1690-6

Ⅰ.①欧…　Ⅱ.①尹…　Ⅲ.①民粹派-研究-欧洲
Ⅳ.①D095

中国国家版本馆 CIP 数据核字（2023）第 082804 号

欧洲民粹主义的兴起及影响

著　　者 / 尹建龙

出 版 人 / 冀祥德
组稿编辑 / 张晓莉
责任编辑 / 叶　娟
文稿编辑 / 顾　萌
责任印制 / 王京美

出　　版 / 社会科学文献出版社·区域国别学分社（010）59367078
　　　　　　地址：北京市北三环中路甲 29 号院华龙大厦　邮编：100029
　　　　　　网址：www.ssap.com.cn
发　　行 / 社会科学文献出版社（010）59367028
印　　装 / 唐山玺诚印务有限公司

规　　格 / 开　本：787mm×1092mm　1/16
　　　　　　印　张：15.25　字　数：225 千字
版　　次 / 2023 年 10 月第 1 版　2024 年 9 月第 2 次印刷
书　　号 / ISBN 978-7-5228-1690-6
定　　价 / 98.00 元

读者服务电话：4008918866